Արթնցի՛ր,
Իսրայէլ

«Արեւը խաւարի պիտի դառնայ
Ու լուսինը՝ արիւնի,
Դեռ Տէրոջը մեծ ու ահեղ օրը չեկած։
Ամէն ով որ տէրոջը անունը կանչէ,
Պիտի ազատի։
Քանզի Տէրոջը ըսածին պէս՝
Սիոն լերանը վրայ ու Երուսաղէմի մէջ
Փրկութիւն պիտի ըլլայ,
Այն մնացորդներուն մէջ ալ՝
Որոնք Տէրը պիտի կանչէ»։

(Յովելեայ 2.31-32)

Արթնցի՛ր,
Իսրայել

Դոկտ. Ճեյրոք Լի

Արթնցի՛ր, Իսրայէլ Դոկտ. Ճէյրոք Լիի կողմէ
Հրատարակուած է Ուրիմի Գիրքերու կողմէ (Ներկայացուցիչ՝ Johnny H. Kim)
361-66, Շինտայպանկ Տօնկ, Տօնկճաք Կույի, Սէուլ, Քորէա
www.urimbooks.com

Բոլոր իրաւունքները վերապահուած են: Այս գիրքը, կամ անկէ մասեր, որեւէ ձեւով պէտք չէ որ վերարտադրուին, վերստացման դրութեամբ պահուին, կամ որեւէ ձեւով ու որեւէ միջոցով փոխանցուին՝ ելեկտրոնային, մեքենական, լուսապատճէնով, արձանագրութեամբ կամ այլապէս, առանց նախապէս գրաւոր արտօնութիւն առնելու հրատարակիչէն:

Հեղինակի իրաւունք © 2020 Դոկտ. Ճէյրոք Լիի կողմէ

Միջազգային թուանշան (ISBN): 979-11-263-0617-6 03230

Թարգմանութեան Իրաւունք © 2012 Դոկտ. Եսթեր Քույեանկ Չանկի կողմէ: Գործածուած է արտօնութեամբ:

Նախապէս Քորէական լեզուով հրատարակուած է Ուրիմի Գիրքերու կողմէ՝ 2007 թուականին

Առաջին Հրատարակութիւն՝ Փետրուար 2020

Խմբագրուած է Դոկտ. Կէյումսան Վինի կողմէ
Ուրուագծուած է՝ Ուրիմի Գիրքերու Խմբագրական Գրասենեակին կողմէ
Տպագրուած է Եէուօն Տպագրական Ընկերութեան կողմէ
Յաւելեալ տեղեկութիւններու համար դիմել՝ urimbook@hotmail.com ելեկտրոնային հասցէին:

Յառաջաբան

20-րդ դարու սկիզբը, կարգ մը նշանաւոր դէպքեր տեղի ունեցան Պաղեստինի ամուլ հողին վրայ, ուր ոչ մէկը կը փափաքէր ապրիլ այդ ժամանակ: Հրեաները, որոնք ամբողջ երկրագունդի վրայով ծայրէ ծայր տարածուած էին Արեւելեան Եւրոպայի, Ռուսիոյ, եւ աշխարհի մնացեալ մասերուն մէջ ամբողջութեամբ, սկսան խուռներամ բազմութեամբ համախմբուիլ երկրի մը մէջ՝ որ կը յորդէր փուշերով ու տատասկներով, աղքատութեամբ, սովով, հիւանդութեամբ, եւ տառապանքով:

Հակառակ օրհասական մահուան բարձր աստիճանին, որը յառաջ կու գար դեղնախտէն եւ սովէն, Հրեաները չկորսնցուցին իրենց հաւատքին եւ իրենց տենչերուն բարձր չափանիշը, այլ սկսան կազմել իրենց հաւաքականութիւնը (գործատեղի մը Իսրայէլի մէջ. օրինակի համար՝ ագարակ մը կամ գործատուն մը, ուր գործաւորները միասին կ'ապրին եւ բոլոր պարտականութիւնները եւ եկամուտը իրար հետ կը բաժնեկցին): Ճիշդ ինչպէս որ արդի Սիոնականութեան հիմնադիր՝ Թէոտոր Հըրցըլ ակնարկեց ըսելով. «Եթէ դուն զայն կը կամենաս, այն ատեն այդ բանը երազ չըլլար այլեւս». եւ այսպէս Իսրայէլի վերահաստատումը իրականութիւն դարձաւ:

Կատարեալ արդարութեամբ խօսելով, Իսրայէլի վերահաստատումը անկարելի երազ մը կը թուէր ըլլալ՝ զայն կարենալ իրագործելու համար, եւ ոչ մէկը յօժար էր հաւատալու անոր: Ամէն պարագայի, Հրեաները իրագործեցին այդ երազը, եւ Իսրայէլի պետութեան ծնունդով անոնք հրաշալիօրէն վերստացան իրենց սեփական ազգութիւնը, մօտ 1900 տարիներու մէջ առաջին անգամ ըլլալով:

Հակառակ դարեր տեւող երկար հալածանքներուն եւ տանջանքին, մինչ տարածուած էին իրենցը չեղող երկիրներու մէջ, Իսրայէլի ժողովուրդը անխախտ մնաց իր հաւատքին, մշակոյթին, եւ լեզուին հանդէպ, եւ անոնք յարատեւ յառաջդիմութիւններ իրագործեցին այդ մարզերուն մէջ: Արդի Իսրայէլի պետութեան հիմնուելէն ետքը, անոնք մշակեցին այդ ամուլ հողերը եւ մեծ շեշտ դրին զարգացնելու զանազան ճարտարարուեստներ, որոնք պատճառ դարձան որ իրենց ազգը միանայ յառաջացած երկիրներու շարքերուն: Անոնք երեւելի ժողովուրդ մըն են, որ տոկացած ու յաջողած են շարունակական մարտահրաւէրներու եւ սպառնալիքներու առջեւ, նոյնիսկ մինչեւ իրենց վերպրիլը՝ որպէս ազգ:

1982 թուին, Մէնմին Կեդրոնական Եկեղեցւոյ հիմնադրութենէն ետք, Սուրբ Հոգւոյն միջոցաւ Աստուած ինծի շատ բաներ յայտնաբերեց Իսրայէլի մասին, որովհետեւ Իսրայէլի անկախութիւնը վերջին օրերու նշաններէն մէկն է, եւ Աստուածաշունչին մէջ այդ մարգարէութեան իրականացումը:

> *Ո՛վ ազգեր, Տէրոջը խօսքին մտիկ ըրէ՛ք ու հեռաւոր կղզիներուն պատմեցէ՛ք ու ըսէ՛ք. «Իսրայէլը ցրուողը զանիկա պիտի հաւաքէ եւ զանիկա պիտի պահպանէ, ինչպէս հովիւը իր հօտը կը պահպանէ՛»* (Երեմեայ 31.10):

Աստուած Իսրայէլի ժողովուրդը ընտրեց որպէսզի յայտնաբերէ Իր նախասահմանութիւնը, որով Աստուած մարդը ստեղծեց եւ մարդուն ստեղծած օրէն իվեր Աստուած կը մշակէ զայն: Ամէն բանէ առաջ, Աստուած Աբրահամը «հաւատքի հայր» ըրաւ, իսկ Յակոբը՝ Աբրահամի թոռնիկը, հաստատեց որպէս Իսրայէլի հիմնադիրը, եւ անկէ իվեր Աստուած Յակոբի յաջորդող սերունդներուն Իր կամքը կը հռչակէ, եւ կ՛աշխատի լրացնել ու կատարելագործել մարդկային մշակումի Իր նախասահմանութիւնը:

Երբ Իսրայէլ հաւատաց Աստուծոյ խօսքին եւ հնազանդութեան մէջ քալեց՝ Իր կամքին համաձայն, անիկա մեծ փառք եւ պատիւ վայելեց՝ բոլոր ազգերէն աւելի: Այսուհանդերձ, երբ Իսրայէլ ինքզինք հեռացուց Աստուծմէ եւ անհնազանդ եղաւ Աստուծոյ, անիկա զանազան տեսակի տանջանքներու ենթարկուեցաւ, ներառեալ օտար յարձակումները, որով Իսրայէլի ժողովուրդը պարտադրուեցան ապրելու որպէս թափառականներ՝ աշխարհի բոլոր անկիւններուն մէջ:

Ամէն պարագայի, հակառակ որ Իսրայէլ իր մեղքերուն պատճառաւ դժուարութիւններ դիմագրաւեց, տակաւին Աստուած բնաւ չէ լքած կամ չէ մոռցած զայն: Իսրայէլ միշտ կապուած էր Աստուծոյ՝ Աբրահամի հետ կատարած Իր ուխտին միջոցաւ, եւ Աստուած բնաւ չէ դադրած իրենց համար գործելէ:

Աստուծոյ անսովոր հոգատարութեան եւ առաջնորդութեան տակ, որպէս ժողովուրդ, Իսրայէլը միշտ պահպանուած էր. Իսրայէլ յաջողեցաւ անկախութիւն իրագործել եւ անգամ մը եւս դարձաւ ազգ մը՝ բոլոր ազգերէն աւելի բարձր: Ի՞նչպէս կարելի դարձաւ որ Իսրայէլի ժողովուրդը պահպանուէր եւ ինչո՞ւ համար Իսրայէլը վերահաստատուեցաւ:

Շատ մարդիկ այսպէս կ՚ըսեն. «Հրեայ ազգին վերապրիլը հրաշք մըն է»: Մինչ Սփիւռքի շրջանին Հրեայ ժողովուրդին կրած հալածանքի եւ ճնշումի տեսակներն ու քանակը գերազանցեցին որեւէ նկարագրութիւն եւ երեւակայութիւն. ինքնին Իսրայէլի պատմութիւնը միայն՝ կը վկայէ Աստուածաշունչին ճշմարտութիւնը:

Տակաւին, նոյնիսկ աւելի բարձր աստիճանի տագնապ

ու տառապանք, քան ինչ որ Հրեաները դիմագրաւեցին, պիտի պատահի Յիսուսի Երկրորդ Գալուստէն անմիջապէս յետոյ: Մարդիկ, որոնք ընդունած են Յիսուսը որպէս իրենց Փրկիչը, օդին մէջ պիտի յափշտակուին, եւ Տէրոջը հետ միասին պիտի մասնակցին Հարսանեկան Խնճոյքին: Իսկ անոնք որոնք չէին ընդունած Յիսուսը որպէս իրենց Փրկիչը, պիտի չվերցուին օդին մէջ՝ Իր վերադարձին ատենը, եւ եօթը տարի շարունակ պիտի տառապին Մեծ Նեղութեան շրջանին:

> *«Քանզի ահա փուռի պէս վառուած օրը կու գայ, երբ բոլոր հպարտները եւ բոլոր ամբարշտութիւն ընողները յարդի պէս պիտի ըլլան ու եկած օրը զանոնք պիտի այրէ», կ'ըսէ զօրքերու Տէրը, «այնպէս որ անոնց արմատ կամ ոստ պիտի չթողու»* (Մաղաքեայ 4.1):

Աստուած արդէն մանրամասնութեամբ յայտնաբերած է ինծի այն բոլոր աղէտներուն մասին՝ որոնք տեղի պիտի ունենան Եօթը-տարուայ Մեծ Նեղութեան ընթացքին: Այդ իսկ պատճառով, իմ ջերմագին փափաքս է որ Աստուծոյ Ընտրեալ՝ Իսրայէլի ժողովուրդը, առանց յաւելեալ ուշացումի, ընդունին Յիսուս Քրիստոսը որպէս իրենց Փրկիչը, որ երկրի վրայ քալեց մօտ երկու հազար տարիներ առաջ, որպէսզի անոնցմէ ոչ մէկը ետեւ մնայ՝ կրելու Մեծ Նեղութեան տառապանքը:

Աստուծոյ շնորհքով, ես գրած ու նուիրած եմ գործ մը՝

որ պատասխաններ կը հայթայթէ Մեսիային նկատմամբ Հրեաներու հազարաւոր տարիներու ծարաւին եւ իրենց դարաւոր հարցումներուն, որոնք յարատեւ կը բարձրացուին:

Թող որ այս գիրքը ընթերցողներուն իւրաքանչիւրը իր սրտին մէջ դնէ Աստուծոյ բուռն սիրոյ պատգամը եւ, առանց որեւէ յաւելեալ ուշացումի, դառնայ հանդիպելու Մեսիային՝ զոր Աստուած ղրկած է բոլոր մարդկութեան համար:

Ես ձեզմէ ամէն մէկը կը սիրեմ իմ ամբողջ սրտովս:

Նոյեմբեր 2007

Գեթսեմանիի Աղօթքի Տունը

Ճէյրոք Լի

Նախաբան

Ես շնորհակալութիւն կը յայտնեմ Աստուծոյ եւ բոլոր փառքը կու տամ Իրեն, որ մեզ առաջնորդեց եւ օրհնեց հրատարակելու *Արթնցի՛ր, Իսրայէլ* գիրքը, այս վերջին օրերուն մէջ: Այս գործը հրատարակուած է Աստուծոյ կամքովը, որ կ'որոնէ արթնցնել ու փրկել Իսրայէլը, եւ անիկա կազմուած է Աստուծոյ անչափելի սիրովը, որ չուզեր կորսնցնել նոյնիսկ մէկ հոգի:

Գլուխ 1. «Իսրայէլ' Աստուծոյ Ընտրեալը», կը քննէ Աստուծոյ ստեղծագործութեան եւ երկրի վրայ բոլոր մարդոց մշակումին պատճառները, եւ Աստուծոյ Նախասահմանութիւնը' որով Աստուած ընտրած է եւ կը կառավարէ Իսրայէլի ժողովուրդը' որպէս Իր ընտրեալը, մարդկային պատմութեան մէջ: Այս Գլուխը նաեւ կը ներկայացնէ Իսրայէլի մեծ նախահայրերը, ինչպէս նաեւ Մեր Տէրը, որ աշխարհ եկաւ այն մարգարէութեան համեմատ՝ որը նախապէս գուշակած էր թէ բոլոր ժողովուրդներու Փրկիչին գալուստը պիտի ըլլար Դաւիթի տունէն:

Քննելով Մեսիային մասին Սուրբ Գրային մարգարէութիւնները, Գլուխ 2. «Մեսիան՝ Աստուծոյ կողմէ Ղրկուած», կը վկայէ Յիսուսի Մեսիան ըլլալը, որուն գալուստը Իսրայէլ տակաւին մեծ անձկութեամբ կը սպասէ, եւ թէ ինչպէս, հողի փրկութեան օրէնքին համաձայն, Յիսուս կը գոհացնէ բոլոր բարեմասնութիւնները՝ որպէս մարդկութեան Փրկիչը: Աւելին, երկրորդ Գլուխը կը հետազօտէ թէ ինչպէս Մեսիային մասին Հին Կտակարանի մարգարէութիւնները իրականացուած են, եւ կը քննարկէ Իսրայէլի պատմութեան ու Յիսուսի մահուան միջեւ եղող յարաբերութիւնը:

Երրորդ Գլուխը. «Աստուածը՝ Որուն Իսրայէլ Կը Հաւատայ», մօտէն կը դիտէ Իսրայէլի ժողովուրդը, որոնք խստօրէն կը հնազանդին Օրէնքին եւ աւանդութիւններուն, եւ անոնց կը բացատրէ թէ Աստուած ինչ բանով է՝ որ կը հաճի: Աւելին, յիշեցնելով թէ իրենք ինքզինքնին հեռացուցած են Աստուծոյ կամքէն՝ ծերերու սովորութիւններուն պատճառաւ, զոր իրենք զօյացուցած են, այս Գլուխը իրենց կը յորդորէ որ ամէն բանէ առաջ խորաչափեն Աստուծոյ ճշմարիտ կամքը՝ Օրէնքը տալուն մէջ, եւ Օրէնքը գործադրեն սիրոյ հոգիով:

Վերջին Գլխուն մէջ քննարկուածը՝ «Դիտէ եւ Լսէ...», մեր ժամանակներն են, որուն մասին Աստուածաշունչը մարգարէացած է որպէս «վերջին ժամանակը», ինչպէս նաեւ Նեռին մօտալուտ յայտնուիլը եւ Եօթը-տարուայ Մեծ Նեղութեան ընդհանուր տեսարանը։ Աւելին, հաստատելով Աստուծոյ երկու գաղտնիքները, որոնք պատրաստուած են Աստուծոյ անսահման սիրովը՝ Իր ընտրեալներուն նկատմամբ, որպէսզի Իսրայէլի ժողովուրդը կարենայ փրկութեան հասնիլ մարդկային մշակումի վերջին վայրկեաններուն, վերջին Գլուխը կ՚աղերսէ Իսրայէլի ժողովուրդին որպէսզի չլքեն փրկութեան այս վերջին առիթը։

Երբ առաջին մարդը՝ Ադամ անհնազանդութեան մեղքը գործեց եւ Եդեմի Պարտէզէն դուրս վռնտուեցաւ, Աստուած զինքը Իսրայէլի երկրին մէջ բնակեցնել տուաւ։ Անկէ իվեր, մարդկային մշակումի ամբողջ պատմութեան ընթացքին, Աստուած հազարաւոր տարիներ սպասած է եւ տակաւին այսօր յոյսով կը սպասէ՝ ճշմարիտ զաւակներ շահելու համար։

Այլեւս ժամանակ չկայ ուշանալու կամ վատնելու։ Թող որ ձեզմէ ամէն մէկը անդրադառնայ թէ մեր ժամանակը իսկապէս վերջին օրերն են, եւ պատրաստուի ընդունելու մեր Տէրը, որ պիտի վերադառնայ որպէս Թագաւոր թագաւորաց եւ Տէր տէրանց. ես ջերմեռանդութեամբ կ՚աղօթեմ՝ Իր անունով։

Նոյեմբեր 2007

Կէյումսան Վին՝
Խմբագրապետ

Բովանդակութիւն

Յառաջաբան

Նախաբան

Գլուխ 1

Իսրայէլ՝ Աստուծոյ Ընտրեալը

Մարդկային Մշակումի Սկզբնաւորութիւնը _ 3
Մեծ Նախահայրեր _ 24
Մարդիկ՝ Որոնք Տէրոջմով Կը Խօսին _ 50

Գլուխ 2

Մեսիան՝ Աստուծոյ կողմէ Ղրկուած

Աստուած Կը Խոստանայ Մեսիան _ 77
Մեսիային Բարեմասնութիւնները _ 86
Յիսուս Կ՚իրականացնէ Մարգարէութիւնները _ 106
Յիսուսի Մահը եւ Մարգարէութիւններ՝
Իսրայէլի մասին _ 116

Գլուխ 3

Աստուածը՝ Որուն Իսրայէլ Կը Հաւատայ

Օրէնքը եւ Աւանդութիւնը _ 127
Աստուծոյ Իսկական Նպատակը՝ Օրէնքը Տալու մէջ _ 140

Գլուխ 4

Դիտէ՛ եւ Լսէ՛...

Դէպի Աշխարհի Վերջին Ժամանակը _ 167
Տասը Ոտնամատները _ 191
Աստուծոյ Ստոյգ Սէրը _ 208

«Դաւիթի Աստղ», Հրեայ հասարակութեան նշանը՝ Իսրայէլի դրօշակին վրայ

Գլուխ 1
Իսրայէլ՝ Աստուծոյ Ընտրեալը

Մարդկային Մշակումի Սկզբնաւորութիւնը

Մովսէս, Իսրայէլի մեծ առաջնորդը, որ Իսրայէլի ժողովուրդը ազատագրեց Եգիպտոսի գերութենէն եւ զանոնք առաջնորդեց դէպի Քանանու Խոստացեալ Երկիրը ու ծառայեց որպէս Աստուծոյ փոխանորդը, Ծննդոց Գիրքին մէջ Աստուծոյ խօսքը սկսաւ հետեւեալ բառերով.

Սկիզբէն Աստուած երկինքն ու երկիրը ստեղծեց (Ծննդոց 1.1):

Աստուած երկինքն ու երկիրը, նաեւ անոնց մէջ գտնուող բոլոր բաները վեց օրուան մէջ ստեղծեց, իսկ եօթներորդ օրը հանգչեցաւ, օրհնեց, եւ սրբագործեց զայն: Ուրեմն, ինչո՞ւ համար Աստուած տիեզերքը եւ անոր մէջ գտնուող բոլոր բաները ստեղծեց: Ինչո՞ւ համար Աստուած մարդը ստեղծեց եւ արտօնեց որ Ադամէն սկսեալ անհամար թիւով մարդիկ ապրին երկրի վրայ:

Աստուած Կը Փնտռէր Մարդիկ՝ Որոնց հետ Կարենար Յաւիտենապէս Սէր Փոխանակել

Նախքան երկինքն ու երկիրը ստեղծելը, ամենակարող Աստուածը գոյութիւն ունէր անսահման տիեզերքին մէջ որպէս լոյսը՝ որուն մէջ ձայնը տեղաւորուած էր: Երկար ատենուայ առանձնութենէ ետքը, Աստուած փափաքեցաւ ունենալ մարդիկ՝ որոնց հետ միասին կարենար յաւիտենապէս սէր փոխանակել:

Աստուած ոչ միայն ունէր Աստուածային բնութիւն, որը Զինք կը սահմանէր որպէս Ստեղծիչը, այլ նաեւ Ան ունէր մարդկային բնութիւն, որով Ինք ուրախութիւն, բարկութիւն, վիշտ, եւ հաճոյք կը զգար: Ուստի Աստուած փափաքեցաւ ուրիշներու հետ միասին սէր տալ ու ստանալ: Աստուածաշունչին մէջ բազմաթիւ ակնարկութիւններ կան, որոնք կը մատնանշեն Աստուծոյ մարդկային բնութիւն ունենալը: Աստուած հաճոյք կը զգար եւ կը հրճուէր Իսրայէլացիներուն արդար գործերովը (Բ. Օրինաց 10.15, Առակաց 16.7), բայց շատ կը ցաւէր եւ կը բարկանար անոնց վրայ երբ անոնք կը մեղանչէին (Ելից 32.10, Թուոց 11.1, 32.13):

Ատեններ կան, երբ իւրաքանչիւր անհատ կը փափաքի առանձին ըլլալ, բայց այդ անհատը աւելի եւս պիտի հրճուի ու աւելի մեծ օրհնութիւններով պիտի լեցուի եթէ ունենայ ընկեր մը, որուն հետ կարող ըլլայ իր սիրտը բաժնեկցելու: Որովհետեւ Աստուած մարդկային բնութիւն ունէր, Ան փափաքեցաւ ունենալ անհատներ, որոնց կրնար Իր սէրը փոխանցել, որոնց սիրտը կրնար խորաչափել, եւ հակադարձաբար:

«Արդե՞օք հրճուանք եւ յուզմունք պիտի չպատճառէ ունենալ զաւակներ, որոնք կրնան խորաչափել Իմ սիրտս, եւ որոնց հետ Ես կրնամ սէր փոխանակել այս ընդարձակ այլ տակաւին խորունկ թագաւորութեան մէջ»:

Ուրեմն, Աստուած, Իր ընտրած ժամանակին, մշակեց ծրագիր մը՝ շահելու համար ճշմարիտ զաւակներ, որոնք Իրեն պիտի նմանէին: Այդ իսկ նպատակով, Աստուած ոչ միայն հոգեւոր աշխարհը ստեղծեց, այլ նաեւ ֆիզիքական աշխարհը՝ ուր պիտի ապրէր մարդ արարածը:

Ոմանք կրնան հետեւեալ ձեւով խորհիլ. «Երկինքի մէջ ահագին մեծ երկնային զօրք եւ անհամար թիւով հրեշտակներ կան որոնք ամէն բանէ աւելի հնազանդ են Աստուծոյ: Ինչո՞ւ համար Աստուած մարդ արարածը ստեղծելու նեղութիւնը կրեց»: Ամէն պարագայի, ի բաց առեալ քանի մը հրեշտակներէ, երկնային էակներուն մեծ մասը չունին մարդկային բնութիւն, որ բոլոր ազդակներէն աւելի կարեւոր եւ նշանակալից է, եւ որ կը պահանջուի սէր փոխանակելու մէջ. այսինքն ազատ կամք՝ որով մարդիկ իրենց անձնական ընտրութիւնը կը կատարեն: Այսպիսի երկնային էակներ կը նմանին մարդամեքենաներու: Անոնք կը հնազանդին իրենց տրուած հրահանգներուն՝ բայց առանց ուրախութիւն, բարկութիւն, վիշտ, կամ հաճոյք զգալու: Անոնք անկարող են փոխանակելու այն սէրը՝ որը կը բխի իրենց սրտին խորերէն։

Ենթադրենք որ երկու պզտիկներ կան եւ անոնցմէ մէկը՝ առանց երբեւիցէ իր զգացումները, կարծիքները, կամ սէրը արտայայտելու, կը հնազանդի եւ լաւ ձեւով կը կատարէ ամէն բան՝ որ իրեն կ'ըսուի։ Իսկ միւս պզտիկը, հակառակ որ ատեն-ատեն՝ իր ազատ կամքով կը յուսահատեցնէ իր ծնողքը, բայց անիկա արագ է զղջալու իր սխալներուն համար, սիրով կը յարի իր ծնողներուն եւ զանազան ձեւերով իր սիրտը կ'արտայայտէ։

Այս երկուքին մէջէն դուն ո՞ր մէկը կը նախընտրես։ Շատ հաւանաբար երկրորդը պիտի ընտրես։ Նոյնիսկ եթէ դուք ունենաք մարդամեքենայ մը, որ ձեր տնային բոլոր մանր պարտականութիւնները կը կատարէ ձեզի համար, ձեզմէ ոչ մէկը պիտի նախընտրէ այդ մարդամեքենան՝ ձեր իսկ զաւակներուն փոխարէնը։ Նոյն իմաստով, Աստուած նախընտրեց մարդը, իր տրամաբանութեամբ եւ զգացումներով, որ ուրախութեամբ պիտի հնազանդէր Իրեն, քան թէ մարդամեքենաներու նմանող ամբողջ երկնային զօրքը եւ հրեշտակները։

Աստուծոյ Նախասահմանութիւնը՝ Ճշմարիտ Զաւակներ Շահելու

Առաջին մարդը՝ Ադամը ստեղծելէն ետք, Աստուած ընդառաջեց ստեղծելու Եդեմի Պարտէզը եւ արտօնեց որ Ադամ իշխէ եւ կառավարէ զայն: Ամէն բան առատ էր Եդեմի Պարտէզին մէջ եւ Ադամ կ'իշխէր բոլոր բաներուն վրայ այն ազատ կամքով եւ հեղինակութեամբ՝ զոր Աստուած տուած էր իրեն: Այսուհանդերձ, կար միայն մէկ բան մը, որ Աստուած արգիլեց Ադամի.

Եւ Տէր Աստուած պատուիրեց մարդուն՝ ըսելով. «Պարտէզին բոլոր ծառերէն համարձակ կեր. բայց բարիի ու չարի գիտութեան ծառէն մի՛ ուտեր. քանզի այն օրը որ անկէ ուտես, անշուշտ պիտի մեռնիս» (Ծննդոց 2.16-17):

Ահիկա կանոն մըն էր որ Աստուած հաստատած էր Աստուծոյ՝ Ստեղծիչին եւ ստեղծուած մարդուն միջեւ, եւ Աստուած ուզեց որ Ադամ իր ազատ կամքով ու իր սրտին խորէն հնազանդի Իրեն: Այսուհանդերձ, երկար ժամանակ անցնելէն ետքը, Ադամ ձախողեցաւ Աստուծոյ խօսքը իր միտքը պահելու մէջ, եւ անհնազանդութեան մեղքը գործեց՝ բարիի ու չարի գիտութեան ծառէն ուտելով:

Ծննդոց 3-ի մէջ կայ տեսարան մը, որուն մէջ օձը, Սատանայէն դրդուելով, հարցուց Եւային. «Իրա՞ւ Աստուած ըսաւ. 'Պարտէզին ոեւէ ծառէն պիտի չուտէք'» (առաջին համար): Եւա պատասխանեց. «Աստուած ըսաւ որ պարտէզին ծառերուն պտուղէն կրնանք ուտել, բայց պարտէզին մէջտեղը եղած ծառին պտուղին համար՝ Աստուած ըսաւ. ‘Անկէ մի՛ ուտէք եւ անոր մի՛ դպչիք, որպէսզի չմեռնիք’» (2-րդ համար)։

Աստուած յստակօրէն ըսած էր Եւային. «Այն օրը որ անկէ ուտես, անշուշտ պիտի մեռնիս», բայց Եւա փոխեց Աստուծոյ պատուէրը եւ ըսաւ. «Որպէսզի չմեռնիք»։

Անդրադառնալով որ Եւան Աստուծոյ տուած պատուիրանքը իր սրտին մէջ չէր առած, օձը աւելի եւս յարձակողական դարձաւ իր փորձութեամբը. «Ո՛չ թէ անշուշտ պիտի մեռնիք», ըսաւ Եւային։ Եւ յետոյ աւելցուց. «Քանզի Աստուած գիտէ թէ այն օրը որ անկէ ուտէք, աչքերնիդ պիտի բացուին եւ աստուածներու պէս պիտի ըլլաք՝ բարին ու չարը գիտնալով» (5-րդ համար)։

Երբ Սատանան ազահութեամբ փչեց կնոջ մտքին մէջէն, բարիի ու չարի գիտութեան ծառը սկսաւ տարբեր երեւնալ Եւայի աչքերուն։ Ծառը իրեն աղէկ երեւցաւ կերակուրի համար, եւ հաճելի՝ աչքերուն ու փափաքելի՝ զինք իմաստուն դարձնելու համար։ Եւա կերաւ անոր պտուղէն եւ իր ամուսինին ալ տուաւ ու ան ալ կերաւ։

Այս ձեւով է որ Ադամ ու Եւա Աստուծոյ խօսքին դէմ անհնազանդ ըլլալու մեղքը գործեցին եւ անշուշտ վերջաւորութեան մահը դիմագրաւեցին (Ծննդոց 2.17)։

Հոս, «մահ» ըսելով կը վերագրուի ոչ թէ մարմնաւոր մահուան, երբ շնչառութիւնը կը դադրի մարդկային մարմնին մէջ, այլ անիկա կ՛ակնարկէ հոգեւոր մահուան։ Բարիի ու չարի գիտութեան ծառէն ուտելէն ետքը, Ադամ զաւակներ ծնանեցաւ եւ մեռաւ 930 տարեկանին (Ծննդոց

5.2-5)։ Միայն այս իրողութենէն արդէն մենք կը գիտնանք որ «մահ» ըսելով, հոս, ֆիզիքական մահուան մասին չէ որ կ'ակնարկէ։

Նախապէս մարդը ստեղծուեցաւ որպէս հոգիի, շունչի, եւ մարմնի խառնուրդ մը։ Անիկա ունէր հոգի մը, որուն միջոցաւ կրնար հաղորդակցիլ Աստուծոյ հետ. ան ունէր շունչ, որ հոգիին իշխանութեան տակ կը գտնուէր, նաեւ ունէր մարմին, որ կը ծառայէր թէ՛ հոգիին եւ թէ՛ շունչին։ Աստուծոյ պատուէրը լքելուն եւ մեղք գործելուն պատճառաւ, մարդուն հոգին մեռաւ եւ Աստուծոյ հետ իր հաղորդակցութիւնը նոյնպէս խստացաւ. այս է այն «մահը» որուն մասին Աստուած խօսեցաւ Ծննդոց 2.17-ի մէջ։

Իրենց մեղանչելէն ետքը, Ադամ եւ Եւա Եդեմի գեղեցիկ ու յորդառատ Պարտէզէն դուրս վռնտուեցան։ Այսպէս է որ սկսաւ ամբողջ մարդկութեան տառապանքը։ Ծննդաբերութեան ցաւը մեծապէս բազմապատկուեցաւ կնոջ համար, որուն փափաքը հիմա պէտք էր իր ամուսինին վրայ ըլլար ու անոր իշխանութեան տակ գտնուէր. մինչ մարդը պէտք էր նեղութիւնով ու ծանր աշխատանքով ուտէր այդ անիծեալ երկրէն, իր կեանքին բոլոր օրերուն մէջ (Ծննդոց 3.16-17)։

Այս մասին, Ծննդոց 3.23 մեզի կ'ըսէ. *«Ուստի Տէր Աստուած Եդեմի պարտէզէն դուրս ըրաւ զանիկա, որպէս զի երկիրը մշակէ, ուրկէ՛ առնուեցաւ»։* Հոս, «որպէս զի երկիրը մշակէ» ըսելով կը խորհրդանշէ ոչ միայն երկրին վրայ մարդուն տքնաջան աշխատանքով ուտելը, այլ նաեւ այն իրողութեան՝ թէ մարդը – որ երկրին հողէն շինուած էր – նաեւ պէտք էր «իր սիրտը մշակէր», երկրի վրայ իր ապրած ժամանակ:

Մարդկային Մշակումը Կը Սկսի Ադամի Մեղանչելովը

Ադամ ստեղծուած էր որպէս ապրող էակ մը, եւ չարութիւն չունէր իր սրտին մէջ. ուստի Ադամ պէտք չունէր իր սիրտը մշակելու: Ամէն պարագայի, մեղանչելէ ետք, Ադամին սիրտը մրուրուեցաւ անարդարութեամբ, եւ յետոյ Ադամ պէտք ունեցաւ իր սիրտը մշակելու եւ զայն մաքուր սրտի վերածելու, ճիշդ ինչպէս որ իր մեղանչելէն առաջ էր:

Այսպէս, մեղանչելէ ետք, Ադամ պէտք էր մշակէր իր սիրտը, որ պղծուած էր անարդարութիւններով ու մեղքերով, եւ զայն պէտք էր վերածէր մաքուր սրտի մը, դառնալով Աստուծոյ ճշմարիտ զաւակ մը: Ուստի, երբ Աստուածաշունչը կ'ըսէ թէ «Տէր Աստուած Եդեմի պարտէզէն դուրս ըրաւ զանիկա, որպէս զի երկիրը մշակէ, ուրկէ՛ առնուեցաւ», ա՛յս է որ կը նշանակէ, եւ ասիկա կ'ակնարկէ «Աստուծոյ կատարած մարդկային մշակումին»:

Աւանդականօրէն, «մշակում» ըսելով կ'ակնարկուի գործելակերպի մը՝ որով պարտիզպանը սերմեր կը ցանէ, իր բերքերը կը խնամէ, եւ անոնց պտուղը կը հնձէ: Երկրի վրայ մարդկութիւնը «մշակել» եւ բարի պտուղը ստանալ կը նշանակէ «Աստուծոյ ճշմարիտ զաւակներ» շահիլ: Աստուած է որ ցանեց առաջին սերմերը՝ Ադամն ու Եւան: Ադամի ու Եւայի միջոցաւ, որոնք անհնազանդ եղան Աստուծոյ, անհամար թիւով պզտիկներ ծնած են. իսկ Աստուծոյ կատարած մարդկային մշակումին միջոցաւ անհամար թիւով մարդիկ վերստին ծնունդ ունեցած են՝ որպէս Աստուծոյ զաւակներ՝ իրենց սրտերը մշակելով եւ Աստուծոյ կորսուած պատկերը վերահաստատելով:

Ուստի, «Աստուծոյ կատարած մարդկային մշակումը» ըսելով կը վերագրէ այն բոլոր գործունէութեան ընթացքը՝ որով Աստուած պատասխանատուութիւն կ'առնէ եւ կը կառավարէ մարդկային պատմութիւնը, անոնց ստեղծուելէն մինչեւ Դատաստանը, որպէսզի Իր ճշմարիտ զաւակները շահի:

Ճիշդ ինչպէս որ պարտիզպանը սերմեր ցանելէն առաջ սկիզբը կը յաղթահարէ հեղեղները, երաշտը, սաստիկ ցուրտը, կարկուտը, վնասաբեր կենդանիներն ու միջատները, եւ վերջաւորութեան գեղեցիկ ու հաճոյալի պտուղներ կը քաղէ, նոյնպէս ալ Աստուած ամէն բաները կը կառավարէ որպէսզի շահի ճշմարիտ զաւակներ, որոնք յառաջ կու գան այս աշխարհին մէջ իրենց կեանքի ընթացքին՝ մահուան, հիւանդութեան, բաժանումի եւ այլ տեսակի տառապանքներու ենթարկուելէ ետք:

Պատճառը՝ որ Աստուած Բարիի ու Չարի Գիտութեան Ծառը Դրաւ Եդեմի Պարտէզին մէջ

Կարգ մը մարդիկ կը հարցնեն. «Ինչո՞ւ համար Աստուած բարիի ու չարի գիտութեան ծառը դրաւ, որուն պատճառաւ մարդը սկսաւ մեղանչել եւ առաջնորդուեցաւ դէպի կործանում»: Ամէն պարագայի, Աստուած բարիի ու չարի գիտութեան ծառը դրաւ Իր հրաշալի նախասահմանութեամբը, որով Ինք մարդիկը պիտի առաջնորդէր, որպէսզի անոնք գիտակից դառնային «յարաբերականութեան»:

Շատ մը մարդիկ կ'ենթադրեն որ Ադամ եւ Եւա չափազանց ուրախ էին ապրելով Եդեմի Պարտէզին մէջ, որովհետեւ հոն չկար արցունք, ցաւ, վիշտ, հիւանդութիւն, կամ տառապանք: Բայց եւ այնպէս, Ադամ եւ Եւա չէին գիտեր թէ ինչ է ճշմարիտ ուրախութիւնը եւ սէրը, որովհետեւ Եդեմի Պարտէզին մէջ անոնք ոչ մէկ գաղափար ունէին յարաբերականութեան մասին:

Օրինակի համար, երկու տարբեր պզտիկներ ի՞նչպէս կը հակադարձեն երբ նոյն խաղալիքը ստանան, նկատի առնելով որ այդ պզտիկներէն մէկը ծնած ու մեծցած է ունեւոր ընտանիքի մը մէջ, իսկ միւսը՝ կարօտեալ ընտանիքի մը մէջ: Անշուշտ երկրորդ պզտիկը շատ աւելի երախտապարտ պիտի ըլլայ եւ իր սրտին խորերէն շատ աւելի մեծ ուրախութեամբ ու ցնծութեամբ պիտի լեցուի՝ քան թէ հարուստ միջավայրի մէջ ապրած պզտիկը:

Եթէ կ'ուզես բանի մը իսկական արժէքը հասկնալ, առաջ պէտք է այդ բանին բոլորովին հակառակը գիտնաս եւ այդ հակառակին փորձառութիւնը պէտք է ունենաս: Երբ դուն տառապած ըլլաս հիւանդութենէ մը, միայն այն ատեն է որ պիտի կարենաս գնահատել առողջութեան իսկական արժէքը: Երբ դուն գիտակից դառնաս մահուան եւ դժոխքին, միայն այն ատեն է որ պիտի կարենաս գնահատել յաւիտենական կեանքին արժէքը, եւ քու սրտիդ խորերէն փառք պիտի տաս Աստուծոյ' քեզի յաւիտենական երկինքը տալուն համար:

Եդեմի հարուստ Պարտէզին մէջ, առաջին մարդը' Ադամ կը վայելէր ամէն բան, որ Աստուած տուած էր իրեն, նոյնիսկ միւս բոլոր արարածներուն վրայ իշխելու հեղինակութիւնը: Ամէն պարագայի, որովհետեւ այդ բաները իր տքնաջան աշխատանքին ու քրտինքին արդիւնքը չէին, Ադամ չէր կրնար ամբողջութեամբ հասկնալ եւ ըմբռնել անոնց կարեւորութիւնը, եւ կամ գնահատել զԱստուած այդ բաներուն համար: Երբ Ադամ Եդեմի Պարտէզէն դուրս վռնտուեցաւ' դէպի աշխարհ, եւ արցունքներու, վիշտի, ցաւի, հիւանդութիւններու, տառապանքի, դժբախտութեան, եւ մահուան փորձառութիւնը ունեցաւ, միայն այն ատեն է որ Ադամ սկսաւ անդրադառնալ եւ ըմբռնել տարբերութիւնը' ուրախութեան ու վիշտին միջեւ, եւ թէ ո՜րքան թանկարժէք է ազատութիւնն ու բարգաւաճումը, զոր Աստուած իրեն տուած էր Եդեմի Պարտէզին մէջ:

Յաւիտենական կեանքը ի՞նչ աղէկութիւն պիտի ընէ մեզի համար եթէ մենք չենք գիտցած թէ ինչ է ուրախութիւնը կամ վիշտը: Հոգ չէ թէ կարճ ժամանակ մը մենք կրնանք դժուարութիւններ դիմագրաւել, բայց յետոյ եթէ մենք կարենանք անդրադառնալ ու ըսել. «Այս է ուրախութիւնը», այն ատեն մեր կեանքերը շատ աւելի արժէքաւոր եւ օրհնեալ պիտի ըլլան:

Արդե՞օք չկան ծնողներ որոնք իրենց զաւակները դպրոց չեն ղրկեր՝ այլ կը ստիպեն որ անոնք տունը մնան, պարզապէս որովհետեւ այդ ծնողները կը գիտակցին որ ուսանիլը դժուար է: Եթէ ծնողներ իսկապէս կը սիրեն իրենց զաւակները, անոնք դպրոց պիտի ղրկեն զանոնք եւ պիտի մղեն որ իրենց զաւակները այդ դժուար նիւթերը ժրաջանութեամբ սորվին եւ զանազան բաներու փորձառութիւնը ունենան, որպէսզի աւելի լաւ ապագայ մը կերտեն:

Աստուած, որ մարդկութիւնը ստեղծեց եւ անկէ իվեր զանոնք կը մշակէ, ճիշդ նոյն տեսակի սիրտ մը ունի: Ճիշդ այդ պատճառով է որ Աստուած բարիի ու չարի գիտութեան ծառը դրաւ, Ադամին չարգիլեց իր ազատ կամքով այդ ծառէն ուտելէ, եւ թոյլ տուաւ որ Ադամ ուրախութեան, բարկութեան, վիշտի, եւ հաճոյքի փորձառութիւնը ունենայ՝ մարդկային մշակումի ընթացքի շրջանին: Պատճառը այն է՝ որովհետեւ մարդը իր սրտին խորերէն պիտի սիրէ եւ պիտի պաշտէ զԱստուած, որ Ինքնին սէրն ու ճշմարտութիւնն է, միայն այն ատեն՝ երբ անիկա յարաբերականութեան փորձառութիւնը ունեցած եւ ըմբռնած է թէ ի՛նչ է ճշմարիտ սէրը, ուրախութիւնը, եւ երախտագիտութիւնը:

Մարդկային մշակումի ընթացքին միջոցաւ, Աստուած ուզեց շահիլ ճշմարիտ զաւակներ, որոնք կրցան ճանչնալ Աստուծոյ սիրտը եւ նմանեցան Իրեն, եւ ուզեց անոնց հետ միասին ապրիլ երկինքը՝ յաւիտենական եւ ճշմարիտ սէր բաժնեկցելով անոնց հետ յաւիտեան:

Մարդկային Մշակումը Կը Սկսի Իսրայէլի մէջ

Երբ առաջին մարդը՝ Ադամ Եդեմի Պարտէզէն դուրս վռնտուեցաւ Աստուծոյ խօսքին անհնազանդ ըլլալուն համար, անոր իրաւունք չտրուեցաւ ընտրելու այն երկիրը՝ ուր ինք պիտի հաստատուէր, այլ Աստուած Ի՛նքը նշանակեց տարածութեան շրջան մը՝ ուր Ադամ պիտի բնակէր: Այդ տարածութիւնը Իսրայէլն էր:

Անոր մէջ պահուած էր Աստուծոյ կամքը եւ նախախնամութիւնը: Մարդկային մշակումին համար հսկայ ծրագիր մը յղանալէ ետք, Աստուած Իսրայէլի ժողովուրդը ընտրեց որպէս օրինակ՝ մարդկային մշակումին: Այդ պատճառով է որ Աստուած յատկապէս արտօնեց որ Ադամ նոր կեանք մը ապրի երկրի մը մէջ՝ ուր Իսրայէլի ազգը պիտի կերտուէր:

Բաւական ժամանակ անցնելէն ետքը, անհամար թիւով ազգեր եկան Ադամի յաջորդ սերունդներէն, եւ Իսրայէլի ազգը կերտուեցաւ Յակոբի ժամանակ՝ որ Աբրահամի սերունդէն էր: Աստուած փափաքեցաւ որ մարդկութիւնը մշակելու ուղղութեամբ Իր փառքը եւ Իր նախասահմանութիւնը յայտնաբերէ Իսրայէլի պատմութեան ընդմէջէն: Աստուծոյ այս փափաքը միայն Իսրայէլացիներուն համար չէր՝ այլ համայն աշխարհի ժողովուրդներուն համար: Ուրեմն, Իսրայէլի պատմութիւնը, որուն վրայ Աստուած Ինքզինք պատասխանատու նշանակեց, պարզապէս ժողովուրդի մը պատմութիւնը չէ, այլ Աստուածային պատգամ մը՝ ամբողջ մարդկութեան համար:

Ուրեմն, ինչո՞ւ համար Աստուած Իսրայէլը ընտրեց որպէս օրինակ՝ մարդկային մշակումին: Պատճառը՝ անոնց գերազանց նկարագիրն էր, այլ խօսքով, իրենց ներքին ամենախորունկ ու գերազանց էութիւնը:

Իսրայէլ «հաւատքի հայր» կոչուած Աբրահամի սերունդն էր, որմէ Աստուած շատ կը հաճէր, եւ նաեւ սերունդը Յակոբի, որ այնքան դիմացկուն էր՝ որ Աստուծոյ հետ մարտնչեցաւ եւ յաղթեց: Այս է պատճառը որ նոյնիսկ իրենց հայրենիքը կորսնցնելնէն եւ դարեր շարունակ թափառականներու կեանք ապրելնէն յետոյ, տակաւին Իսրայէլի ժողովուրդը չկորսնցուցին իրենց ինքնութիւնը:

Ամէն բանէ աւելի, Իսրայէլի ժողովուրդը հազարաւոր

տարիներ շարունակ պահպանած են Աստուծոյ Խօսքը՝ որ մարգարէացուած է Աստուծոյ մարդոց կողմէ, եւ Աստուծոյ Խօսքով ապրած են: Անշուշտ եղած են ատեններ երբ բոլոր ազգը ինքզինքնին հեռացուցած են Աստուծոյ Խօսքէն եւ մեղանչած են Աստուծոյ դէմ, բայց վերջաւորութեան Իսրայէլի ժողովուրդը զղջացած եւ վերադարձած են Աստուծոյ: Անոնք բնաւ երբեք չեն կորսնցուցած իրենց հաւատքը՝ իրենց Տէր Աստուծոյն հանդէպ:

20-րդ դարուն մէջ, անկախ Իսրայէլի մը վերահաստատումը յստակօրէն ցոյց կու տայ այն տեսակի սիրտը, որ Իսրայէլի ժողովուրդը ունի՝ որպէս Յակոբի սերունդին յաջորդները:

Եզեկիէլ 38.8 մեզի կ'ըսէ. *«Շատ օրերէն ետքը քու զօրքերդ պիտի համրես, ետքի տարիները պիտի գաս այն երկրին վրայ որ սուրէն ազատուած է, եւ այն ժողովուրդին վրայ որ շատ ազգերէն ժողվուած է Իսրայէլի լեռներուն վրայ, որոնք մշտնջենաւոր աւերակ էին. բայց անիկա ազգերէն ելած ըլլալով, ամէնը ապահովութեամբ պիտի բնակին»:* Հոս, «ետքի տարիները» ըսելով կը վերագրուի վերջին ժամանակին երբ մարդկային մշակումը պիտի մօտենայ իր աւարտին, իսկ «Իսրայէլի լեռները» կը խորհրդանշեն Երուսաղէմ քաղաքը, որ կը գտնուի ծովուն մակերեսէն մօտաւորապէս 760 մեթր (2.494 ոտնաչափ) բարձրութեան վրայ:

Ուրեմն, երբ Եզեկիէլ Մարգարէն կ'ըսէ թէ *«շատ ազգերէ ելած բազմաթիւ բնակիչներ պիտի ժողվուին Իսրայէլի լեռներուն վրայ»*, այդ կը նշանակէ թէ Իսրայէլացիները աշխարհի բոլոր կողմերէն պիտի հաւաքուին ու պիտի վերահաստատեն Իսրայէլի պետութիւնը։ Աստուծոյ այս խօսքին համեմատ, Իսրայէլ, որ Քրիստոսէ ետք 70 թուականին կործանած էր Հռովմայեցիներուն կողմէ, 1948 թուի Մայիս 14-ին հռչակեց իր պետականութիւնը։ Երկիրը «մշտնջենաւոր աւերակ» ըլլալէ զատ ուրիշ բան չէր. սակայն այսօր, Իսրայէլացիները շինած են այնպիսի զօրաւոր ազգ մը, որուն ոչ մէկ ուրիշ ազգ մը կրնայ դիւրիւթեամբ զանց ընել կամ ազդարարել։

Աստուծոյ Նպատակը՝ Իսրայէլացիները Ընտրած Ըլլալուն

Ինչո՞ւ համար Աստուած մարդկային մշակումը սկսաւ Իսրայէլի երկրին մէջ։ Ինչո՞ւ համար Աստուած Իսրայէլի ժողովուրդը ընտրեց եւ Իսրայէլի պատմութիւնը կառավարեց։

Առաջին, Իսրայէլի պատմութեան ընդմէջէն, Աստուած կամեցաւ բոլոր ազգերուն հռչակել թէ Ինք երկնքի ու երկրի Ստեղծիչն է, թէ Ինքն է միակ ճշմարիտ Աստուածը, եւ թէ Ինք կենդանի է։ Իսրայէլի պատմութիւնը սերտելով, նոյնիսկ Հեթանոսները կրնան դիւրիւթեամբ զգալ Աստուծոյ ներկայութիւնը եւ խորաչափելով ըմբռնել Իր նախասահմանութիւնը՝ կառավարելու մարդկութեան պատմութիւնը։

Ու երկրի ամէն ժողովուրդները պիտի տեսնեն որ Տէրոջը անունը քու վրադ կը կոչուի, ու քեզմէ պիտի վախնան (Բ. Օրինաց 28.10)։

Երանի՜ քեզ, ով Իսրայէլ. ո՞ր ժողովուրդը քեզի պէս Տէրոջը ձեռքով փրկուած է. վասն զի քու օգնութեանդ ասպարը ու յաղթութեանդ սուրը Անիկա է. քու թշնամիներդ քեզի պիտի խոնարհին, ու անոնց բարձր տեղերը պիտի կոխես (Բ. Օրինաց 33.29)։

Աստուծոյ ընտրեալ Իսրայէլը մեծ առանձնաշնորհում վայելած է, եւ մենք կրնանք դիւրիւթեամբ գտնել այդ իրողութիւնը՝ Իսրայէլի պատմութեան մէջէն։

Օրինակի համար, երբ Ռախաբ ընդունեց այդ երկու մարդիկը՝ զոր Յեսու ղրկած էր Քանանու երկիրը լրտեսելու համար, Ռախաբ ըսաւ անոնց. *«Ես գիտեմ որ Տէրը այս երկիրը ձեզի տուաւ, ու ձեր վախը մեր վրայ ինկաւ, եւ ձեր պատճառաւ այս երկրին բոլոր բնակիչները հալեցան։ Քանզի մենք լսեցինք թէ ի՛նչպէս Տէրը ձեր Եգիպտոսէ ելած ատենը Կարմիր ծովուն ջուրերը ձեր առջեւէն ցամքեցուց. նաեւ ինչ որ դուք ըրիք Յորդանանու անդիի կողմը բնակող Ամօրհացւոց երկու թագաւորներուն, Սեհոնի ու Ովգի, զորոնք բնաջինջ ըրիք։ Ուստի այս բաները լսածնուս պէս սիրտերնիս հալեցաւ, ու ձեր երեսէն վախնալնուս համար մէկո՛ւն վրայ համարձակութիւն չմնաց. քանզի ձեր Եհովա Աստուածը վերը երկինքին մէջ ու վարը երկրի վրայ Աստուած Անիկա է»* (Յեսուայ 2.9-11):

Բաբելոնի մէջ Իսրայէլացիներու գերութեան ընթացքին, Դանիէլ Աստուծոյ հետ քալեց եւ Բաբելոնի Նաբուգոդոնոսոր Թագաւորը իրազեկ դարձաւ Աստուծոյ՝ որուն հետ Դանիէլ կը քալէր: Աստուծոյ փորձառութիւնը ունենալէ ետք, թագաւորը միայն այսպէս կրնար ըսել. *«Հիմա ես Նաբուգոդոնոսր երկինքի Թագաւորը կը գովեմ, եւ կը բարձրացնեմ ու կը փառաւորեմ. վասն զի Անոր բոլոր գործերը ճշմարտութիւն, ու ճամբաները իրաւունք են, ու Անիկա կարող է ամբարտաւանութեամբ քալողները ցածցնել»* (Դանիէլ 4.37):

Նոյն բանը պատահեցաւ մինչ Իսրայէլ կը գտնուէր Պարսիկներու իշխանութեան տակ: Տեսնելով կենդանի Աստուծոյն գործը, որ պատասխանած էր Եսթեր Թագուհիին աղօթքին, *«երկրին ժողովուրդներէն շատերը Հրեայ եղան, վասն զի անոնց վրայ Հրեաներուն վախը ինկաւ»* (Գիրք Եսթերայ 8.17):

Ուրեմն, երբ նոյնիսկ հեթանոսները իրազեկ դարձան կենդանի Աստուծոյն, որ Իսրայէլացիներուն համար կը գործէր, անոնք սկսան վախնալ Աստուծմէ եւ պաշտել Զինք: Նոյնիսկ յետագային մենք կը ճանչնանք Աստուծոյ մեծափառութիւնը եւ կը պաշտենք Զայն այսպիսի դէպքերու եւ օրինակներու ընդմէջէն:

Երկրորդ, Աստուած Իսրայէլը ընտրեց եւ այդ

ժողովուրդը առաջնորդեց, որովհետեւ Աստուած ուզեց որ Իսրայէլի պատմութեան միջոցաւ բոլոր մարդկութիւնը անդրադառնայ պատճառին՝ թէ ինչու համար Ինք մարդիկը ստեղծեց եւ անոնց ստեղծումէն իվեր կը մշակէ զիրենք։

Աստուած մարդկութիւնը կը մշակէ որովհետեւ Ան կ'ուզէ ճշմարիտ զաւակներ շահիլ։ Աստուծոյ ճշմարիտ զաւակը այն մէկն է՝ որ կը նմանի Աստուծոյ, որ էականին մէջ բարութիւն ու սէր է, եւ արդար ու սուրբ է։ Պատճառը այն է՝ որ Աստուծոյ այսպիսի զաւակներ կը սիրեն Զինք եւ Իր կամքին համաձայն կ'ապրին։

Երբ Իսրայէլի ժողովուրդը Աստուծոյ պատուիրանքներուն համաձայն կ'ապրէին եւ կը ծառայէին Աստուծոյ, Աստուած զանոնք բոլոր ժողովուրդներէն եւ ազգերէն աւելի բարձր կը դասէր։ Ընդհակառակը, երբ Իսրայէլի ժողովուրդը կուռքեր կը պաշտէին եւ արագ էին լքելու Աստուծոյ պատուիրանքները, անոնք ամէն տեսակ տանջանքներու եւ աղէտներու կ'ենթարկուէին, ինչպէս՝ պատերազմ, կամ բնական դժբախտութիւններ, կամ նոյնիսկ ստրկութիւն։

Այդ գործընթացին իւրաքանչիւր քայլին ընդմէջէն, Իսրայէլացիները սորվեցան ինքզինքնին խոնարհեցնել Աստուծոյ առջեւ, եւ ամէն անգամ որ անոնք խոնարհեցնէին ինքզինքնին, Աստուած, Իր անսպառ ողորմութեամբ ու սիրով, կը փրկէր զանոնք կործանումէ եւ կը բերէր Իր շնորհքի բազուկներուն մէջ։

Երբ Սողոմոն թագաւորը սիրեց զԱստուած եւ Իր պատուիրանքները պահեց, անիկա մեծ փառք ու պատիւ վայելեց. բայց երբ թագաւորը սկսաւ ինքզինք հեռացնել Աստուծմէ եւ կուռքերու ծառայել, այդ փառքն ու պատիւը զոր ինք կը վայելէր՝ անհետացան: Երբ Իսրայէլի թագաւորները՝ ինչպէս Դաւիթ, Յովսափատ, եւ Եզեկիա Աստուծոյ օրէնքին մէջ քալեցին, երկիրը հզօր եւ ազդեցիկ կը դառնար ու կը բարգաւաճէր. բայց կը տկարանար եւ օտար յարձակումներու ենթակայ կը դառնար այն թագաւորներու իշխանութեան ընթացքին՝ որոնք կը հեռանային Աստուծոյ ճամբաներէն:

Այս ձեւով, Իսրայէլի պատմութիւնը յստակօրէն կը յայտնաբերէ Աստուծոյ կամքը ու կը ծառայէ որպէս հայելի՝ որ Աստուծոյ կամքը կը ցոլացնէ բոլոր ժողովուրդներուն եւ ազգերուն համար: Աստուծոյ կամքը կը հռչակէ թէ երբ Իր պատկերով եւ Իր նմանութեամբ ստեղծուած մարդիկ պահեն Աստուծոյ պատուիրանքները եւ Իր խօսքին համեմատ սրբագործուին, անոնք Աստուծոյ օրհնութիւնները պիտի ստանան եւ Իր շնորհքին մէջ պիտի ապրին:

Բոլոր ազգերուն եւ ժողովուրդներուն մէջէն Իսրայէլը ընտրուեցաւ յայտնաբերելու համար Աստուծոյ նախասահմանութիւնը, եւ անիկա ահագին մեծ օրհնութիւն ստացած է ծառայելով Աստուծոյ՝ որպէս քահանաներու ազգը, պատասխանատու՝ Աստուծոյ Խօսքին: Նոյնիսկ երբ Իսրայէլի ժողովուրդը մեղանչէր,

Աստուած կը ներէր զանոնք իրենց մեղքերէն եւ կը փրկէր զիրենք կործանումէ, այնքան ատեն որ անոնք դարձի կու գային՝ խոնարհ սրտով, ճիշդ ինչպէս որ Աստուած խոստացած էր իրենց նախահայրերուն։

Ամէն բանէ աւելի, ամենամեծ օրհնութիւնը որ Աստուած խոստացած եւ հաստատած է Իր ընտրեալներուն համար, այն հրաշալի փառքի խոստումն էր՝ թէ Մեսիան պիտի գար իրենց մէջէն։

Մեծ Նախահայրեր

Մարդկային երկար պատմութեան ընթացքին ծայրէ ծայր, Աստուած պաշտպանած է Իսրայէլը Իր թեւերուն մէջ, եւ Աստուծոյ մարդիկ դրկած է Իր որոշած ժամանակին մէջ, որպէսզի Իսրայէլի անունը չանհետանայ: Աստուծոյ մարդիկը այն անձերն էին որոնք յառաջ եկան որպէս յարմար պտուղներ՝ Աստուծոյ ծրագրած մարդկային մշակումի նախասահմանութեան համաձայն, եւ մնացին Աստուծոյ խօսքին մէջ՝ Իր սիրովը: Աստուած Իսրայէլի ազգին հիմը դրաւ Իսրայէլի մեծ նախահայրերուն միջոցաւ:

Աբրահամ՝ Հաւատքի Հայրը

Աբրահամ, իր հաւատքով եւ հնազանդութեամբ, նշանակուած էր ըլլալու հաւատքի հայրը, եւ անիկա յառաջ պիտի բերէր մեծ ազգ մը: Աբրահամ ծնաւ մօտ չորս հազար տարիներ առաջ, Քաղդէացւոց Ուր քաղաքին մէջ, եւ Աստուծոյ կողմէ կանչուելէ ետք, ան արժանացաւ Աստուծոյ սիրոյն եւ նկատողութեան, մինչեւ այն աստիճան որ Աբրահամ կոչուեցաւ Աստուծոյ «ընկերը»:

Աստուած կանչեց Աբրահամը եւ հետեւեալ խոստումը տուաւ իրեն.

> *Քու երկրէդ եւ քու ազգականներէդ ու քու հօրդ տունէն գնա այն երկիրը՝ զոր Ես քեզի պիտի ցուցնեմ. եւ քեզ մեծ ազգ մը պիտի ընեմ, ու քեզ պիտի օրհնեմ, եւ քու անունդ պիտի մեծցնեմ. ու դուն օրհնեալ պիտի ըլլաս* (Ծննդոց 12.1-2)։

Այդ ժամանակ Աբրահամ այլեւս երիտասարդ չէր, ժառանգորդ չունէր, եւ գաղափար ալ չունէր թէ ուր կ'երթար. ուրեմն, իրեն համար դիւրին բան չէր հնազանդիլ։ Հակառակ որ չէր գիտեր թէ ուր կ'ուղղուէր, Աբրահամ յառաջ գնաց, որովհետեւ անիկա միայն եւ ամբողջութեամբ վստահեցաւ Աստուծոյ խօսքին, գիտնալով որ Աստուած ամենեւին բնաւ չաւրեր իր տուած խոստումները։ Այսպէս, Աբրահամ հաւատքով քալեց ամէն բանի մէջ որ ըրաւ, եւ իր կեանքի ընթացքին ստացաւ այն բոլոր օրհնութիւնները որ Աստուած խոստացած էր իրեն։

Աբրահամ ոչ միայն կատարեալ հնազանդութիւն եւ հաւատքի գործեր ցոյց տուաւ Աստուծոյ, այլ միշտ բարութեան եւ խաղաղութեան եւտեւէ եղաւ իր շուրջը գտնուող մարդոց հետ։

Օրինակի համար, երբ Աբրահամ Աստուծոյ պատուէրին համաձայն ձգեց Խառանը, իր եղբօրորդին՝

Ղովտը իր հետը գնաց: Երբ անոնց ստացուածքները շատցան, Աբրահամ եւ Ղովտ այլեւս չկրցան միասին մնալ նոյն երկրին մէջ: Արօտավայրերու եւ ջուրի անբաւարարութիւնը պատճառ դարձաւ որ «Աբրամի անասուններուն հովիւներուն ու Ղովտի անասուններուն հովիւներուն մէջտեղ վէճ ըլլար» (Ծննդոց 13.7): Հակառակ որ Աբրահամ շատ աւելի մեծ էր տարիքով, ան չփնտռեց կամ չհետապնդեց իր շահերը: Աբրահամ տեղի տուաւ իր եղբօրորդւոյն՝ աւելի լաւ երկիրը ընտրելու: Ծննդոց 13.9-ի մէջ Աբրահամ ըսաւ Ղովտին. *«Բոլոր երկիրը քու առջեւդ չէ՞. կ'աղաչեմ, զատուէ ինծմէ. եթէ դուն ձախ կողմը երթաս, ես աջ կողմը կ'երթամ, եւ եթէ աջ կողմը երթաս, ես ձախ կողմը կ'երթամ»:*

Եւ որովհետեւ Աբրահամ մաքուր սրտով մարդ մըն էր, անիկա դերձանէն մինչեւ կօշիկի կապը կամ ուրիշներուն պատկանող որեւէ ուրիշ բան մը չառաւ իր հետը (Ծննդոց 14.23): Երբ Աստուած իրեն ըսաւ որ մեղքի մէջ մխրճուած Սոդոմ եւ Գոմոր քաղաքները պիտի կործանէին, Աբրահամ, որ հոգեւոր սէր ունեցող մարդ մըն էր, աղաչեց Աստուծոյ եւ ստացաւ Իր խօսքը որ Աստուած պիտի չկործանէր Սոդոմը՝ եթէ այդ քաղաքին մէջ գոնէ միայն տասը արդար մարդիկ գտնուէին:

Աբրահամի բարութիւնը եւ հաւատքը կատարեալ էին, այն աստիճան որ անիկա հնազանդեցաւ Աստուծոյ հրամանին՝ որ հիմա Աստուած իր մէկ հատիկ որդւոյն կեանքը կը պահանջէր ընծայելու որպէս ողջակէզ:

Ծննդոց 22.2-ի մէջ Աստուած ըսաւ Աբրահամի. *«Հիմա*

քու սիրած մէկ հատիկ որդիդ Իսահակը առ, ու Մօրիայի երկիրը գնա, եւ հոն զանիկա ողջակէզ ըրէ լեռներէն մէկուն վրայ՝ զոր Ես քեզի պիտի ըսեմ»:

Իսահակ ծնաւ երբ Աբրահամ հարիւր տարեկան էր: Նախքան Իսահակի ծնունդը, Աստուած արդէն ըսած էր Աբրահամի թէ այն՝ որ իր իսկ մարմնէն յառաջ պիտի գար, այն մէկն էր որ Աբրահամի ժառանգորդը պիտի ըլլար, եւ թէ իրեն յաջորդող սերունդները երկինքի աստղերուն չափ շատ պիտի ըլլային թիւով: Եթէ Աբրահամ մարմնաւոր խորհուրդներու հետեւած ըլլար, ան պիտի չկրնար համաձայնիլ Աստուծոյ հրահանգին՝ Իսահակը մատուցանելու: Ամէն պարագայի, Աբրահամ անմիջապէս հնազանդեցաւ, առանց որեւէ պատճառներ հարցնելու:

Զոհի սեղանը շինելէն ետքը, այն վայրկեանին երբ Աբրահամ իր ձեռքը երկնցուց Իսահակը սպաննելու, Աստուծոյ հրեշտակը երկինքէն կանչեց իրեն եւ ըսաւ. *«Աբրահամ, Աբրահամ. Տղուն ձեռք մի դպցներ, եւ անոր բան մը մի ըներ. քանզի հիմա գիտցայ որ Աստուծմէ կը վախնաս. որովհետեւ քու մէկ հատիկ որդիդ Ինծմէ չխնայեցիր»* (Ծննդոց 22.11-12): Ո՜րքան օրհնեալ եւ զգայացունց տեսարան մըն է ասիկա:

Որովհետեւ Աբրահամ բնաւ չապաւինեցաւ իր մարմնաւոր խորհուրդներուն, անոր համար որեւէ պայքար կամ մտահոգութիւն չկար Աբրահամի սրտին մէջ եւ ինք միմիայն կրնար հաւատքով հնազանդիլ Աստուծոյ հրահանգին: Աբրահամ իր ամբողջ վստահութիւնը դրաւ հաւատարիմ Աստուծոյ վրայ, որ անպայման կը կատարէ այն՝ ինչ որ Ինք խոստացած է, ամենակարող Աստուծոյն՝ որ մեռելները կը վերակենդանացնէ, եւ սիրոյ Աստուծոյն՝ որ կը փափաքի միայն բարի բաներ տալ Իր զաւակներուն: Որովհետեւ Աբրահամի սիրտը միայն հնազանդութեան եւ հաւատքի գործեր ցուցաբերող սիրտ մըն էր, անոր համար Աստուած ընդունեց Աբրահամը որպէս հաւատքի հայր:

> *Որովհետեւ այս բանը ըրիր, ու Ինծի համար քու մէկ հատիկ որդւոյդ չխնայեցիր, քեզ օրհնելով պիտի օրհնեմ, ու քու սերունդդ երկինքի աստղերուն ու ծովեզերքը եղող աւազին պէս խիստ պիտի շատցնեմ. եւ քու սերունդդ իր թշնամիներուն քաղաքները պիտի ժառանգէ. ու երկրի բոլոր ազգերը քու սերունդովդ պիտի օրհնուին, որովհետեւ Իմ ձայնիս ականջ դրիր* (Ծննդոց 22.16-18):

Որովհետեւ Աբրահամ տիրացած էր այն տեսակ աստիճանի բարութեան ու հաւատքի՝ որը կը հաճեցնէ զԱստուած, անոր համար անիկա Աստուծոյ «ընկերը» սեպուեցաւ եւ արժանի դարձաւ հաւատքի հայր կոչուելու: Նաեւ, Աբրահամ դարձաւ բոլոր ազգերուն հայրը եւ բոլոր օրհնութիւններուն աղբիւրը, ճիշդ ինչպէս որ Աստուած իրեն խոստացած էր առաջին անգամ որ Ան կանչեց զինքը, ըսելով. *«Եւ քեզ օրհնողները պիտի օրհնեմ, ու քեզ անիծողները պիտի անիծեմ. ու երկրի բոլոր ազգերը քեզմով պիտի օրհնուին»* (Ծննդոց 12.3):

Աստուծոյ Նախասահմանութիւնը Իսրայէլի Հօրը՝ Յակոբին, եւ Երազողին՝ Յովսէփին միջոցաւ

Հաւատքի հայրը՝ Աբրահամ ծնունդ տուաւ Իսահակին, եւ Իսահակը ծնունդ տուաւ երկու որդիներու՝ Եսաւին եւ Յակոբին: Աստուած ընտրեց Յակոբը, որուն սիրտը աւելի կը գերադասէր քան իր եղբօրը սիրտը, երբ անիկա տակաւին իր մօրը արգանդին մէջ կը գտնուէր: Յետոյ, Յակոբ պիտի կոչուէր «Իսրայէլ», եւ պիտի դառնար Իսրայէլի ազգին հիմնադիրը եւ Տասներկու Ցեղերուն հայրը:

Պնակ մը ոսպի ապուրով իր մեծ եղբօրը առջինեկութեան իրաւունքը գնելով, եւ իր հօրը՝ Իսահակին խաբելով, իր եղբօրը՝ Եսաւին օրհնութիւնները խլելու աստիճան, Յակոբ ա՛յնքան մեծ նախանձախնդրութեամբ կը ցանկար Աստուծոյ օրհնութիւններուն եւ հոգեւոր նիւթերուն: Յակոբ ունէր խաբէութեամբ լեցուն յատկութիւններ, բայց Աստուած գիտէր թէ անգամ մը որ Յակոբ կերպարանափոխուէր, անիկա մեծ անօթ մը պիտի ըլլար Իրեն համար: Ճիշդ այդ պատճառով ալ, Աստուած թոյլատրեց որ Յակոբ քսան տարի փորձուի, որպէսզի անոր եսը բոլորովին կոտրուի եւ անիկա կարենայ խոնարհիլ:

Երբ Յակոբ ճարպիկութեամբ իր մեծ եղբօրը՝ Եսաւին առջինեկութեան իրաւունքը խլեց, Եսաւ փորձեց սպաննել զինք, եւ ուրեմն Յակոբ պէտք էր փախչէր իրմէ: Վերջաւորութեան, Յակոբ գնաց ապրելու իր մօրեղբօրը՝ Լաբանի քով եւ հոն սկսաւ ոչխարներ ու այծեր արածել: Ան պէտք էր տքնաջան կերպով աշխատէր՝ հոգ տանելով իր մօրեղբօրը ոչխարներուն եւ այծերուն: Ուստի, Ծննդոց 31.40-ի մէջ Յակոբ խոստովանեցաւ ըսելով. *«Այսպէս էի. ցորեկը տաքը ու գիշերը ցուրտը կը մաշէր զիս, եւ աչքերէս քունս կը փախչէր»:*

Աստուած կը հատուցանէ ամէն մէկ անհատի՝ անոր ցանածին համեմատ: Աստուած տեսաւ Յակոբի հաւատարմութեամբ գործելը, եւ մեծ հարստութեամբ օրհնեց զինք: Երբ Աստուած անոր ըսաւ որ վերադառնայ իր ծննդավայրը, Յակոբ ձգեց Լաբանը եւ իր ընտանիքին ու ստացուածքներուն հետ միասին ճամբայ ելաւ տուն վերադառնալու: Յաբոկ Գետը հասնելով, Յակոբ լսեց որ իր եղբայրը՝ Եսաւը կը գտնուէր գետին միւս կողմը՝ 400 մարդոց հետ միասին:

Յակոբ չէր կրնար վերադառնալ Լաբանի՝ անոր տուած իր խոստումին պատճառաւ: Ոչ ալ կրնար գետը կտրելով յառաջանալ դէպի Եսաւը, որ վրէժ առնելու կրակով կը բորբոքէր: Ինքզինք գտնելով շփոթեցուցիչ կացութեան մէջ, Յակոբ այլեւս իր իմաստութեան վրայ չյենեցաւ, այլ աղօթքով ամէն բան Աստուծոյ յանձնեց: Ինքզինք բոլորովին թօթափելով իր խորհուրդներու ամէն մէկ շրջանակէն, Յակոբ ջերմեռանդութեամբ աղօթեց եւ իր զիստին ամոլաջիլը տեղէն խախտելու աստիճան աղօթքով պայքարեցաւ Աստուծոյ հետ:

Յակոբ Աստուծոյ հետ մարտնչեցաւ եւ յաղթեց. ուստի Աստուած օրհնեց զինքը, ըսելով. *«Ալ մէյ մըն ալ քու անունդ Յակոբ չըսուի, հապա Իսրայէլ. վասն զի Աստուծոյ հետ ու մարդոց հետ մարտնչեցար, եւ յաղթեցիր»* (Ծննդոց 32.28)։ Այնուհետեւ Յակոբ կրցաւ նաեւ հաշտուիլ իր եղբօրը՝ Եսաւի հետ։

Պատճառը, որ Աստուած Յակոբը ընտրեց, այն է՝ որովհետեւ Յակոբ այնքան շատ յարատեւող եւ ուղիղ անձ մըն էր որ, փորձութիւններու ընդմէջէն, անիկա պիտի դառնար մեծ անօթ մը՝ նշանակալից դեր մը կատարելու Իսրայէլի պատմութեան մէջ։

Յակոբ ունէր տասներկու որդիներ եւ իր տասներկու որդիները հիմը դրին կազմելու Իսրայէլի ազգը։ Ամէն պարագայի, որովհետեւ անոնք տակաւին պարզ ցեղ մըն էին միայն, Աստուած ծրագրեց զանոնք զետեղել Եգիպտոսի սահմաններուն մէջ, որը հզօր երկիր մըն էր, մինչեւ որ Յակոբի սերունդը մեծ ազգ մը դառնար։

Այս ծրագիրը բխած էր Աստուծոյ սէրէն, որ զիրենք պիտի պաշտպանէր ուրիշ ազգերէ։ Այն անձը՝ որուն վստահուեցաւ այս յիշատակելի յանձնառութիւնը՝ Յովսէփն էր, որ Յակոբի տասնմէկերորդ որդին էր։

Իր տասներկու որդիներուն միջեւ, Յակոբ այնքան յայտնի կերպով աչառութիւն կ՚ընէր Յովսէփի, որ ան գունազեղ վերարկու մը հագցուց Յովսէփին, եւ ասոր նման բաներ։ Յովսէփ դարձաւ թիրախ՝ իր եղբայրներուն ատելութեան եւ նախանձին, եւ իր տասնեօթը տարեկան հասակին, Յովսէփ իր եղբայրներուն կողմէ ծախուեցաւ գերութեան՝ Եգիպտոսի մէջ: Սակայն Յովսէփ բնաւ չգանգատեցաւ եւ բնաւ չարհամարհեց իր եղբայրները:

Յովսէփ ծախուեցաւ Եգիպտացի Պետափրէս դահճապետին, որ Փարաւոնին ներքինին էր ու անոր թիկնապահներուն ղեկավարը, եւ ծառայեց անոր տան մէջ: Այնտեղ, Յովսէփ ժրաջանութեամբ ու հաւատարմութեամբ աշխատեցաւ, եւ շնորհք գտաւ Պետափրէսի առջեւ ու անոր վստահութիւնը շահեցաւ: Այսպէս, Պետափրէս իր տանը վրայ վերակացու ըրաւ Յովսէփը, եւ իր բոլոր ունեցածը անոր յանձնեց:

Այսուհանդերձ, հարց մը ծագեցաւ: Յովսէփ գեղեցիկ էր դէմքով ու գեղեցիկ՝ երեւոյթով, եւ իր տէրոջը կինը աչք տնկեց Յովսէփի վրայ ու սկսաւ մոլորեցնել զինք: Յովսէփ պատուաւոր էր եւ լրջօրէն կը վախնար Աստուծմէ, ուստի երբ իր տէրոջը կինը փորձեց հրապուրել զինք, Յովսէփ համարձակութեամբ ըսաւ անոր. *«Ես ի՞նչպէս այս մեծ չարութիւնը ընեմ, ու Աստուծոյ դէմ մեղանչեմ»* (Ծննդոց 39.9):

Վերջաւորութեան, այդ կնոջ ըրած սուտ զրպարտութիւններով, Յովսէփ բանտարկուեցաւ հոն՝ ուր թագաւորին բանտարկեալները կապուած էին: Նոյնիսկ բանտին մէջ, Աստուած Յովսէփի հետ էր, եւ Ան ողորմութիւն ցոյց տուաւ Յովսէփի ու բանտապետին առջեւ շնորհք գտնել տուաւ անոր: Բանտապետը Յովսէփի ձեռքը յանձնեց բանտին մէջ եղող բոլոր բանտարկեալները. Յովսէփ շուտով պատասխանատու դարձաւ հոն, եւ բանտին մէջ «ամէն գործը տեսնողը» Յովսէփն էր:

Իր կեանքի ճանապարհին մէջ այսպիսի քայլերէ անցնելով, Յովսէփ կարողացաւ իմաստութիւն շահիլ, որով ան յետագային պիտի կարենար ամբողջ ազգ մը կառավարել, իր քաղաքական տրամադրութիւնները մշակել, եւ դառնալ մեծ անօթ մը, որ կրնար շատ մարդիկ ողջագուրել իր սրտին մէջ:

Փարաւոնին երազները մեկնաբանելէ ետք, եւ նոյնիսկ իմաստուն լուծումներ ներկայացնելէ ետք այն հարցին՝ զոր Փարաւոն եւ իր ժողովուրդը պիտի դիմագրաւէին, Յովսէփ դարձաւ Եգիպտոսի կառավարիչ՝ Փարաւոնէն ետք երկրորդ ամենակարեւոր անձը դառնալով: Այսպէս ուրեմն, Աստուծոյ խորունկ նախասահմանութեամբ, եւ այդ բոլոր փորձութիւններուն միջոցաւ, որոնք տրուեցան Յովսէփի, Աստուած Յովսէփը դրաւ փոխարքայի դիրքին վրայ՝ իր 30 տարեկան հասակին, այդ ժամանակի ամենէն հզօր ազգերէն մէկուն մէջ:

Ճիշդ ինչպէս որ Յովսէփ Փարաւոնին երազները մեկնաբանած էր, սովի եօթը տարիներ զարկին Մերձաւոր Արեւելքը՝ ներառեալ Եգիպտոսը, եւ որովհետեւ Յովսէփ արդէն պատրաստութիւններ տեսած էր այսպիսի պատահարի մը համար, ան կրցաւ բոլոր Եգիպտացիները փրկել սովէն: Յովսէփի եղբայրները Եգիպտոս եկան կերակուր փնտռելու, վերամիացան իրենց եղբօրը հետ, եւ ընտանիքին մնացեալ անդամները շուտով տեղափոխուեցան Եգիպտոս, ուր անոնք ապրեցան բարգաւաճութեան մէջ, եւ անոնք ճամբան հարթեցին ծնունդ տալու համար Իսրայէլի ազգին:

Մովսէս՝ Մեծ Առաջնորդ մը, որ Ելիցը Իրականութիւն Դարձուց

Եգիպտոսի մէջ տեղաւորուելէ ետք, Իսրայէլի սերունդը բարգաւաճութեամբ աճեցան ու թիւով բազմացան, եւ անոնք շուտով մեծցան ու թիւով այնքան անհամար դարձան, որը բաւական էր կազմելու իրենց անձնական ազգը:

Երբ Եգիպտոսի վրայ նոր թագաւոր մը ելաւ, որ Յովսէփը չէր ճանչնար, ան սկսաւ հսկողութիւն բանեցնել Իսրայէլի սերունդին բարգաւաճութեան եւ զօրութեան դիմաց: Թագաւորը եւ պալատին պաշտօնատարները շուտով սկսան Իսրայէլացիներուն կեանքը դառնացնել ծանր գործերով, կաւով ու աղիւսներով եւ դաշտին ամէն տեսակի գործերով, եւ բռնութեամբ կը ծառայեցնէին զանոնք (Ելից 1.13-14):

Այսուհանդերձ, *«որչափ կը չարչարէին զանոնք [Իսրայէլացիներուն], այնչափ ալ աւելի կը շատնային ու կ՚աճէին [Իսրայէլացիները]»* (Ելից 1.12): Փարաւոնը շուտով հրամայեց որ Իսրայէլացի բոլոր տղայ մանուկները մեռցուին՝ անմիջապէս որ ծնէին: Իսրայէլացներու ստրկութեան պատճառաւ անոնց օգնութեան կանչը լսելով, Աստուած յիշեց Իր ըրած ուխտը՝ Աբրահամի, Իսահակի, եւ Յակոբի հետ։

> *Եւ պիտի տամ քեզի ու քեզմէ ետքը քու սերունդիդ յաւիտենական ժառանգութեան համար այն երկիրը ուր պանդուխտ եղար, բոլոր Քանանու երկիրը. ու անոնց Աստուած պիտի ըլլամ* (Ծննդոց 17.8)։

> *Ու այն երկիրը զոր Աբրահամի եւ Իսահակի տուի, քեզի պիտի տամ. ու քեզմէ ետքը քու սերունդիդ պիտի տամ այն երկիրը* (Ծննդոց 35.12)։

Իսրայէլի որդիները իրենց տառապանքէն դուրս հանելու եւ զիրենք Քանանու երկիրը բերելու համար, Աստուած պատրաստեց մարդ մը՝ որ առանց պայմանի պիտի հնազանդէր Աստուծոյ հրամաններուն, եւ Իր ժողովուրդը պիտի առաջնորդէր Աստուծոյ սրտով։

Այդ անձը Մովսէսն էր։ Մովսէսի ծնողները անոր ծնունդէն ետք մինչեւ երեք ամիս պահեցին զինքը, բայց երբ այլեւս չկրցան պահել զայն, անոնք մանուկը դրին կպրով ու ձիւթով ծեփուած պրտուեղէն կողովի մը մէջ, եւ կողովը տեղաւորեցին Նեղոս գետին եզերքը զտնուող եղէգներուն մէջ։ Երբ Փարաւոնին աղջիկը գտաւ մանուկը այդ պրտուեղէն կողովին մէջ եւ որոշեց պահել զայն որպէս իրը, մանուկին քոյրը, որ հեռուն կայնած կը դիտէր որպէսզի տեսնէ թէ ինչ պիտի պատահի մանուկին, Փարաւոնին աղջկան յանձնարարեց Մովսէսի կենսաբանական մայրը ՝ որպէս ստնտու:

Այսպէս, Մովսէս մեծցաւ թագաւորական պալատին մէջ եւ իր կենսաբանական մօրը կողմէ. ուստի Մովսէս աճեցաւ բնականաբար սորվելով Աստուծոյ մասին, եւ Իսրայէլացիներուն՝ իր իսկ ժողովուրդին մասին:

Յետոյ օր մը, Մովսէս տեսաւ որ Եգիպտացի մը իր Եբրայեցի եղբայրներէն մէկը կը ծեծէր, եւ խորապէս վշտանալով՝ վերջաւորութեան մեռցուց Եգիպտացին: Երբ ասիկա իմացուեցաւ, Մովսէս փախաւ Փարաւոնի ներկայութենէն եւ բնակեցաւ Մադիամու երկրին մէջ: Հոն, Մովսէս քառասուն տարի շարունակ ոչխարներ արածեց, եւ ասիկա միայն մէկ մասն էր Աստուծոյ նախասահմանութեան, որ կ'ուզէր փորձել եւ մարզել Մովսէսը՝ որպէս Ելիցի առաջնորդը, որ Իսրայէլի ժողովուրդը դուրս պիտի հանէր Եգիպտոսէն:

Իր ընտրած ժամանակին, Աստուած կանչեց Մովսէսը եւ պատուիրեց անոր որ Իսրայէլացիները դուրս հանէ Եգիպտոսէն, զանոնք առաջնորդելով դէպի Քանան՝ կաթ ու մեղր բխող երկիր մը:

Որովհետեւ Փարաւոն կարծրացած սիրտ մը ունէր, անիկա մտիկ չըրաւ Աստուծոյ հրամանին, որ Մովսէսի միջոցաւ իրեն փոխանցուեցաւ: Ասոր որպէս հետեւանք, Աստուած Տասը Աղէտներ բերաւ Եգիպտոսի վրայ եւ մեծ ուժով ու զօրութեամբ Իսրայէլացիները դուրս հանեց Եգիպտոսի երկրէն:

Իրենց առջինեկ որդիներուն մահուան տառապանքը կրելնէն ետքը միայն՝ Փարաւոն եւ իր ժողովուրդը խոնարհեցան Աստուծոյ առջեւ, եւ Իսրայէլացիները կարողացան ազատագրուիլ ստրկութենէ: Աստուած Ի՛նքը քայլ առ քայլ առաջնորդեց Իսրայէլի ժողովուրդը իրենց ճամբուն մէջ. Աստուած Կարմիր Ծովը երկուքի բաժնեց որպէսզի անոնք կարենան ցամաքով անցնիլ անկէ: Երբ ջուր չունեցան խմելու, Աստուած թոյլ տուաւ որ ջուր բխի ժայռէն, եւ երբ անոնք կերակուր չունեցան ուտելու, Աստուած երկինքէն մանանա տեղացուց եւ լորամարգիներ ղրկեց անոնց: Աստուած Մովսէսի միջոցաւ այս հրաշքները եւ սքանչելիքները գործեց որպէսզի ապահովէ միլիոնաւոր Իսրայէլացիներու վերապրումը՝ անապատին մէջ, քառասուն տարիներ շարունակ:

Հաւատարիմ Աստուածը Իսրայէլի ժողովուրդը առաջնորդեց դէպի Քանանու երկիրը՝ Յեսուի՝ Մովսէսի յաջորդին միջոցաւ: Աստուած օգնեց Յեսուին եւ անոր ժողովուրդին որպէսզի անոնք Յորդանան Գետէն անցնին Իր ուզած ձեւով, եւ թոյլ տուաւ որ անոնք Երիքով քաղաքը գրաւեն: Եւ Իրեն յատուկ կերպերով, Աստուած արտօնեց որ անոնք գրաւեն եւ տիրանան Քանանու երկրին մեծ մասին, կաթ ու մեղր բխող երկրին:

Վստահաբար, Քանանու երկրին գրաւումը ոչ միայն Աստուծոյ օրհնութիւնն էր Իսրայէլացիներուն համար, այլ նաեւ անիկա արդիւնքն էր Իր արդար դատաստանին՝ Քանանու երկրին բնակիչներուն դէմ, որոնք մեղքի եւ չարութեան մէջ աղաւաղուած էին: Քանանու երկրին բնակիչները մեծապէս ապականած էին, ուստի անոնք հարկադրուեցան ենթարկուելու դատաստանի, եւ յետոյ Իր արդարութեամբ, Աստուած Իսրայէլացիները առաջնորդեց որ երկիրը առնեն:

Ինչպէս որ Աստուած ըսած էր Աբրահամի. *«Եւ անոնք չորրորդ դարուն մէջ հոս պիտի դառնան»* (Ծննդոց 15.16), Աբրահամի յաջորդող սերունդը, այսինքն՝ Յակոբ եւ անոր որդիները, ձգեցին Քանանը եւ ուղղուեցան Եգիպտոս, եւ հոն բնակեցան. իսկ Յակոբի եւ անոր որդիներուն յաջորդող սերունդը վերադարձան Քանանու երկիրը:

Դաւիթ Կը Հաստատէ Ազդեցիկ Իսրայէլ մը

Քանանու երկիրը գրաւելէ ետք, Աստուած Իսրայէլը կառավարեց դատաւորներու եւ մարգարէներու միջոցաւ՝ Դատաւորաց Շրջանին: Յետոյ, Իսրայէլ դարձաւ թագաւորութիւն, եւ Դաւիթ Թագաւորի իշխանութեան տակ, որ ամէն բանէ աւելի կը սիրէր զԱստուած, հաստատուեցան Իսրայէլի հիմերը՝ որպէս ազգ:

Իր երիտասարդութեան, պարսատիկով եւ քարով մը, Դաւիթ սպաննեց Փղշտացի մեծ մարտիկ մը: Մարզադաշտին վրայ իր կատարած ծառայութեան որպէս ճանաչում, Դաւիթ պատերազմող մարդոց վրայ հրամանատար նշանակուեցաւ Սաւուղ Թագաւորին բանակին մէջ: Երբ Դաւիթ Փղշտացիները պարտութեան մատնելէ ետք տուն վերադարձաւ, բազմաթիւ կիներ սկսան երգել ու պարել, ըսելով, «Սաւուղ իր հազարաւորները զարկաւ, ու Դաւիթ իր բիւրաւորները»: Եւ բոլոր Իսրայէլացիները սկսան սիրել Դաւիթը: Նախանձութենէ մղուած, Սաւուղ թագաւորը սկսաւ դաւադրութիւններ մշակել Դաւիթը սպաննելու համար:

Սաւուղին ծայրայեղ հալածանքներուն միջեւ, Դաւիթ ունեցաւ երկու առիթներ՝ սպաննելու Սաւուղը, բայց մերժեց սպաննել այն թագաւորը՝ որ Ինքնին Աստուծոյ կողմէ օծուած էր: Դաւիթ միայն բարութիւն ըրաւ թագաւորին: Առիթով մը, Դաւիթ իր դէմքը գետին խոնարհեցուց, եւ որպէս յարգանքի նշան՝ երեսը վար գետին պառկեցուց ինքզինքը, եւ ըսաւ Սաւուղ թագաւորին. *«Ու տես, հայր իմ, տես, քու վերարկուիդ ծայրը իմ ձեռքիս մէջ է. ու ես քու վերարկուիդ ծայրը կտրելով՝ քեզ չմեռցուցի. ասկէ հասկցիր ու տես, որ իմ ձեռքիս մէջ չարութիւն ու անօրէնութիւն չկայ, ու քեզի յանցանք մը չեմ ըրած, բայց դուն զիս մեռցնելու կ՚աշխատիս»* (Ա. Թագաւորաց 24.11):

Դաւիթ, Աստուծոյ սրտին համեմատ մարդ մը, ամէն բաներու մէջ բարութեան ետեւէ եղաւ, նոյնիսկ թագաւոր ըլլալէ ետք: Իր իշխանութեան ընթացքին, Դաւիթ արդարութեամբ կառավարեց եւ զօրացուց իր թագաւորութիւնը: Որովհետեւ Աստուած Դաւիթի հետ էր, Դաւիթ թագաւոր կը յաղթէր դրացի Փղշտացիներուն, Մովաբացիներուն, Ամաղէկացիներուն, Ամմոնացիներուն, եւ Եդոմացիներուն դէմ մղուած պատերազմներուն մէջ: Դաւիթ ընդարձակեց Իսրայէլի երկրամասերը, իսկ պատերազմէն մնացած աւարներն ու տուրքերը միայն աւելցուցին անոր թագաւորութեան գանձատունը: Այդ իսկ համեմատութեամբ, Դաւիթ բարգաւաճութեան շրջան կը վայելէր:

Նաեւ, Դաւիթ Ուխտին Տապանակը Երուսաղէմ փոխադրեց, կազմակերպեց զոհեր ընծայելու գործելակերպերը, եւ զօրացուց հաւատքը՝ Տէր Աստուծոյն հանդէպ: Թագաւորը նաեւ Երուսաղէմը հաստատեց որպէս թագաւորութեան քաղաքական եւ կրօնական կեդրոնը, եւ ամէն տեսակի բոլոր պատրաստութիւնները տեսաւ որպէսզի Աստուծոյ Սուրբ Տաճարը կառուցուի իր որդւոյն՝ Սողոմոնի թագաւորթեան շրջանին:

Իր բովանդակ պատմութեան ընթացքին, Իսրայէլ ամենէն աւելի հզօր եւ փառաւոր էր Դաւիթ թագաւորի իշխանութեան շրջանին, եւ Դաւիթ մեծապէս սիրուած ու հիացումի արժանի դարձած էր ժողովուրդէն, եւ ինք մեծ փառք կու տար Աստուծոյ: Այս բոլորէն աւելի, արդե՞օք որքան մեծ նախահայր մը եղած պէտք էր ըլլար Դաւիթը, որ նոյնիսկ Մեսիան պիտի գար իր սերունդէն:

Եղիա Իսրայէլացիներուն Սրտերը Աստուծոյ Կը Դարձնէ

Դաւիթ թագաւորին որդին՝ Սողոմոն իր վերջին օրերուն կուռքեր պաշտեց եւ իր մահուընէն ետքը թագաւորութիւնը երկուքի բաժնուեցաւ: Իսրայէլի տասներկու ցեղերուն մէջէն տասը ցեղեր կազմեցին Իսրայէլի Թագաւորութիւնը՝ հիւսիսը, իսկ մնացեալ ցեղերը կազմեցին Յուդայի Թագաւորութիւնը՝ հարաւը:

Իսրայէլի Թագաւորութեան մէջ, Ամովս եւ Ովսէէ մարգարէները յայտնաբերեցին Աստուծոյ կամքը՝ Իր ժողովուրդին նկատմամբ. մինչ Եսայի եւ Երեմիա մարգարէները իրենց հոգեւոր ծառայութիւնները կատարեցին Յուդայի Թագաւորութեան մէջ: Ամէն անգամ որ Աստուծոյ ընտրած ժամանակը գար, Աստուած Իր մարգարէները կը ղրկէր եւ անոնց միջոցաւ Իր կամքը կ'իրագործէր: Այդ մարգարէներէն մէկը Եղիան էր: Եղիա մարգարէն իր հոգեւոր ծառայութիւնը կատարեց Աքաաբ թագաւորի իշխանութեան շրջանին՝ հիւսիսային թագաւորութեան մէջ:

Եղիայի ժամանակ, Հեթանոս թագուհին՝ Յեզաբէլ Բահաղի պաշտամունքը մտցուց Իսրայէլի մէջ: Այդ ժամանակ կռապաշտութիւնը ծայրէ ծայր կը ծաւալէր թագաւորութեան մէջ ամբողջութեամբ: Առաջին առաքելութիւնը զոր Եղիա մարգարէն պիտի կատարէր՝ Աքաաբ թագաւորին պէտք էր ըսեր թէ Իսրայէլի մէջ երեք ու կէս տարի անձրեւ պիտի չգար՝ որպէս հետեւանք Աստուծոյ դատաստանին, իրենց կռապաշտութեան համար:

Երբ մարգարէին ըսուեցաւ որ թագաւորը եւ թագուհին կը փորձէին սպաննել զինք, Եղիա փախաւ Սարեփթա, որ կը պատկանէր Սիդոնի: Հոն, որբեւարի կին մը պատառ մը հաց կը հայթայթէր Եղիային, եւ մարգարէին հանդէպ անոր մատուցած ծառայութեան փոխարէն Եղիա սքանչելի օրհնութիւններ ցոյց տուաւ այդ որբեւարի կնոջ, եւ անոր կարասէն ալիւրը բնաւ չհատաւ ու անոր կուժէն իւղը չպակսեցաւ, մինչեւ որ սովը վերջ գտաւ: Յետոյ, Եղիա նաեւ այդ որբեւարի կնոջ մեռած որդին կենդանացուց:

Կարմեղոս լերան գագաթին վրայ, Եղիա պատերազմեցաւ Բահաղի 450 մարգարէներուն եւ Աստարովթի 400 մարգարէներուն դէմ, եւ երկինքէն Աստուծոյ կրակը իջեցնել տուաւ: Որպէսզի Իսրայէլացիներուն սրտերը հեռացնէ կուռքերէն եւ զանոնք դարձեալ Աստուծոյ առաջնորդէ, Եղիա Աստուծոյ զոհասեղանը նորոգեց, ջուր թափեց զոհերուն ու սեղանին վրայ, եւ ջերմեռանդութեամբ աղօթեց Աստուծոյ:

«Ո՛վ Եհովա Աստուած Աբրահամի, Իսահակի եւ Իսրայէլի, այսօր թող գիտցուի թէ Իսրայէլի մէջ Դո՛ւն ես Աստուած ու ես քու ծառադ եմ եւ այս բոլոր բաները Քու խօսքովդ ըրի: Ինծի պատասխան տուր, ո՛վ Տէր, ինծի պատասխան տուր ու այս ժողովուրդը թող գիտնայ թէ Դո՛ւն ես Աստուած, ո՛վ Տէր եւ թէ անոնց սիրտը ետ դարձնողը Դո՛ւն ես»: Այն ատեն Տէրոջմէ կրակ իջաւ եւ ողջակէզն ու փայտերը եւ քարերն ու հողը այրեց ու փոսին մէջի ջուրն ալ լափեց: Բոլոր ժողովուրդը այս բանը տեսնելով՝ երեսի վրայ ինկան ու ըսին. «Եհովան է

Աստուած, Եհովան է Աստուած»: Ու Եղիա անոնց ըսաւ. «Բահաղին մարգարէները բռնեցէք ու անոնցմէ մարդ մը թող չազատի»: Զանոնք բռնեցին ու Եղիա զանոնք Կիսոն հեղեղատը իջեցուց եւ հոն զանոնք մեռցուց: (Գ. Թագաւորաց 18.36-39)

Անկէ զատ, Եղիա երկինքէն անձրեւ իջեցնել տուաւ՝ երեք ու կէս տարիներու երաշտութենէն յետոյ, եւ Յորդանան Գետը ճեղքելով անցաւ, որպէս թէ ցամաքի վրայ կը քալէր, եւ մարգարէացաւ այն բաներուն վրայ որոնք տեղի պիտի ունենային: Աստուծոյ հրաշալի զօրութիւնը ցոյց տալով, Եղիա յստակօրէն վկայեց կենդանի Աստուծոյն մասին:

Դ. Թագաւորաց 2.11-ի մէջ կը կարդանք. *«Երբ անոնք [Եղիա եւ Եղիսէ] խօսելով կ'երթային, ահա հրեղէն կառք մը եւ հրեղէն ձիեր երեւցան ու զանոնք իրարմէ զատեցին ու Եղիա մրրիկով երկինք ելաւ»:* Որովհետեւ Եղիա իր հաւատքով ծայրագոյն աստիճան հաճեցուց զԱստուած, եւ արժանացաւ Աստուծոյ սիրոյն ու գնահատանքին, Մարգարէն առանց մահ տեսնելու երկինք համբարձաւ:

Դանիէլ Աստուծոյ Փառքը Կը Յայտնաբերէ Ազգերուն

Երկու հարիւր յիսուն տարիներ ետք, Քրիստոսէ առաջ մօտ 605 թուականին, Յովակիմ թագաւորին իշխանութեան երրորդ տարուան մէջ, Երուսաղէմ քաղաքը ինկաւ՝ Բաբելոնի Նաբուգոդոնոսոր թագաւորին յարձակումին հետեւանքով, եւ Յուդայի թագաւորութեան արքայական ընտանիքէն շատերը գերի տարուեցան Բաբելոն:

Որպէս մէկ մասը՝ Նաբուգոդոնոսորի հաշտեցման քաղաքականութեան, թագաւորը իր ներքինապետ՝ Ասփանէզին հրամայեց որ Իսրայէլի թագաւորական ընտանիքէն եւ ազնուականներէն բնաւ արատ չունեցող, գեղեցիկ դէմքով ու ամէն իմաստութեան հմուտ ու գիտութեան տեղեակ, հանճարեղ, եւ թագաւորին պալատին մէջ ծառայելու կարողութիւն ունեցող երիտասարդներ բերէ: Թագաւորը հրամայեց ներքինապետին որ անոնց սորվեցնէ Քաղդէացւոց լեզուն եւ գրականութիւնը: Այդ երիտասարդներուն միջեւ կը գտնուէր նաեւ Դանիէլը (Դանիէլ 1.3-4):

Ամէն պարագայի, Դանիէլ որոշեց որ թագաւորին ազնիւ կերակուրովն ու անոր խմած գինիովը ինքզինք պիտի չպղծէ, ուստի ներքինապետէն թոյլտուութիւն խնդրեց որ ատոնցմով ինքզինք չպղծէ (Դանիէլ 1.8):

Հակառակ որ ինք պատերազմական բանտարկեալ մըն էր, Դանիէլ Աստուծոյ օրհնութիւնները կը ստանար՝ մինչ իր կեանքի իւրաքանչիւր գործընթացին մէջ Աստուծոյ վախով կը գործէր: Աստուած Դանիէլին եւ իր ընկերներուն տուաւ գիտութիւն եւ հանճար՝ ամէն դպրութեան ու իմաստութեան ճիւղերուն մէջ: Դանիէլ նոյնիսկ կը հասկնար ամէն տեսակի տեսիլքներ եւ երազներ (Դանիէլ 1.17):

Այդ է պատճառը թէ ինչու համար Դանիէլ շարունակ շնորհք եւ ճանաչում կը գտնէր թագաւորներէն, հակառակ որ թագաւորութիւնները կը փոխուէին: Գնահատելով Դանիէլի մէջ գտնուող անսովոր հոգին, Պարիկներու Կիւրոս թագաւորը ուզեց Դանիէլը նշանակել ամբողջ թագաւորութեան վրայ: Յետոյ, խումբ մը պալատական պաշտօնեաներ նախանձեցան Դանիէլի եւ սկսան ամբաստանութեան պատճառ մը փնտռել անոր դէմ՝ կառավարական հարցերու կապակցութեամբ: Սակայն անոնք դատապարտութեան որեւէ պատճառ կամ կաշառակերութեան որեւէ ապացոյց չգտան Դանիէլի վրայ:

Երբ իմացան որ Դանիէլ օրական երեք անգամ կ'աղօթէր Աստուծոյ, հրամանատարներն ու կուսակալները թագաւորին առջեւ եկան ու անոր դրդեցին որ օրէնք մը հաստատէ, որ եթէ որեւէ մէկը մինչեւ երեսուն օր բան մը խնդրէ թագաւորէն զատ ուրիշ որեւէ աստուածմէ կամ մարդէ, առիւծներուն գուբը նետուի: Դանիէլ բնաւ չվարանեցաւ՝ նոյնիսկ իր համբաւը, իր բարձր դիրքը, եւ իր կեանքը առիւծներու գուբին մէջ կորսնցնելու վտանգին տակ, եւ իր նախկին սովորութեանը պէս, Դանիէլ կը շարունակէր աղօթել՝ դէմքը դէպի Երուսաղէմ:

Թագաւորին հրամանով, Դանիէլ նետուեցաւ առիւծներուն գուբը, բայց որովհետեւ Աստուած Իր հրեշտակը ղրկեց եւ առիւծներուն բերանները գոցեց, Դանիէլ անվնաս մնաց: Ասիկա իմանալով, Դարեհ թագաւորը բոլոր ժողովուրդներուն, ազգերուն, եւ ամէն լեզուի մարդոց, եւ բոլոր երկիրներու մէջ բնակողներուն գրեց, եւ թոյլ տուաւ որ անոնք փառաբանութեան երգեր երգեն Աստուծոյ ու փառք տան Անոր.

Ինծմէ հրաման ելաւ, որ իմ թագաւորութեանս բոլոր իշխանութեանը մէջ՝ Դանիէլի Աստուծոյն երեսէն դողան ու վախնան, վասն զի Անիկա կենդանի Աստուած է ու յաւիտեան կը կենայ եւ Անոր թագաւորութիւնը չաւրուիր ու Անոր իշխանութիւնը մինչեւ վերջը կը մնայ: Անիկա կ'ազատէ ու կը փրկէ եւ երկնքի մէջ ու երկրի վրայ նշաններ ու հրաշքներ կ'ընէ եւ Դանիէլը առիւծներուն բերնէն ազատեց (Դանիէլ 6.26-27):

Ի բաց առեալ հաւատքի նախահայրերէն, որոնք մեծ համբաւ ունէին եւ կը ճանչցուէին Աստուծմէ՝ ինչպէս վերը յիշուեցաւ, ո՛չ մէկ քանակութեամբ թուղթ ու մելան բաւարար պիտի ըլլան նկարագրելու Գեդէոնի, Բարակի, Սամփսոնի, Յեփթայէի, Սամուէլի, Եսայիի, Երեմիայի, Եզեկիէլի, Դանիէլի երեք ընկերներուն, Եսթերի, եւ բոլոր մարգարէներուն հաւատքի գործերը, որոնք ներկայացուած են Աստուածաշունչին մէջ:

Մեծ Նախահայրեր՝ Երկրի Բոլոր Ազգերուն համար

Իսրայէլի ազգին առաջին օրերէն սկսեալ, Աստուած անձամբ քարտէսեց ու ղեկավարեց

Իսրայէլի պատմութեան ընթացքը: Ամէն անգամ որ Իսրայէլ ինքզինք տագնապի մէջ կը գտնէր, Աստուած կ'ազատագրէր զիրենք այն մարգարէներուն միջոցաւ, որոնց Ինք կը պատրաստէր եւ այսպէս կը տնօրինէր Իսրայէլի պատմութիւնը:

Այսպէս ուրեմն, ուրիշ ազգերէ բոլորովին տարբեր, Աբրահամի օրերէն իվեր Իսրայէլի պատմութեան ծալքը քակուելու ընթացքին մէջ է՝ Աստուծոյ նախասահմանութեամբ, եւ անիկա պիտի շարունակուի քակուիլ Աստուծոյ ծրագիրին համեմատ, մինչեւ վերջին ժամանակը:

Աստուած Իսրայէլի ժողովուրդին մէջէն հաւատքի հայրեր նշանակեց եւ զանոնք գործածեց, որովհետեւ Իր նախասահմանութիւնը ոչ միայն Իր ընտրեալներուն՝ Իսրայէլացիներուն համար էր, այլ նաեւ ամենուրեք՝ բոլոր ժողովուրդներուն համար, որոնք կը հաւատան Իր անուան:

> *Աբրահամ անշուշտ մեծ ու զօրաւոր ազգ մը պիտի ըլլայ ու երկրի բոլոր ազգերը անով պիտի օրհնուին* (Ծննդոց 18.18):

Աստուած կը փափաքի որ «երկրի բոլոր ազգերը» հաւատքով Աբրահամի զաւակներ դառնան եւ ստանան Աբրահամի օրհնութիւնները: Աստուած այդ օրհնութիւնները միայն իր ընտրեալներուն՝ Իսրայէլացիներուն համար չէ որ վերապահած է:

Ծննդոց 17.4-5-ի մէջ Աստուած Աբրահամի խոստացաւ որ անիկա Ազգերու բազմութեան հայր պիտի ըլլար, եւ Ծննդոց 12.3-ի մէջ կ'ըսէ թէ երկրի բոլոր ազգերը իրմով պիտի օրհնուին, եւ Ծննդոց 22.17-18-ի մէջ Աստուած Աբրահամի կը խոստանայ ըսելով որ երկրի բոլոր ազգերը իր սերունդով պիտի օրհնուին:

Աւելին, Իսրայէլի պատմութեան միջոցաւ, Աստուած բացած է ուղին' որով երկրի բոլոր ազգերը պիտի ճանչնան որ Տէր Աստուած միայն Ի՛նքն է ճշմարիտ Աստուածը, պիտի ծառայեն Իրեն, եւ պիտի դառնան Իր ճշմարիտ զաւակները' որոնք կը սիրեն Զինք:

> *Զիս չհարցնողներէն փնտռուեցայ, Զիս չխնդրողներէն գտնուեցայ, Իմ անունս չկանչող ազգին «Ահա հոս եմ, ահա հոս եմ», ըսի:* (Եսայեայ 65.1)

Աստուած մեծ նախահայրեր հաստատեց եւ Ինք անձամբ առաջնորդեց ու կառավարեց Իսրայէլի պատմութիւնը, որպէսզի թոյլ տայ թէ՛ Հեթանոսներուն եւ թէ՛ Իր ընտրեալներուն' որ Իր անունը կանչեն: Աստուած մինչեւ այդ կէտը իրագործած էր մարդկային մշակումի պատմութիւնը, սակայն հիմա Աստուած ուրիշ հրաշալի ծրագիր մը յղացած է, որպէսզի մարդկային մշակումի նախասահմանութիւնը հեթանոսներուն վրայ ալ կիրարկէ: Այդ է պատճառը թէ ինչու երբ Իր ընտրած ժամանակը եկաւ, Աստուած Իր Որդին ղրկեց Իրայէլի երկիրը, ո՛չ միայն որպէս Իսրայէլի Մեսիան, այլ նաեւ որպէս բոլոր մարդկութեան Մեսիան:

Մարդիկ՚ Որո՞նք Տէրոջմով Կը Խօսին

Մարդկային մշակումի բովանդակ պատմութեան ընթացքին, Իսրայէլ միշտ եղած էր կեդրոնը՚ Աստուածային նախասահմանութիւնը իրագործելու մէջ։ Աստուած Ինքզինք յայտնաբերեց հաւատքի հայրերուն, անոնց խոստացաւ այն բաները որոնք տեղի պիտի ունենային, եւ կատարելագործեց զանոնք՚ ճիշդ Իր խոստումին համեմատ։ Նաեւ, Աստուած Իսրայէլացիներուն ըսաւ որ Մեսիան Յուդայի ցեղէն եւ Դաւիթի տունէն պիտի գայ ու պիտի փրկէ երկրի բոլոր ազգերը։

Ուրեմն, Իսրայէլ կը սպասէր Մեսիային, որ մարգարէացուած է Հին Կտակարանին մէջ։ *Մեսիան՚ Յիսուս Քրիստոսն է։* Անշուշտ, այն մարդիկը՚ որոնք կը հաւատան Հրէական կրօնքին, չեն ճանչնար Յիսուսը՚ որպէս Աստուծոյ Որդին եւ Մեսիան, այլ փոխարէնը՚ անոնք տակաւին կը սպասեն Իր գալուստին։

Ամէն պարագայի, Մեսիան՚ որուն Իսրայէլ կը սպասէ, եւ այն Մեսիան՚ որուն մասին այս Գլխուն մնացեալ մասին մէջ պիտի գրուի, միեւնոյն Մեսիան է։

Մարդիկ ի՞նչ կ՚ըսեն Յիսուս Քրիստոսի մասին։

50

Եթէ քննէք Մեսիայի մասին մարգարէութիւնները եւ անոնց իրականացումը, ինչպէս նաեւ Մեսիային համար պէտք եղած բարեմասնութիւնները, դուք միայն պիտի հաստատէք այն իրողութիւնը թէ Մեսիան, որուն Իսրայէլ երկար ատենէ իվեր կարօտով կը սպասէ, ուրիշ մէկը չէ՛ քան Յիսուս Քրիստոսը:

Պօղոս՝ Յիսուսի Հալածիչը, Իր Առաքեալը Կը Դառնայ

Պօղոս ծնած էր Տարսոնի մէջ, Կիլիկիա, արդի-օրուայ Թուրքիոյ մէջ, մօտաւորապէս 2000 տարիներ առաջ, եւ անոր ծննդեան անունը Սօղոս էր: Սօղոս իր ծնունդէն ետք ութերորդ օրը թլփատուած, Իսրայէլի ազգէն ու Բենիամինի ցեղէն, եւ Հրեաներուն մէջ իսկական Հրեայ մըն էր: Սօղոս անմեղադրելի էր այն արդարութեան համեմատ՝ որ Օրէնքին մէջ է: Անիկա ուսանած էր Գամաղիէլի ձեռքին տակ, որ Օրէնքի ուսուցիչ մըն էր եւ շատ յարգուած էր բոլոր ժողովուրդէն: Սօղոս խստապահանջ կերպով իր հայրենի Օրէնքին համեմատ կ'ապրէր, եւ ունէր Հռովմէական Կայսրութեան քաղաքացիութիւնը, որ այդ ժամանակ աշխարհի ամենէն հզօր երկիրն էր: Մէկ խօսքով, մարմնաւոր իմաստով, Սօղոս ոչ մէկ բանի պակասը ունէր՝ իր ընտանիքին, սերունդին, գիտութեան, հարստութեան, կամ իշխանութեան կապակցութեամբ:

Որովհետեւ ամէն բանէ աւելի կը սիրէր զԱստուած,

Սօղոս նախանձախնդրութեամբ կը հալածէր Յիսուս Քրիստոսի հետեւողները: Պատճառը՝ որովհետեւ ան լսեր էր թէ Քրիստոնեաները կը հաստատէին որ խաչեալ Յիսուսը Աստուծոյ Որդին էր ու Փրկիչը, եւ թէ Յիսուս Իր թաղուելէն ետք երրորդ օրը յարութիւն առեր էր: Սօղոս ասիկա հաւասար կը սեպէր Ինքնին Աստուծոյ դէմ հայհոյութիւն ընելու:

Նաեւ, Սօղոս կը խորհէր թէ Յիսուս Քրիստոսի հետեւողները սպառնալիք կը սեպուէին Փարիսեցիական Հրէական կրօնքին դէմ, որուն ինք նախանձախնդրութեամբ կը հետեւէր: Այդ իսկ պատճառով, Սօղոս անգութօրէն հալածեց ու կործանեց եկեղեցին, եւ առաջնահերթ դեր ունեցաւ Յիսուս Քրիստոսի հետեւող հաւատացեալները ձերբակալելու մէջ:

Սօղոս բազմաթիւ Քրիստոնեաներ կը բանտարկէր եւ հաւանութիւն կու տար անոնց սպաննուելուն: Նաեւ, անիկա բոլոր ատեաններուն մէջ կը պատժէր հաւատացեալները, կը փորձէր անոնց ստիպել որ հոն անոնք հայհոյութիւն ընէին Յիսուս Քրիստոսի դէմ, եւ կը շարունակէր հալածել զիրենք, նոյնիսկ մինչեւ օտար քաղաքներ:

Յետոյ Սօղոս ենթարկուեցաւ նշանաւոր փորձառութեան մը, որուն պատճառաւ իր կեանքը բոլորովին շրջեցաւ: Դէպի Դամասկոս տանող իր ճամբուն վրայ, յանկարծ երկինքէն լոյս մը փայլատակեցաւ իր բոլորտիքը:

«Սաւո՛ւղ, Սաւո՛ւղ, ինչո՞ւ Զիս կը հալածես»:
«Դուն ո՞վ ես, Տէ՛ր»:
«Ես Յիսուս Նազովրեցին եմ որ դուն կը հալածես»:

Սօղոս ելաւ գետնէն, բայց չկրցաւ բան մը տեսնել. իր հետը եղող մարդիկը Դամասկոս բերին զինքը: Անիկա երեք օր հոն մնաց՝ առանց տեսողութեան: Ան ոչ կերաւ եւ ոչ խմեց: Այս դէպքէն յետոյ, Տէրը տեսիլքով երեւցաւ աշակերտի մը, որ Անանիա կը կոչուէր:

> *Ելի՛ր ու գնա այն փողոցը, որ Ուղիղ կը կոչուի եւ հոն Յուդայի տանը մէջ փնտռէ Սօղոս անունով Տարսոնացի մը. վասն զի ահա անիկա աղօթք կ՚ընէ. ու տեսիլքի մէջ մարդ մը տեսաւ Անանիա անունով՝ քովը մտած եւ ձեռքը իր վրայ դրած, որպէս զի տեսնէ ... Գնա՛ դուն, վասն զի անիկա Ինծի ընտիր աման մըն է, Իմ անունս կրելու հեթանոսներուն ու թագաւորներուն եւ Իսրայէլի որդիներուն առջեւ. քանզի Ես անոր պիտի ցուցնեմ թէ պէտք է Իմ անուանս համար նեղութիւն կրէ* (Գործք Առաքելոց 9.11-12, 15-16):

Երբ Անանիան իր ձեռքը դրաւ եւ աղօթեց Սօղոսի համար, անմիջապէս անոր աչքերէն թեփերու պէս բաներ ինկան եւ շուտով վերստացաւ իր տեսողութիւնը: Տէրոջը հանդիպելէն ետք, Սօղոս սկսաւ ծայրէ ծայր անդրադառնալ իր մեղքերուն, եւ ինքզինք վերանուանեց որպէս «Պօղոս», որ կը նշանակէ «փոքր մարդ»: Այդ կէտէն սկսեալ, Պօղոս համարձակութեամբ կենդանի Աստուածը եւ Յիսուս Քրիստոսի աւետարանը կը քարոզէր Հեթանոսներուն:

Կը ծանուցանեմ ձեզի, եղբայրներ, այն աւետարանը որ ինծմէ քարոզուեցաւ, թէ անիկա մարդու բան չէ: Որովհետեւ ես ալ մարդէ չառի զանիկա, եւ մէկէ՛ն ալ չսորվեցայ, հապա Յիսուս Քրիստոսին յայտնութենէն: Վասն զի լսած էք դուք իմ նախկին վարմունքս Հրէութեան մէջ. ինչպէ՛ս չափէ դուրս կը հալածէի Աստուծոյ եկեղեցին ու կը կործանէի զանիկա: Ես իմ հայրենի աւանդութիւններուս խիստ նախանձախնդիր ըլլալով՝ իմ ազգիս մէջ եղած շատ հասակակիցներէս աւելի յառաջադէմ էի Հրէութեան մէջ: Բայց երբ Աստուած ուզեց, (որ որոշեց զիս իմ մօրս որովայնէն եւ Իր շնորհքովը զիս կանչեց,) ինծի Իր Որդին յայտնել, որպէս զի Զանիկա հեթանոսներուն մէջ քարոզեմ, նոյն ատեն բան մը չիմացուցի մարմնին ու արիւնին, ո՛չ ալ Երուսաղէմ ելայ ինծմէ առաջ առաքեալ եղողներուն քով. հապա Արաբիա գացի ու նորէն Դամասկոս դարձայ (Գաղատացիս 1.11-17):

Նոյնիսկ Տէր Յիսուս Քրիստոսի հետ հանդիպելէն եւ աւետարանը քարոզելէն ետքը, Պօղոս ամէն տեսակի տառապանքներ կրեց, որոնք չեն կրնար պատշաճ կերպով նկարագրուիլ բառերով: Պօղոս յաճախ ինքզինք կը գտնէր աւելի եւս ցաւի եւ բանտարկութիւններու մէջ, շատ անգամներ անհամար թիւով կը ծեծուէր, յաճախ մահուան վտանգի մէջ կ'ըլլար, ջանքի եւ աշխատանքի մէջ շատ անգամ անքուն գիշերներ կ'անցընէր' անօթութեան եւ ծարաւի մէջ ըլլալով, յաճախ ծոմ կենալու մէջ, ցուրտի ու մերկութեան մէջ ըլլալով (Բ. Կորնթացիս 11.23-27):

Ան կրնար դիւրիւթեամբ բարգաւաճ եւ հանգիստ կեանք մը ապրիլ իր ունեցած դիրքով, իշխանութեամբ, գիտութեամբ, եւ իմաստութեամբ, բայց Պօղոս այդ ամէնէն հրաժարեցաւ եւ իր բոլոր ունեցածը միայն Տէրոջը յանձնեց:

> *Վասն զի ես առաքեալներուն ամենէն յետինն եմ, որ արժանի ալ չեմ առաքեալ ըսուելու, վասն զի Աստուծոյ եկեղեցին հալածեցի: Միայն թէ Աստուծոյ շնորհիքովն եմ' ինչ որ եմ եւ Անոր շնորհքը որ իմ վրաս է, պարապ բան մը չեղաւ: Ես անոնց վրայ ամենէն աւելի աշխատեցայ. ո՛չ թէ ես, հապա Աստուծոյ շնորհքը, որ ինծի հետ էր* (Ա. Կորնթացիս 15.9-10):

Պօղոս կրցաւ այս համարձակ խոստովանութիւնը ընել, որովհետեւ ան շատ յստակ փորձառութիւն մը ունեցած էր' հանդիպելով Յիսուս Քրիստոսի:

Դամասկոսի ճամբուն վրայ Տէրը ոչ թէ միայն պարզապէս հանդիպեցաւ Պօղոսի, այլ նաեւ Ան հաստատեց Պօղոսի հետ Իր ներկայութիւնը՝ զօրութեան հրաշալի գործեր յայտնաբերելով:

Աստուած անսովոր հրաշքներ գործեց Պօղոսի ձեռքով, այն աստիճան որ՝ նոյնիսկ Պօղոսի մարմնէն թաշկինակներ կամ գոգնոցներ կը տանէին հիւանդներուն եւ անոնք կը բժշկուէին ու չար ոգիները դուրս կ՚ելլէին: Նաեւ, Պօղոս Եւտիքոս անունով երիտասարդ մը վերակենդանացուց՝ երբ անիկա երրորդ յարկէն վար ինկաւ եւ զանիկա մեռած վերցուցին: Կարելի չէ մեռած անձ մը վերակենդանացնել՝ առանց Աստուծոյ զօրութեան:

Հին Կտակարանը կը նշէ թէ Եղիա մարգարէն Սարեփթայի մէջ որբեւարի կնոջ մը որդին վերակենդանացուց, իսկ Եղիսէ մարգարէն վերակենդանացուց երեւելի կնոջ մը որդին՝ Սունամայի մէջ: Ինչպէս որ Սաղմոսերգուն կը գրէ Սաղմոս 62.11-ի մէջ. *«Մէկ անգամ խօսեցաւ Աստուած. երկու անգամ լսեցի ասիկա, թէ զօրութիւնը Աստուծոյ կը պատկանի»*, Աստուծոյ զօրութիւնը կը տրուի Աստուծոյ մարդոց:

Իր միսիոնարական երեք շրջապտոյտներուն ընթացքին, Պօղոս հիմը դրաւ Յիսուս Քրիստոսի աւետարանի քարոզչութեան՝ Ասիոյ եւ Եւրոպայի մէջ, ներառեալ Փոքր Ասիան եւ Յունաստանը, զանազան տեղերու մէջ եկեղեցիներ հիմնելով, որպէսզի աւետարանը քարոզուի բոլոր ազգերուն: Այսպիսով բացուեցաւ ուղին, որով Յիսուս Քրիստոսի աւետարանը պիտի քարոզուէր աշխարհի բոլոր անկիւնները եւ բիւրաւոր հոգիներ պիտի փրկուէին։

Պետրոս Մեծ Զօրութիւն Կը Յայտնաբերէ եւ Անհամար Թիւով Հոգիներ Կը Փրկէ

Ի՞նչ կրնանք ըսել Պետրոսի մասին, որ աւետարանը Հրեաներուն քարոզելու աշխատանքին մէջ առաջնահերթ դեր կատարեց։ Պետրոս Յիսուսի հանդիպելէն առաջ պարզ ձկնորս մըն էր միայն, բայց երբ կանչուեցաւ Յիսուսի կողմէ, եւ երբ ուրիշներէն առաջ ի՛նքը ականատես դարձաւ այն սքանչելի բաներուն՝ զոր Յիսուս ըրաւ, Պետրոս դարձաւ Յիսուսի լաւագոյն աշակերտներէն մէկը։

Երբ Պետրոս ականատես դարձաւ Յիսուսի յայտնաբերած ուժի մեծութեան քանակին ու տեսակին, բան մը, որ ոչ մէկ ուրիշ մարդ կրնար նոյնիսկ ընդօրինակել, ներառեալ՝ կոյրերուն աչքերը բանալը, հաշմանդամներուն ոտքի կայնեցնելը, մեռելները վերակենդանացնելը. երբ ան տեսաւ Յիսուսի կատարած բարի գործերը, եւ դիտեց թէ ինչպէս Յիսուս կը ծածկէր մարդոց թերութիւններն ու անօրէնութիւնները, այն ատեն Պետրոս կրցաւ հաւատալ որ «Յիսուս իսկապէս Աստուծմէ եկած էր»։ Մատթէոս 16-ի մէջ մենք կը գտնենք Պետրոսի խոստովանութիւնը։

Յիսուս հարցուց իր աշակերտներուն. «Հապա դո՛ւք

Ինծի համար ո՞վ կ՚ըսէք թէ եմ» (15-րդ համար): Եւ Պետրոս պատասխանեց. *«Դուն ես Քրիստոսը, կենդանի Աստուծոյ Որդին»* (16-րդ համար):

Յետոյ, աներեւակայելի բան մը պատահեցաւ Պետրոսին, որ կրցաւ այսպիսի համարձակ խոստովանութիւն մը ընել՝ ինչպէս վերը յիշուեցաւ: Պետրոս նոյնիսկ վերջին ընթրիքի ժամանակ այսպէս խոստովանեցաւ Յիսուսի. *«Թէպէտ ամէնքն ալ Քու վրայովդ գայթակղին, ես բնա՛ւ պիտի չգայթակղիմ»:* (Մատթէոս 26.33): Սակայն այն գիշերը որ Յիսուս ձերբակալուեցաւ եւ խաչուեցաւ, Պետրոս երեք անգամ ուրացաւ Յիսուսը՝ մեռնելու վախէն բռնուած:

Յիսուսի յարութիւն առնելէն եւ երկինք համբառնալէն ետք, Պետրոս Սուրբ Հոգին ստացաւ եւ հրաշալի կերպով կերպարանափոխուեցաւ: Ան սկսաւ իր կեանքի ամէն մէկ ունկին զոհել Յիսուս Քրիստոսի աւետարանը քարոզելու մէջ, առանց վախնալու մահուընէ: Օր մը, 3000 հոգի ապաշխարեցին եւ մկրտուեցան՝ երբ Պետրոս համարձակութեամբ վկայեց Յիսուս Քրիստոսի մասին: Նոյնիսկ Հրեայ առաջնորդներուն առջեւ, որոնք կը սպառնային զինք մեռցնել, Պետրոս համարձակութեամբ հռչակեց որ Յիսուս Քրիստոս մեր Տէրն ու Փրկիչն է:

Ապաշխարեցէ՛ք, ու ձեզմէ ամէն մէկը թող մկրտուի Յիսուս Քրիստոսին անունովը մեղքերու թողութեան համար եւ Սուրբ Հոգիին պարգեւը պիտի ընդունիք: Վասն զի խոստումը ձեզի է ու ձեր որդիներուն եւ բոլոր հեռու եղողներուն՝ որոնք մեր Տէր Աստուածը պիտի կանչէ (Գործք Առաքելոց 2.38-39):

Անիկա է այն քարը, որ ձեզմէ՝ շինողներէդ՝ անարգուած, անկիւնի գլուխ եղաւ: Ուրիշ մէկո՛վ փրկութիւն չկայ. վասն զի Անկէ զատ ուրիշ անուն մը չկայ երկնքի տակ՝ մարդոց մէջ տրուած, որով կարող ըլլանք փրկուիլ (Գործք Առաքելոց 4.11-12):

Պետրոս Աստուծոյ զօրութիւնը ցոյց տուաւ՝ շատ նշաններ ու հրաշքներ յայտնաբերելով: Լիւդդիայի մէջ, Պետրոս բժշկեց մարդ մը, որ ութը տարիէ իվեր անդամալոյծ էր, եւ Լիւդդիայի մօտակայ Յոպպէի մէջ, Պետրոս վերակենդանացուց աշակերտ եղած կին մը, Տաբիթա անունով, որ հիւանդացած եւ մեռած էր: Նաեւ, Պետրոս թոյլ տուաւ որ հաշմանդամները ոտքի կայնին ու քալեն, զանազան հիւանդութիւններէ տառապող մարդիկը բժշկեց, եւ չար ոգիները դուրս քշեց:

Աստուծոյ զօրութիւնը Պետրոսի կ'ընկերանար այն աստիճան՝ որ մարդիկ նոյնիսկ իրենց հիւանդները դուրսը՝ փողոցները ու հրապարակները կը հանէին, եւ պատգարակներով ու մահիճներով զանոնք դուրսը կը դնէին, որպէս զի Պետրոսին անցնելու ատենը՝ գոնէ անոր շուքը անոնցմէ մէկուն վրայ իյնար (Գործք Առաքելոց 5.15):

Աւելին, Աստուած տեսիլքներով Պետրոսին յայտնեց որ փրկութեան աւետարանը Հեթանոսներուն պիտի բերուէր: Օր մը, Պետրոս տունին տանիքը ելաւ աղօթք ընելու: Խիստ անօթեցած ըլլալով, փափաքեցաւ բան մը ուտել: Մինչ կերակուր կը պատրաստուէր, մտքի յափշտակութիւն մը եկաւ իր վրայ, եւ տեսաւ երկինքը բացուած ու չորս ծայրերէն կապուած աման մը՝ մեծ կտաւի մը պէս, որ վար կ'իջնէր: Անոր մէջ կային ամէն տեսակ չորքոտանիներ ու զազաններ եւ սողուններ ու երկնքի թռչուններ (Գործք Առաքելոց 10.9-12):

Յետոյ, ձայն մը եկաւ Պետրոսի, որ կ'ըսէր. «Ելի՛ր, Պետրոս, մորթէ՛ ու կե՛ր» (13-րդ համար): Բայց Պետրոս ըսաւ. «Քա՛ւ լիցի, Տէ՛ր, վասն զի ես ամենեւին պիղծ կամ անմաքուր բան մը կերած չեմ» (14-րդ համար): Նորէն ձայնը եկաւ իրեն, երկրորդ անգամ ըլլալով, որ կ'ըսէր. «Զայն որ Աստուած մաքրեց, դուն պիղծ մի՛ սեպեր» (15-րդ համար):

Ասիկա երեք անգամ կրկնուեցաւ եւ ամէն բան դարձեալ երկինք վերցուեցաւ: Պետրոս չէր կրնար հասկնալ թէ ինչու համար Աստուած իրեն հրամայեց ուտելու բան մը՝ որ Մովսէսի Օրէնքով «անմաքուր» կը սեպուէր: Մինչ Պետրոս իր մտքին մէջ կը զարմանար եւ կը խորհրդածէր տեսիլքին վրայով, Սուրբ Հոգին ըսաւ իրեն. «Ահա երեք մարդիկ քեզ կը փնտռեն: Ուստի ելի՛ր, իջի՛ր եւ անոնց հետ գնա առանց խղճահարութեան, վասն զի ես ղրկեցի զանոնք» (Գործք Առաքելոց 10.19-20): Երեք մարդիկը եկած էին Հեթանոս Կոռնելիոս հարիւրապետին կողմէ, որպէսզի Պետրոսը իր տունը կանչէ, ու իր խօսքերը լսէ:

Այս տեսիլքին միջոցաւ, Աստուած Պետրոսին յայտնաբերեց թէ Ինք կ'ուզէ որ Իր ողորմութիւնը նոյնիսկ Հեթանոսներուն քարոզուի, եւ Պետրոսին մղեց որ Տէր Յիսուս Քրիստոսի աւետարանը տարածէ անոնց: Պետրոս չափէն աւելի երախտապարտ էր Տէրոջմէն, որ մինչեւ վերջը սիրած էր զինք, եւ իրեն վստահած էր սուրբ գործ մը' որպէս Իր առաքեալը, հակառակ որ ինք երեք անգամ ուրացած էր Տէրը: Ուստի, Պետրոս չխնայեց իր կեանքը' անհամար թիւով հոգիներ առաջնորդելու դէպի փրկութեան ճամբան, եւ վերջաւորութեան, Պետրոս մեռաւ նահատակի մահով:

Յովհաննէս Առաքեալ Կը Մարգարէանայ Վերջին Օրերուն մասին' Յիսուս Քրիստոսի Յայտնութեամբ

Յովհաննէս նախապէս ձկնորս մըն էր Գալիլիայի մէջ, բայց Յիսուսի կողմէ կանչուելէ ետք, Յովհաննէս միշտ Անոր հետ քալեց եւ ականատես դարձաւ Յիսուսի հրաշքներու ու նշաններու յայտնութիւններուն: Յովհաննէս տեսաւ Կանայի հարսնիքին' Յիսուսի' ջուրը գինիի փոխելը, տեսաւ Անոր անհամար թիւով հիւանդներ բժշկելը, ներառեալ անձ մը' որ երեսունութը տարիէ իվեր հիւանդ էր, տեսաւ ինչպէս Յիսուս դեւեր դուրս կը հանէր շատ մարդոցմէ, եւ ինչպէս Անիկա կոյրերուն աչքերը կը բանար: Նաեւ, Յովհաննէս ականատես դարձաւ Յիսուսի՝ ջուրին վրայէն քալելուն եւ տեսաւ ինչպէս Յիսուս վերակենդանացուց Ղազարոսը, որ չորս օրուայ մեռած էր:

Յովհաննէս հետեւեցաւ Յիսուսի՝ երբ Անիկա այլակերպեցաւ (Յիսուսի դէմքը արեգակի պէս փայլեցաւ, եւ Իր հանդերձները լոյսի պէս ճերմկցան), եւ Այլակերպութեան Լերան գագաթը Յիսուս խօսեցաւ Մովսէսի ու Եղիայի հետ: Նոյնիսկ երբ Յիսուս խաչին վրայ Իր վերջին շունչը կը փչէր, Յովհաննէս լսեց ինչ որ Յիսուս կը խօսէր Կոյս Մարիամի եւ իր հետ. *«Ո՛վ կին, ահա քու որդիդ»* (Յովհաննու 19.26): *«Ահա՛ քու մայրդ»* (Յովհաննու 19.27):

Այս երրորդ վերջին խօսքով, որ Յիսուս խօսեցաւ խաչին վրայ, Յիսուս կը մխիթարէր Մարիամը, որ մարմնաւոր իմաստով Զինք կրած եւ ծնունդ տուած էր Իրեն, բայց հոգեւոր իմաստով Յիսուս համայն մարդկութեան կը հռչակէր որ բոլոր հաւատացեալները եղբայրներ, քոյրեր, եւ մայրեր էին:

Յիսուս բնաւ Մարիամի համար չակնարկեց որպէս Իր «մայրը»: Ինչպէս որ Յիսուս՝ Աստուծոյ Որդին, էութեամբ Ինքնին Աստուած է, ոչ մէկը կրնար Իրեն ծնունդ տուած ըլլալ եւ ուրեմն Ինք չէր կրնար ունենալ մայր մը: Պատճառը՝ որ Յիսուս ըսաւ Յովհաննէսի. «Ահա՛ քու մայրդ», այն էր, որովհետեւ Յովհաննէս պիտի ծառայէր Մարիամի որպէս իր մայրը: Այդ ժամէն սկսեալ Յովհաննէս իր անձնական տունը տարաւ Մարիամին, եւ անոր ծառայեց որպէս իր մայրը:

Յիսուսի յարութենէն եւ համբարձումէն ետք, Յովհաննէս ժրաջանութեամբ Յիսուս Քրիստոսի աւետարանը քարոզեց ուրիշ առաքեալներու հետ միասին, հակառակ Հրեաներու շարունակական սպառնալիքներուն: Աւետարանի իրենց ջերմեռանդ քարոզչութեան միջոցաւ, Նախնական Եկեղեցին երեւելի ու տպաւորիչ արթնութեան մը փորձառութիւնը ունեցաւ, սակայն միեւնոյն ժամանակ առաքեալները յարատեւ ենթակայ էին հալածանքի:

Յովհաննէս Առաքեալ հարցաքննուեցաւ Հրեաներուն Ատեանին մէջ, եւ յետագային անիկա մխուեցաւ եռացած իւղին մէջ' Հռովմէացի Տօմիդիան Կայսրին կողմէ: Բայց Աստուծոյ զօրութեամբ եւ Իր նախախնամութեամբ, Յովհաննէս ոչ մէկ ձեւով չտառապեցաւ անկէ, եւ Կայսրը զինք աքսորեց Միջերկրական Ծովուն մէջ գտնուող Յունական Պատմոս կղզին: Հոն, Յովհաննէս աղօթքով Աստուծոյ հետ հաղորդակցեցաւ, եւ Սուրբ Հոգւոյն ներշնչումով ու հրեշտակներուն առաջնորդութեամբ, անիկա շատ խորունկ տեսլիքներ ունեցաւ եւ Յիսուս Քրիստոսին յայտնութիւնները գրի առաւ:

> *Յիսուս Քրիստոսին յայտնութիւնը, որ Աստուած տուաւ Իր ծառաներուն ցուցնելու ինչ որ շուտով պիտի ըլլայ եւ Իր հրեշտակին ձեռքով ղրկելով' Իր Յովհաննէս ծառային իմացուց* (Յայտնութիւն 1.1):

Սուրբ Հոգւոյն ներշնչումով, Յովհաննէս առաքեալ մանրամասնութեամբ գրեց այն բաները՝ որոնք պիտի պատահէին վերջին օրերուն մէջ, որպէսզի բոլոր մարդիկը ընդունին Յիսուսը որպէս իրենց Փրկիչը, եւ ինքզինքնին պատրաստեն Զինք ընդունելու Իր Երկրորդ Գալուստին՝ որպէս Թագաւոր թագաւորաց:

Նախնական Եկեղեցւոյ Անդամները Անխախտ Մնացին Իրենց Հաւատքին մէջ

Երբ յարուցեալ Յիսուսը երկինք համբարձաւ, Իր աշակերտներուն խոստացաւ որ Ինք պիտի վերադառնար ճիշդ նոյն ձեւով՝ ինչպէս անոնք տեսան Իր երկինք երթալը:

Յիսուսի յարութեան եւ համբարձումին ականատես դարձող անհամար թիւով վկաները անդրադարձան որ իրենք ալ պիտի կարողանային յարութիւն առնել եւ սկսան այլեւս չվախնալ մահուընէ: Այդ է թէ ինչպէս անոնք կրցան իրենց կեանքերը զոհել (որպէս Յիսուսի վկաները) աշխարհի իշխաններու սպառնալիքներուն եւ ճնշումին ու անոնց հալածանքին դիմաց, յաճախ իրենց կեանքի գնով: Ոչ միայն Իր առաքեալները, որոնք ծառայած էին Յիսուսի Իր հանրային ծառայութեան ընթացքին, այլ նաեւ անհամար թիւով ուրիշներ ալ առիւծներու զոհ դարձան Հռովմի հսկայ Կրկէսին մէջ, գլխատուեցան, խաչուեցան, եւ այրուելով մոխիր դարձան: Այսուհանդերձ, անոնք բոլորն ալ անխախտ մնացին Յիսուս Քրիստոսի մէջ իրենց հաւատքին մէջ:

Մինչ Քրիստոնեաներու դէմ հալածանքը կը սաստկանար, Նախնական Եկեղեցւոյ անդամները կը պահուըտէին Հռովմի գետնադամբարաններուն մէջ, որոնք ճանչցուած էին որպէս «ստորերկեայ գերեզմաններ»: Անոնք թշուառ կեանքեր ունէին, կարծէք թէ իրապէս չէին ապրեր: Այսուհանդերձ, որովհետեւ նախանձախնդիր եւ ջերմեռանդ սէր ունէին Տէրոջը հանդէպ, անոնք չէին վախնար որեւէ տեսակի փորձութիւններէ եւ տանջանքէ:

Հռովմի մէջ, Քրիստոնէութիւնը պաշտօնական կերպով ճանչցուելէն առաջ, Քրիստոնեաներու դէմ զրկանքը եւ բանեցուած ճնշումը նկարագրութենէ վեր անգութ ու վայրագ էր: Քրիստոնեաները կը զրկուէին իրենց քաղաքացիութենէն, Սուրբ Գիրքերը եւ եկեղեցիները կրակի կը դրուէին, եւ եկեղեցւոյ առաջնորդներն ու մշակները կը ձերբակալուէին, գազանային տանջանքի կ՚ենթարկուէին, եւ կը սպաննուէին:

Փոքր Ասիոյ մէջ գտնուող Զմիւռնիայի եկեղեցիէն՝ Փոլիքարբ եպիսկոպոսը անձնական յարաբերութիւն ունէր Յովհաննէս առաքեալին հետ: Փոլիքարբ նուիրուած եպիսկոպոս մըն էր: Երբ ան ձերբակալուեցաւ Հռովմէական իշխանութիւններու կողմէ եւ Կուսակալին առջեւ կայնեցաւ, Փոլիքարբ չլքեց իր հաւատքը:

«Ես չեմ ուզեր անպատուել քեզ: Հրամայէ՛ այդ Քրիստոնեաներուն որ մեռցուին ու ես ազատ պիտի արձակեմ քեզ: Անիծէ՛ Քրիստոսը...»:

«Վաթսունվեց տարիէ իվեր ես Իր ծառան եղած եմ, եւ Անիկա ոչ մէկ սխալ ըրած է: Ես ի՞նչպէս կրնամ հայհոյութիւն ընել իմ Թագաւորիս, որ փրկած է զիս»:

Անոնք փորձեցին զինք այրել մինչեւ մահ, բայց որովհետեւ այդ արարքը ձախողեցաւ, Փոլիքարբ, Զմիւռնայի եպիսկոպոսը նահատակուեցաւ՝ դաշունահարուելով: Երբ շատ մը ուրիշ Քրիստոնեաներ ականատես դարձան եւ լսեցին Փոլիքարբի հաւատքի յառաջընթացները եւ անոր նահատակութիւնը, անոնք սկսան ալ աւելի եւս խորաչափել Յիսուս Քրիստոսի Չարչարանաց պատմութիւնը, եւ իրենք ալ ընտրեցին նահատակութեան ճամբան:

Ո՛վ Իսրայէլացի մարդիկ, զգուշացէ՛ք այս մարդոց հանդէպ ձեր ընելիքէն, քանզի ասկէ առաջ Թեւդաս ելաւ, իրեն համար ըսելով թէ երեւելի մէկն է ու թուով չորս հարիւրի չափ մարդիկ իրեն յարեցան. ինք սպաննուեցաւ եւ այն ամէնքը որ իրեն հնազանդեր էին, ցրուեցան ու ոչինչ եղան: Անոր ետեւէն Յուդա Գալիլիացին ելաւ աշխարհագիր եղած օրերը եւ շատ ժողովուրդ իրեն քաշեց, բայց ինքն ալ կորսուեցաւ եւ այն ամէնքը, որոնք իրեն հնազանդեր էին՝ ցիրուցան եղան: Հիմա ձեզի կ՚ըսեմ, այդ մարդոցմէ մէկդի՛ կեցէք ու թո՛ղ տուէք զանոնք, վասն զի եթէ այդ խորհուրդը կամ գործը մարդոցմէ է՝ պիտի քակուի, իսկ եթէ Աստուծմէ է՝ չէք կրնար ատիկա քակել. Չըլլայ թէ Աստուծոյ դէմ մարտնչիք (Գործք Առաքելոց 5.35-39):

Մինչ համբաւաւոր Գամաղիէլը կը յորդորէր ու կը յիշեցնէր Իսրայէլի ժողովուրդին այն ինչ որ վերը նշուած է, Յիսուս Քրիստոսի աւետարանը, որ Ինքնին Աստուծմէ եկաւ, չէր կրնար տապալիլ: Վերջապէս, Քրիստոսէ ետք 313 թուին, Կոստանդինոս Կայսրը Քրիստոնէութիւնը ընդունեց որպէս իր կայսրութեան պաշտօնական կրօնքը, եւ Յիսուս Քրիստոսի աւետարանը սկսաւ քարոզուիլ ամբողջ աշխարհին:

Վկայութիւն՝ Յիսուսի մասին, Արձանագրուած՝ Պիղատոսի Տեղեկագրութեան մէջ

Հռովմէական կայսրութեան ժամանակէն եկած պատմական փաստաթուղթերուն մէջ կը գտնուի ձեռագիր մը՝ Յիսուսի յարութեան մասին, զոր Պոնտացի Պիղատոս, Յիսուսի ժամանակաշրջանին Յուդայի Հռովմէական Նահանգի Կառավարիչը, գրեց եւ Կայսրին ղրկեց:

Հետեւեալը մէջբերում մըն է Յիսուսի յարութեան

դէպքին մասին, որ քաղուած է «Պիղատոսի՛ Կեսարին ուղղած Տեղեկագրութիւնը՛ Յիսուսի Ձերբակալութեան, Դատաստանին, եւ Խաչելութեան մասին» ձեռագիրէն, որ ներկայիս պահուած է Այա Սոֆիա թանգարանին մէջ, Իսթանպուլ, Թուրքիա.

Գերեզմանը պարապ գտնուելէն քանի մը օր ետք, անոր առաջեալները ամբողջ երկրին մէջ յայտարարեցին որ Յիսուս մեռելներէն յարութիւն առեր էր, ինչպէս որ Ինք նախապէս գուշակած էր: Ասիկա աւելի եւս մեծ խանդավառութիւն ստեղծեց, քան խաչելութիւնը: Գալով անոր ճշմարտութեան, ես չեմ կրնար վստահութեամբ հաստատել զայն, սակայն ես որոշ հետազօտութիւններ կատարած եմ այդ հարցին շուրջ. ուստի դուն կրնաս ինքդ ալ քննել եւ տեսնել եթէ ես սխալ եմ՛ ինչպէս Հերովդէս կը ներկայացնէ:

Յովսէփ Յիսուսը թաղեց իր անձնական գերեզմանին մէջ: Արդե՞օք Յովսէփ խորհած էր Յիսուսի յարութեան մասին կամ արդե՞օք նկատի առած էր ուրիշ շիրիմ մը կտրել իրեն համար, ես այդ բանը չեմ կրնար ըսել: Անոր թաղուելէն մէկ օր յետոյ, քահանաներէն մէկը եկաւ ատեանը եւ ըսաւ որ իրենք կը վախնային որ Յիսուսի առաքեալները թերեւս կը ծրագրէին գողնալ Յիսուսի մարմինը եւ պահել զայն, եւ յետոյ այնպէս երեւցնել որպէս թէ ան մեռեալներէն յարութիւն առած ըլլար, ինչպէս որ Ինք նախապէս ըսած էր, եւ որուն մասին առաքեալները կատարելապէս համոզուած էին:

Ես զինք ղրկեցի արքայական պահակազօրքի հրամանատարին (Մալքըս), որպէսզի անոր ըսէ որ առնէ Հրեայ զինուորները, եւ անոնցմէ պէտք եղածին չափ թիւով շատ զինուորներ դնէ գերեզմանին շուրջ. Յետոյ, եթէ հարկ է որ որեւէ բան մը տեղի ունենայ, այն ատեն անոնք կրնան ինքզինքնին դատապարտել եւ ոչ թէ Հռովմայեցիները:

Երբ այդ մեծ խանդավառութիւնը ստեղծուեցաւ՝ գտնուելով որ գերեզմանը պարապ էր, ես երբեւիցէ աւելի եւս խոր մտահոգութիւն զգացի: Ես կանչել տուի այս Իսլամ կոչուած մարդը, որ ինծի պատմեց կարելի եղածին չափ աւելի մօտիկ դէպքերը, այնպէս՝ որ ես կարենամ մտաբերել հետեւող պարագաները: Անոնք փափուկ եւ գեղեցիկ լոյս մը տեսան շիրիմին վրայ: Սկիզբը, ան խորհեցաւ թէ կիները եկեր էին Յիսուսի մարմինը զմռսելու, ինչ որ իրենց սովորութիւնն էր, բայց ինք չկրցաւ տեսնել թէ անոնք ինչպէս կրցեր էին պահակներուն մէջէն անցնելով գերեզման մտնել: Մինչ այս խորհուրդները կ՚անցնէին իր մտքէն, ահաւասիկ այդ բոլոր վայրը յանկարծ լուսաւորուեցաւ եւ այնպէս կը թուէր թէ խուռներամ բազմութեամբ մեռելներ դուրս կու գային իրենց մահուան հագուստներով:

Այնպէս կը թուէր թէ բոլորն ալ կը պոռային ու կը բացագանչէին՝ սքանչացումով լեցուն, մինչ բոլոր շրջակայքը եւ վերը՝ կը պարուրէր ամենէն գեղեցիկ եղանակը որ ան երբեւիցէ լսած ըլլար, եւ կը թուէր թէ օդը ամբողջութեամբ լեցուած էր զԱստուած փառաբանող ձայներով: Այնպէս կը թուէր թէ այս բոլոր ժամանակամիջոցին երկիրը շուրջպար չէր ըներ եւ չէր լողար, այն աստիճան՝ որ կը թուէր թէ ինք կը հիւանդանար կամ կը մարէր, եւ չէր կրնար իր ոտքերուն վրայ կայնիլ: Ան ըսաւ որ անպէս կը թուէր՝ որպէս թէ երկիրը կը լողար իր տակը, եւ կարծէք իր զգայարանքները անհետացած ըլլային, ուստի չէր գիտեր թէ ճիշդ ինչ պատահած էր:

Ինչպէս կը կարդանք Մատթէոս 27-րդ գլխուն 51-53 համարներուն մէջ, *«...երկիր շարժեցաւ, քարերը պատառեցան, գերեզմանները բացուեցան ու շատ մը սուրբ ննջեցեալներու մարմիններ յարութիւն առին: Եւ գերեզմաններէն ելան Անոր յարութենէն ետքը, մտան սուրբ քաղաքը ու շատերու երեւցան»,* Հռովմայեցի զինուորներն ալ նոյնանման վկայութիւն տուին:

Հռովմէացի պահակները, որոնք ականատես դարձեր էին արտասովոր հոգեւոր երեւոյթներու, իրենց այս վկայութիւնները տուին Պիղատոսի: Արձանագրելէ ետք անոնց վկայութիւնները, Պիղատոս այս տեղեկագրութեան վերջաւորութեան հետեւեալ նկատողութիւնը բրաւ. «Ես գրեթէ պատրաստ եմ ըսելու. 'Ճշմարտապէս ասիկա Աստուծոյ Որդին էր'»:

Անհամար թիւով Վկաներ՝ Տէր Յիսուս Քրիստոսի մասին

Յիսուսի առաքեալները, որոնք Իր հանրային առաքելութեան ընթացքին Իրեն ծառայեր էին, միակ ականատեսները չէին Յիսուս Քրիստոսի աւետարանին: Ճիշդ ինչպէս որ Յիսուս ըսաւ Յովհաննու 14.13-ի մէջ. *«Իմ անունովս ի՛նչ որ խնդրէք, պիտի կատարեմ զանիկա, որպէս զի Հայրը Որդիովը փառաւորուի»,* անհամար թիւով վկաներ Աստուծոյ պատասխանները ստացած են իրենց աղօթքին, եւ վկայած են կենդանի Աստուծոյն եւ Տէր Յիսուս Քրիստոսի մասին, Իր յարութենէն եւ երկինք համբառնալէն իվեր:

Բայց Սուրբ Հոգին ձեր վրայ եկած ատենը զօրութիւն պիտի առնէք ու Ինծի համար վկաներ պիտի ըլլաք Երուսաղէմի մէջ եւ բոլոր Հրէաստանի ու Սամարիայի մէջ ու մինչեւ երկրի ծայրերը (Գործք Առաքելոց 1.8):

Ես Տէրը ընդունեցի՝ Աստուծոյ զօրութեամբ բժշկուելէ ետք իմ բոլոր հիւանդութիւններէս, որոնց դիմաց բժշկական գիտութիւնը բոլորովին անկարող էր: Յետոյ, ես օծուեցայ դառնալու համար Տէր Յիսուս Քրիստոսի ծառայ մը, եւ անկէ իվեր աւետարանը քարոզած եմ բոլոր ժողովուրդներուն՝ նշաններ ու հրաշքներ յայտնաբերելով:

Ինչպէս որ խոստացուած է վերի համարին մէջ, բազում մարդիկ Աստուծոյ զաւակներ դարձած են Սուրբ Հոգին ընդունելով, եւ իրենց կեանքերը նուիրած են Յիսուս Քրիստոսի աւետարանը քարոզելու՝ Սուրբ Հոգւոյն զօրութեամբ: Այդ է թէ ինչպէս աւետարանը տարածուած է ամբողջ աշխարհը, եւ ներկայիս անհամար թիւով մարդիկ կը հանդիպին կենդանի Աստուծոյն եւ կ'ընդունին Յիսուս Քրիստոսը:

Գացէ՛ք բոլոր աշխարհ ու աւետարանը քարոզեցէք բոլոր ստեղծուածներուն: Ան որ կը հաւատայ ու կը մկրտուի՝ պիտի փրկուի ու ան որ չհաւատայ՝ պիտի դատապարտուի: Անոնք որ կը հաւատան, այս նշանները անոնց հետ պիտի երթան. Իմ անունովս դեւեր պիտի հանեն, նոր լեզուներ պիտի խօսին. ձեռքերնին օձեր պիտի բռնեն եւ եթէ մահառիթ դեղ մը խմեն, իրենց պիտի չվնասէ. հիւանդներու վրայ ձեռք պիտի դնեն ու անոնք պիտի առողջանան (Մարկոս 16.15-18):

Գողգոթայի Սուրբ Շիրիմի Եկեղեցի, Խաչելութեան Բլուրը՝ Երուսաղէմի մէջ

Գլուխ 2
Մեսիան՝ Աստուծոյ կողմէ Ղրկուած

Աստուած Կը Խոստանայ Մեսիան

Իսրայէլ յաճախ կը կորսնցնէր իր գերիշխանութիւնը եւ կը տառապէր յարձակումներէ, իյնալով Պարսկաստանի եւ Հռովմի նման արշաւողներու իշխանութեան տակ: Իր մարգարէներուն միջոցաւ, Աստուած շատ խոստումներ տուաւ Մեսիային մասին, որ պիտի գար որպէս Իսրայէլի Թագաւորը: Տառապող ու վշտացած Իսրայէլացիներուն համար յոյսի ուրիշ աւելի մեծ աղբիւրներ չէին կրնար ըլլալ, քան Աստուծոյ խոստումները՝ Մեսիային նկատմամբ:

> *Վասն զի մեզի մանուկ մը ծնաւ, մեզի որդի մը տրուեցաւ եւ իշխանութիւնը Անոր ուսին վրայ պիտի ըլլայ: Անոր անունը պիտի կոչուի Սքանչելի, Խորհրդակից, Հզօր Աստուած, Յաւիտենականութեան Հայր, Խաղաղութեան Իշխան: Դաւիթին աթոռին վրայ ու անոր թագաւորութեանը վրայ Անոր իշխանութեանը մեծնալուն ու խաղաղութեանը սահման չկայ, որպէս զի հիմակուընէ մինչեւ յաւիտեան իրաւունքով ու արդարութիւնով հաստատէ ու զօրացնէ զանիկա: Զօրքերու Տէրոջը նախանձը*

պիտի ըլլայ ասիկա (Եսայեայ 9.6-7)։

«Ահա օրեր կու գան», կ'ըսէ Տէրը, «երբ Դաւիթին արդարութեան Շառաւիղ մը պիտի հանեմ, որ թագաւորի պէս թագաւորութիւն պիտի ընէ, իմաստութեամբ պիտի վարուի ու երկրի վրայ իրաւունք ու արդարութիւն պիտի ընէ։ Անոր օրերը Յուդան պիտի ազատի եւ Իսրայէլը ապահովութեամբ պիտի բնակի։ Այս է Անոր անունը, որով պիտի կոչուի. 'ՏԷՐԸ' ՄԵՐ ԱՐԴԱՐՈՒԹԻՒՆԸ'» (Երեմեայ 23.5-6)։

Մեծապէս ուրախացի՛ր, ո՛վ Սիոնի աղջիկ, ցնծութեամբ աղաղակէ՛, ո՛վ Երուսաղէմի աղջիկ. ահա քու թագաւորդ քեզի կու գայ. Անիկա արդար ու փրկիչ է։ Հեզ է ու իշու վրայ հեծած եւ իշու ձագի, աւանակի վրայ։ Ու Եփրեմէն կառքը եւ Երուսաղէմէն ձին պիտի ջնջեմ։ Պատերազմին աղեղը պիտի կոտրի։ Անիկա ազգերուն խաղաղութիւն պիտի քարոզէ, Անոր իշխանութիւնը' ծովէ ծով, Գետէն մինչեւ երկրին ծայրերը պիտի ըլլայ (Զաքարեայ 9.9-10)։

Մինչեւ այս օրս Իսրայէլ անդադար կը սպասէ Մեսիային գալուստը։ Ի՞նչ բանն է որ կ'ուշացնէ Մեսիային գալուստը, որուն Իսրայէլ մեծ անձկութեամբ կը սպասէ ու կ'ակնկալէ։ Բազմաթիւ Հրեաներ պատասխան մը կ'ուզեն այս հարցումին, սակայն պատասխանը կը գտնուի այն իրողութեան մէջ որ անոնք չեն գիտեր թէ Մեսիան արդէն եկաւ:

Յիսուս' Մեսիան Չարչարուեցաւ Ճիշդ ինչպէս որ Մարգարէացուեցաւ Եսայիի կողմէ

Այն Մեսիան, զոր Աստուած խոստացաւ Իսրայէլի եւ որուն իսկապէս ղրկեց, Յիսուսն է: Յիսուս ծնաւ Յուդայի Բեթլէհէմ քաղաքին մէջ, մօտ երկու հազար տարիներ առաջ. եւ երբ ժամանակը հասաւ, Յիսուս խաչին վրայ մեռաւ, յարութիւն առաւ, եւ փրկութեան ճամբան բացաւ բոլոր մարդկութեան համար: Ամէն պարագայի, Իր ժամանակի Հրեաները չճանչցան Յիսուսը որպէս Մեսիան' որուն իրենք կը սպասէին: Պատճառը այն էր' որովհետեւ Յիսուս բոլորովին տարբեր կ'երեւէր այն Մեսիայի պատկերէն' զոր իրենք ակնկալած էին:

Հրեաները յոգնած էին գաղթային իշխանութեան երկարատեւ ժամանակաշրջաններէն, եւ կ'ակնկալէին կարող եւ ազդու Մեսիա մը, որ պիտի փրկէր զիրենք' իրենց քաղաքական պայքարէն: Անոնք կը խորհէին որ Մեսիան պիտի գար որպէս Իսրայէլի Թագաւորը, բոլոր պատերազմներուն վերջ պիտի դնէր, պիտի ազատէր զիրենք հալածանքէ եւ զրկանքէ, ճշմարիտ խաղաղութիւն պիտի տար, եւ զիրենք բոլոր ազգերէն աւելի պիտի բարձրացնէր:

Այսուհանդերձ, Յիսուս թագաւորներու յարմար փառքով ու շքեղութեամբ չէ որ եկաւ այս աշխարհը, այլ Անիկա ծնաւ որպէս աղքատ ատաղձագործի մը որդին: Ան նոյնիսկ չեկաւ Իսրայէլը ազատագրելու Հռովմի ճնշումներէն, ոչ ալ եկաւ վերահաստատելու Իսրայէլի նախկին փառքը: Յիսուս այս աշխարհը եկաւ որպէսզի վերականգնէ մարդկութիւնը՝ որոնք Ադամի մեղքէն իվեր ճակատագրուած էին կործանուելու, նաեւ եկաւ որպէսզի զանոնք Աստուծոյ զաւակներ ընէ:

Այս պատճառներով է որ Հրեաները չճանչցան Յիսուսը որպէս Մեսիան, եւ ընդհակառակը՝ խաչեցին Զինք: Այսուհանդերձ, եթէ մենք սերտենք Մեսիային պատկերը այնպէս՝ ինչպէս արձանագրուած է Աստուածաշունչին մէջ, այն ատեն մենք միայն կրնանք հաստատել այն իրողութիւնը թէ Մեսիան իսկապէս Յիսուսն է:

> *Քանզի Անիկա Անոր առջեւ մատաղատունկի պէս եւ ծարաւուտ երկրէ ելլող արմատի պէս բուսաւ: Անիկա կերպարանք կամ վայելչութիւն չունէր, որպէս զի Անոր նայէինք, ոչ ալ այնպիսի երեւոյթ մը, որպէս զի Անկէ ախորժէինք: Անիկա մարդոցմէ անարգուեցաւ ու երեսէ ձգուեցաւ, վիշտերու տէր ու ցաւերու տեղեակ եղաւ: Անկէ երես դարձնելու մարդու պէս եղաւ, անարգուեցաւ ու Զանիկա չյարգեցինք* (Եսայեայ 53.2-3):

Աստուած Իսրայէլացիներուն ըսած էր թէ Մեսիան, Իսրայէլի Թագաւորը, փառաւոր կերպարանք կամ շքեղ երեւոյթ պիտի չունենար մեզ հրապուրելու համար, այլ ընդհակառակը՝ Անիկա պիտի անարգուէր եւ պիտի լքուէր մարդոցմէ: Տակաւին, Իսրայէլացիները ձախողեցան անդրադառնալու Յիսուսին որպէս Մեսիան՝ զոր Աստուած խոստացեր էր ղրկել իրենց:

Անիկա անարգուեցաւ եւ լքուեցաւ Աստուծոյ ընտրեալներուն՝ Իսրայէլացիներուն կողմէ, բայց Աստուած՝ Յիսուս Քրիստոսը բոլոր ազգերէն վեր դրաւ եւ մինչեւ այս օրս անհամար թիւով մարդիկ ընդունած են եւ կ՚ընդունին Զինք՝ որպէս իրենց Փրկիչը:

Ինչպէս գրուած է Սաղմոս 118.22-23-ի մէջ. *«Այն քարը, զոր շինողները անարգեցին, անկիւնին գլուխը եղաւ: Անիկա Տէրոջմէն եղաւ եւ զարմանալի է մեր աչքերուն»*, մարդկային փրկութեան նախասահմանութիւնը իրագործուեցաւ Յիսուսի կողմէ, որուն Իսրայէլ լքած էր:

Յիսուս չունէր կերպարանքը եւ երեւոյթը Մեսիային՝ զոր Իսրայէլի ժողովուրդը կ՚ակնկալէր տեսնել, բայց մենք կրնանք հասկնալ որ իսկապէս Յիսուսն է Մեսիան՝ որուն մասին Աստուած մարգարէացաւ Իր մարգարէներուն միջոցաւ:

Ամէն բան կը վերաբերի հոգեւոր աշխարհին, ներառեալ՝ փառքը, խաղաղութիւնը, եւ վերականգնումը, զոր Աստուած խոստացաւ մեզի տալ Մեսիային միջոցաւ. եւ Յիսուս, որ աշխարհ եկաւ

Մեսիային գործը կատարելագործելու, ըսաւ. *«Իմ թագաւորութիւնս այս աշխարհէն չէ»* (Յովհաննու 18.36):

Մեսիան, որուն մասին Աստուած մարգարէացաւ, երկրաւոր իշխանութիւններով եւ փառքով լեցուն թագաւոր մը չէ: Մեսիան աշխարհ պիտի չգար որպէսզի Աստուծոյ զաւակները կարենային հարստութիւն, համբաւ, եւ պատիւ վայելել այս աշխարհին մէջ, իրենց ժամանակաւոր կեանքի ընթացքին: Ան պիտի գար որպէսզի փրկէր Իր ժողովուրդը իրենց մեղքերէն, եւ զիրենք առաջնորդէր վայելելու յաւիտենական ուրախութիւն եւ փառք՝ երկինքի մէջ, յաւիտեանս յաւիտենից:

> *Այն օրը Յեսսէին արմատը պիտի կանգնի ժողովուրդներուն դրօշակ ըլլալու համար: Ազգերը Զանիկա պիտի փնտռեն ու Անոր հանգիստը փառաւոր պիտի ըլլայ* (Եսայեայ 11.10):

Խոստացեալ Մեսիան պարզապէս Աստուծոյ ընտրեալներուն՝ Իսրայէլացիներուն համար չէ որ պիտի գար. Ան նաեւ պիտի գար որպէսզի փրկութեան խոստումը իրականացնէր այն բոլորին համար՝ որոնք հաւատքով կ'ընդունին Աստուծոյ խոստումը Մեսիային նկատմամբ, հետեւելով Աբրահամի հաւատքի ոտնահետքերուն: Մէկ խօսքով, Մեսիան պիտի գար իրագործելու Աստուծոյ փրկութեան խոստումը՝ որպէս երկրի վրայի բոլոր ազգերուն Փրկիչը:

Փրկիչի մը Պէտքը՝ Բոլոր Մարդկութեան համար

Ինչո՞ւ պէտք էր Մեսիան այս աշխարհ գար ոչ միայն Իսրայէլի ժողովուրդի փրկութեան՝ այլ նաեւ բոլոր մարդկութեան փրկութեան համար։

Ծննդոց 1.28-ի մէջ, Աստուած օրհնեց Ադամն ու Եւան, եւ ըսաւ անոնց. *«Աճեցէք ու շատցէք ու երկիրը լեցուցէք եւ անոր տիրեցէք ու ծովու ձուկերուն ու երկնքի թռչուններուն եւ երկրի վրայ սողացող բոլոր կենդանիներուն իշխեցէք»։*

Առաջին մարդը՝ Ադամը ստեղծելէն ետք, եւ զինք բոլոր միւս արարածներուն վրայ որպէս տէր հաստատելէն ետքը, Աստուած մարդուն իշխանութիւն տուաւ «տիրելու» եւ «իշխելու» երկրի վրայ։ Բայց երբ Ադամ բարիի ու չարի գիտութեան ծառէն կերաւ, բան մը՝ զոր Աստուած մասնայատուկ կերպով արգիլած էր իրեն, եւ երբ Սատանայէն դրդուած օձէն փորձուելով անհնազանդութեան մեղքը գործեց, Ադամ այլեւս չէր կրնար այսպիսի իշխանութիւն վայելել։

Երբ անոնք հնազանդեցան Աստուծոյ արդարութեան խօսքին, Ադամ եւ Եւա դարձան արդարութեան ծառաններ ու վայելեցին այն բոլոր հեղինակութիւնները զոր Աստուած տուեր էր իրենց. սակայն մեղանչելէ ետք, անոնք դարձան մեղքի գերիներ ու Սատանայի ծառայ, եւ ստիպուեցան հրաժարիլ այդ հեղինակութիւններէն (Հռովմայեցիս 6.16)։ Ուստի, այն ամէն իշխանութիւնը ու փառքը, զոր Ադամ ստացած էր Աստուծմէ, տրուեցաւ

Սատանային:

Ղուկաս 4-ի մէջ, թշնամի Սատանան երեք անգամ փորձութեան ենթարկեց Յիսուսը, ճիշդ այն ժամանակ՝ երբ Յիսուս հազիւ թէ վերջացուցած էր Իր քառասուն օրուայ ծոմապահութիւնը: Սատանան ցոյց տուաւ Յիսուսին աշխարհի բոլոր թագաւորութիւնները եւ ըսաւ Անոր. *«Այս ամէն իշխանութիւնը ու անոնց փառքը Քեզի պիտի տամ. վասն զի ինծի յանձնուած է եւ որու որ ուզեմ՝ կու տամ զանիկա. ուստի եթէ Դուն իմ առջեւս խնաս երկրպագութիւն ընես, ամէնքը քուկդ պիտի ըլլան»* (Ղուկաս 4.6-7): Սատանան կը հասկցնէ թէ այդ «իշխանութիւնը եւ փառքը» իրեն «յանձնուած է» Ադամէն, եւ ինքն ալ նոյնպէս կրնայ զանիկա յանձնել ուրիշ մէկու մը:

Այո, Ադամ կորսնցուց բոլոր իշխանութիւնը ու զայն յանձնեց Սատանային, եւ որպէս հետեւանք՝ Ադամ գերի դարձաւ Սատանային: Անկէ իվեր Ադամ մեղք-մեղքի վրայ դիզեց՝ Սատանային իշխանութեան տակ, եւ դրուեցաւ մահուան ճամբուն վրայ, որ մեղքին վարձքն է: Այս բանը չվերջացաւ Ադամով, այլ նաեւ անիկա ազդեց Ադամի բոլոր սերունդին, որոնք ստիպուած էին ժառանգելու Ադամի նախնական մեղքը՝ ժառանգական ազդեցութիւններու միջոցաւ: Նաեւ, անոնք դրուեցան մեղքի իշխանութեան տակ, կառավարուելով Բանսարկու Սատանային կողմէ, եւ ճակատագրուելով՝ մահուան:

Այս է պատճառը Մեսիայի գալստեան անհրաժեշտութեան: Ոչ միայն Աստուծոյ ընտրեալները, այլ նաեւ աշխարհի բոլոր մարդիկը պէտք ունէին Մեսիային, որ կարող պիտի ըլլար զիրենք ազատագրելու Բանսարկու Սատանային իշխանութենէն։

Մեսիային Բարեմասնութիւնները

Ճիշդ ինչպէս որ օրէնքներ կան այս աշխարհին մէջ, կան նաեւ օրէնքներ եւ կանոններ՝ հոգեւոր աշխարհին մէջ։ Այն իրողութիւնը թէ անձ մը արդե՞օք մահուան մէջ պիտի իյնայ թէ փրկութեան պիտի հասնի՝ թողութիւն ստանալով իր մեղքերուն համար, հիմնուած է հոգեւոր աշխարհի օրէնքին վրայ։

Արդեօք անձ մը ի՞նչպիսի բարեմասնութիւններ պէտք է ունենայ եւ ի՞նչ պայմաններ պէտք է լրացնէ՝ որպէսզի դառնայ Մեսիան՝ որ բոլոր մարդկութիւնը կը փրկէ Օրէնքին անէծքներէն։

Մեսիային բարեմասնութիւնները լրացնող պայմաններու հայթայթումը կը գտնուի այն օրէնքին մէջ՝ որ Աստուած տուաւ Իր ընտրեալներուն։ Այդ օրէնքը կը վերաբերէր երկրի ազատագրման։

Երկիրը պէտք չէ մշտնջենապէս ծախուի, վասն զի երկիրը Իմս է ու դուք Իմ քովս պանդուխտներ ու հիւրեր էք: Եւ ձեզի պատկանած բոլոր երկրին մէջ փրկագին պիտի տաք երկրին համար: Եթէ քու եղբայրդ աղքատանայ եւ իր ստացուածքին մէկ մասը ծախէ ու յետոյ եթէ անոր մէկ ազգականը

Արթնցի՛ր, Իսրայէլ

ուզէ, կրնայ եղբօրը ծախածը փրկել (Ղեւտացւոց 25.23-25):

Երկրի Ազատագրման Օրէնքը Կը Պարունակէ Գաղտնիքներ՝ Մեսիային Բարեմասնութիւններուն Նկատմամբ

Աստուծոյ ընտրեալ Իսրայէլացիները Օրէնքով կ՚ապրէին եւ Օրէնքի մէջ կը մնային: Ուրեմն, հող գնելու կամ ծախելու գործառնութեան մը ընթացքին, անոնք խիստ կերպով կը յարէին երկրի ազատագրման օրէնքին, որ յիշուած է Աստուածաշունչին մէջ: Ուրիշ երկիրներու մէջ հողի վրայ եղող օրէնքէն բոլորովին տարբեր, Իսրայէլի օրէնքը պայմանագրին մէջ կը յստակացնէր թէ հողը պէտք չէր մնայուն կերպով ծախուէր, այլ ժամանակ մը ետք կարելի էր զայն դարձեալ գնել: Օրէնքին համաձայն, հարուստ ազգական մը կրնար ազատագրել այդ հողը իր ընտանիքի անդամներէն մէկուն համար՝ որ զայն ծախած էր: Եթէ այդ անհատը բաւականաչափ հարուստ ազգական մը չունենայ այդ հողը կարենալ ազատագրելու համար, այլ սակայն եթէ իր դրամական պայմանները վերահաստատուած են, այն ատեն օրէնքը հողին բուն տիրոջը արտօնութիւն կու տայ որպէսզի ի՛նքը ազատագրէ այդ հողը իրեն համար:

Ուրեմն, Ղեւտացւոց Գրքին մէջ երկրի ազատագրման օրէնքը ի՞նչպիսի ձեւով կապուած է Մեսիային բարեմասնութիւններուն հետ:

Ասիկա աւելի լաւ կարենալ հասկնալու համար, մենք պէտք է յիշենք այն իրողութիւնը՝ որ մարդը կազմուած էր գետնի հողէն: Ծննդոց 3.19-ի մէջ, Աստուած ըսաւ Ադամին. *«Երեսիդ քրտինքովը ուտես քու հացդ, մինչեւ գետինը դառնալդ, ուրկէ առնուեցար. քանզի հող էիր դուն ու հողի պիտի դառնաս»:* Իսկ Ծննդոց 3.23-ի մէջ կը կարդանք. *«Ուստի Տէր Աստուած Եդեմի պարտէզէն դուրս ըրաւ զանիկա, որպէս զի երկիրը մշակէ, ուրկէ առնուեցաւ»:*

Աստուած ըսաւ Ադամի. «Քանզի հող էիր դուն», եւ «հողը» հոգեւորապէս կը խորհրդանշէ թէ մարդը կազմուած էր գետնին հողէն: Ուստի, երկրի ազատագրման օրէնքը (հող ծախելու եւ հող գնելու կապակցութեամբ) ուղղակիօրէն կապուած է հոգեւոր աշխարհի օրէնքին, նկատի առնելով մարդկութեան փրկութիւնը:

Երկրի ազատագրման օրէնքին համեմատ, բոլոր երկիրը Աստուծոյ կը պատկանի եւ ոչ մէկ մարդ կրնայ զայն տեւական կերպով ծախել: Նոյն իմաստով, այն բոլոր իշխանութիւնը, որ Ադամ ստացաւ Աստուծմէ, նախապէս կը պատկանէր Աստուծոյ, եւ ուրեմն ոչ մէկը կրնար զայն տեւականապէս ծախել: Եթէ մէկը աղքատանար եւ ծախէր իր հողը, այդ հողը պէտք էր վերադարձուէր՝ երբ յարմար անձ մը ներկայանար: Նմանապէս, Սատանան պէտք էր վերադարձնէր այն իշխանութիւնը որ իրեն յանձնուած էր Ադամէն, երբ ներկայանար յարմար անձ մը՝ որ կարող էր փրկելու այդ իշխանութիւնը:

Երկրի ազատագրման օրէնքին համեմատ, սիրոյ եւ արդարութեան Աստուածը պատրաստեց անձ մը՝ որ կրնար վերադարձնել այն ամէն իշխանութիւնը եւ փառքը, որ Ադամ յանձնած էր Սատանային: Այդ անձը Մեսիան էր, եւ Մեսիան՝ Յիսուս Քրիստոսն է, որ պատրաստուած էր յաւիտենականութենէն, եւ Ինքնին՝ Աստուծոյ կողմէ ղրկուած:

Մեսիային Բարեմասնութիւնները եւ Անոնց Իրագործումը՝ Յիսուս Քրիստոսի կողմէ

Թոյլ տուէք որ քննենք թէ ինչո՞ւ համար Յիսուսն է բոլոր մարդկութեան Մեսիան ու Փրկիչը՝ հիմնուելով երկրի ազատագրման օրէնքին վրայ:

Առաջին, ճիշդ ինչպէս որ երկրին փրկիչը պէտք է ազգական մը ըլլայ, նոյնպէս մարդկութեան Փրկիչն ալ պէտք է որ մարդ մը ըլլայ, որպէսզի կարենայ բոլոր մարդկութիւնը փրկել իրենց մեղքերէն: Պատճառը այն է՝ որովհետեւ բոլոր մարդիկը մեղաւոր դարձան առաջին մարդուն՝ Ադամի մեղքին միջոցաւ: Ղեւտացւոց 25.25-ը մեզի այսպէս կ՚ըսէ. *«Եթէ քու եղբայրդ աղքատանայ եւ իր ստացուածքին մէկ մասը ծախէ ու յետոյ եթէ անոր մէկ ազգականը ուզէ, կրնայ եղբօրդ ծախածը փրկել»:* Եթէ անձ մը այլեւս չկրնար պահել իր հողը եւ ծախած է զանիկա, իր ամենամօտիկ ազգականը կրնայ դարձեալ գնել այդ հողը: Նոյն իմաստով, որովհետեւ առաջին մարդը՝ Ադամ մեղանչեց եւ ուրեմն պէտք էր Աստուծոյ իրեն տուած իշխանութիւնը յանձնէր Սատանային, այդ իշխանութեան (որ Սատանային յանձնուած էր) փրկութիւնը կարելի էր եւ պէտք էր միայն մարդու մը կողմէ, այսինքն Ադամի «ամենամօտիկ ազգականին» միջոցաւ կատարուէր:

Ինչպէս կը գտնենք Ա. Կորնթացիս 15.21-ի մէջ. *«Քանզի մարդով եղաւ մահը, մարդով ալ մեռելներուն յարութիւնը պիտի ըլլայ»*, Աստուածաշունչը դարձեալ կը հաստատէ մեզի թէ մեղաւորներու փրկութիւնը կրնայ կատարուիլ ո՛չ թէ հրեշտակներու կամ անասուններու միջոցաւ, այլ միայն մարդու միջոցաւ: Մարդկութիւնը դրուած էր մահուան ճամբուն մէջ առաջին մարդուն՝ Ադամի պատճառաւ. ուստի ուրիշ անհատ մը պէտք էր որ մարդկութիւնը ազատագրէր իրենց մեղքէն, եւ ուրեմն ընկերակից մարդ մը միայն, այսինքն Ադամի «ամենամօտիկ ազգականը» կրնար այդ բանը ընել:

Հակառակ որ, որպէս Աստուծոյ Որդի, Յիսուս թէ՛ մարդկային բնութիւն եւ թէ՛ ալ Աստուածային բնութիւն ունէր, այսուհանդերձ, Ան պէտք էր ծնէր որպէս մարդ արարած մը, որպէսզի կարենար մարդկութիւնը փրկել իրենց մեղքերէն (Յովհաննու 1.14): Նաեւ, Յիսուս պէտք էր աճելու եւ մեծնալու փորձառութիւնը ունենար: Որպէս մարդ արարած, Յիսուս քնացաւ եւ անօթութիւն ու ծարաւ զգաց, ինչպէս նաեւ ուրախութիւն եւ վիշտ: Երբ խաչին վրայ կախուեցաւ, Յիսուս արիւն թափեց եւ այդ վէրքին ընկերացող ցաւը զգաց:

Նոյնիսկ պատմական բնագիրով, անուրանալի ապացոյց մը կայ, որ կը վկայէ այն իրողութիւնը թէ Յիսուս այս աշխարհը եկաւ որպէս մարդ արարած մը: Որպէս վերագրութեան կէտ մը, աշխարհի պատմութիւնը բաժնուած է երկուքի, սկսելով Յիսուսի ծնունդի ժամանակէն՝ որպէս բաժանող ազդակ: B.C. կամ *Before Christ,* այսինքն՝ *Քրիստոսէ Առաջ,* կ'ակնարկէ Յիսուսի ծնունդէն առաջ երկարող ժամանակաշրջանը, եւ A.D. կամ *Anno Domini,* որ կը նշանակէ՝ *Յամի Տեառն,* այսինքն՝ *Մեր Տէրոջը Օրը,* կ'ակնարկէ Յիսուսի ծնունդէն մինչեւ հիմա երկարող ժամանակաշրջանը: Այս իրողութիւնը ինքնին կը հաստատէ թէ Յիսուս այս աշխարհը եկաւ որպէս մարդ արարած: Այսպէս ուրեմն, Յիսուս կը լրացնէ Փրկիչին բարեմասնութիւններուն առաջին պայմանը, որովհետեւ Անիկա այս աշխարհը եկաւ որպէս մարդ:

Երկրորդ, ճիշդ ինչպէս որ երկրին փրկիչը չէր կրնար երկիրը փրկել եթէ աղքատ ըլլար, նոյնպէս ալ Ադամի սերունդէն մէկը չկրնար մարդկութիւնը փրկել իրենց մեղքերէն, որովհետեւ Ադամ մեղք գործեց եւ հետեւաբար իրեն յաջորդող բոլոր սերունդները նախնական մեղքով ծնած են: Ուրեմն, բոլոր մարդկութեան Փրկիչը եղող անձը պէտք չէ որ Ադամի սերունդէն ըլլայ:

Եթէ եղբայր մը ուզէ իր քրոջը պարտքը վճարել, ինքը

ինքնին անձնապէս պէտք չէ որեւէ պարտք ունենայ: Նոյնպէս, որպէսզի կարենայ ուրիշները փրկել իրենց մեղքերէն, այդ անձը նաեւ պէտք չէ որեւէ մեղք գործած ըլլայ: Եթէ փրկիչը ինքը մեղաւոր է, ան ինքզինք կը գտնէ որպէս մեղքի ծառայ: Ուրեմն, այդ անձը ի՞նչպէս կրնայ ուրիշները փրկել իրենց մեղքերէն:

Անհնազանդութեան մեղքը գործելէ ետք, Ադամի բոլոր յաջորդող սերունդները նախնական մեղքով ծնած են: Ուրեմն, Ադամի սերունդէն ոչ մէկը երբեւիցէ կրնայ Փրկիչը դառնալ:

Մարմնաւոր կերպով խօսելով, Յիսուս Դաւիթի սերունդէն է, եւ Իր ծնողները Յովսէփն ու Մարիամն են: Այսուհանդերձ, Մատթէոս 1.20-ը մեզի կ'ըսէ. *«Վասն զի անոր ներսիդին ծնածը Սուրբ Հոգիէն է»:*

Պատճառը, որ ամէն մէկ անհատ ծնած է նախնական մեղքով, այն է՝ որովհետեւ այդ անձը իր ծնողներուն մեղսալից յատկութիւնները կը ժառանգէ իր հօրը սերմին եւ իր մօրը հաւկիթին միջոցաւ: Բայց եւ այնպէս, Յիսուս Յովսէփին սերմով եւ Մարիամին հաւկիթով չէ որ յղացուեցաւ, այլ՝ Սուրբ Հոգւոյն զօրութեամբ: Պատճառը այն էր՝ որովհետեւ Մարիամ յղացաւ նախքան իրենց իրար քով գալը: Ամենակարող Աստուած կրնայ յղացնել տալ մանուկ մը՝ Սուրբ Հոգւոյն զօրութեամբ, առանց սերմի մը եւ հաւկիթի մը միացումին:

Յիսուս պարզապէս «փոխ առաւ» կոյս Մարիամին մարմինը: Որովհետեւ Յիսուս Սուրբ Հոգիին զօրութեամբ յղացուեցաւ, Անիկա մեղաւորներուն յատկութիւններէն որեւէ մէկը չժառանգեց: Քանի որ Յիսուս Ադամի սերունդէն չէ եւ նախնական մեղք չունի, ուրեմն Ան կը լրացնէ Փրկիչին բարեմասնութիւններէն նաեւ երկրորդը:

Երրորդ, ճիշդ ինչպէս որ երկրին փրկիչը պէտք է բաւական հարուստ ըլլայ որպէսզի կարենայ երկիրը փրկել, նոյն ձեւով, բոլոր մարդկութեան Փրկիչն ալ պէտք է Սատանային յաղթելու զօրութիւնը ունենայ եւ կարենայ մարդկութիւնը ազատել Սատանայէն:

Ղեւտացւոց 25.26-27 մեզի կ'ըսէ. *«Եթէ մէկը փրկող մը չունենայ, բայց ինք անձամբ կարողանայ փրկել, այն ատեն ծախուած օրէն թող հաշուէ տարիները եւ աւելցածը ետ տայ այն մարդուն, որուն ծախած էր եւ իր ստացուածքը առնէ»:* Այլ խօսքով, որպէսզի անձ մը կարենայ դարձեալ գնել իր ստացուածքը, անիկա պէտք է այդ ընելու «միջոցը» ունենայ:

Պատերազմի բանտարկեալներ փրկելը կը պահանջէ որ կողմերէն մէկը թշնամին պարտութեան մատնելու ուժը ունենայ, եւ ուրիշներուն պարտքը վճարելը կը պահանջէ որ այդ անձը դրամական միջոցը ունենայ: Նոյն իմաստով, բոլոր մարդկութիւնը Սատանային իշխանութենէն փրկելը կը պահանջէ որ Փրկիչը պէտք է Սատանան պարտութեան մատնելու ուժը ունենայ, որպէսզի մարդիկը ազատէ անկէ:

Մեղանչելէն առաջ, Ադամ տիրացած էր երկրի բոլոր արարածներուն վրայ իշխելու զօրութեան, բայց մեղք գործելէն ետքը՝ Ադամ ենթարկուեցաւ Սատանային իշխանութեան: Ասկէ մենք կրնանք եզրակացնել թէ Սատանան պարտութեան մատնելու ուժը յառաջ կու գայ անմեղ ըլլալէն, այսինքն մեղք չունենալէն:

Յիսուս, Աստուծոյ Որդին, բոլորովին մեղք չունէր: Որովհետեւ Յիսուս Սուրբ Հոգիէն յղացուած էր եւ Ադամի սերունդ չէր, Անիկա նախնական մեղքը չունէր: Աւելին, որովհետեւ Յիսուս միայն Աստուծոյ Օրէնքով ապրեցաւ Իր ամբողջ կեանքին մէջ, ուստի Անիկա որեւէ մեղք չգործեց: Այս պատճառաւ է որ Պետրոս առաքեալ կ՚ըսէ. *«Ան մեղք չգործեց ու իր բերնին մէջ նենգութիւն չգնուեցաւ, բայց կը նախատուէր եւ փոխարէնը չէր նախատեր. կը չարչարուէր ու սպառնալիք չէր ըներ. հապա Ինքզինք արդար դատաւորին կը յանձնէր»* (Ա. Պետրոս 2.22-23):

Որովհետեւ որեւէ մեղք չունէր, անոր համար Յիսուս զօրութիւնը եւ իշխանութիւնը ունէր պարտութեան մատնելու Սատանան, նաեւ ունէր զօրութիւնը՝ մարդկութիւնը փրկելու Սատանայէն: Յիսուսի յայտնաբերած անթիւ սքանչելիքներու եւ հրաշալի նշաններու յայտնութիւնները կը վկայեն այս մասին: Յիսուս հիւանդները բժշկեց, կոյրերուն աչքերը բացաւ, դեւերը դուրս հանեց, խուլերուն ականջները բացաւ, եւ հաշմանդամներուն քալել տուաւ: Ան նոյնիսկ կատաղած ծովը խաղաղեցուց եւ մեռելները վերակենդանացուց:

Այն իրողութիւնը՝ թէ Յիսուս մեղք չունէր,

անկասկածօրէն կրկին կերպով հաստատուեցաւ Իր յարութիւն առնելովը: Հոգեւոր աշխարհի օրէնքին համաձայն, մեղաւորները պէտք է որ մահ դիմագրաւեն (Հռովմայեցիս 6.23): Ամէն պարագայի, որովհետեւ Յիսուս մեղք չունէր, անոր համար Անիկա մահուան իշխանութեան տակ չդրուեցաւ: Յիսուս Իր վերջին շունչը փչեց խաչին վրայ եւ Իր մարմինը թաղուեցաւ գերեզմանին մէջ, սակայն երրորդ օրը Յիսուս յարութիւն առաւ:

Մտքերնիդ պահեցէք թէ հաւատքի այսպիսի մեծ նախահայրեր՝ ինչպէս Ենովք եւ Եղիա, ողջ վիճակով երկինք վերցուեցան առանց մահ տեսնելու, որովհետեւ անոնք մեղք չունէին եւ ամբողջովին սրբագործուած էին: Նոյն ձեւով, Իր թաղուելէն ետք երրորդ օրը, Յիսուս Իր յարութեամբ խորտակեց Բանսարկու Սատանային իշխանութիւնը, եւ դարձաւ բոլոր մարդկութեան Փրկիչը:

Չորրորդ, ճիշդ ինչպէս որ երկրին փրկիչը պէտք է սէր ունենայ որպէսզի կարողանայ իր ազգականին ստացուածքը փրկել, նոյնպէս մարդկութեան Փրկիչն ալ պէտք է սէր ունենայ, որպէսզի կարող ըլլայ Իր կեանքը զոհել ուրիշներուն համար:

Եթէ նոյնիսկ Փրկիչը գոհացնէ առաջին երեք բարեմասնութիւնները, որոնք նախապէս յիշուած են, սակայն եթէ սէր չունի, ան չկրնար դառնալ բոլոր մարդկութեան Փրկիչը: Ենթադրենք որ եղբայր մը $100.000 (հարիւր հազար տոլար) պարտք ունի եւ իր քոյրը միլիոնատէր է: Եթէ սէր չունենայ՝ քոյրը չկրնար իր եղբօրը պարտքը վճարել եւ անոր հսկայ հարստութիւնը ոչ մէկ նշանակութիւն կ՚ունենայ եղբօրը համար:

Յիսուս այս աշխարհը եկաւ որպէս մարդ արարած, Անիկա Ադամի սերունդ չէր, եւ Յիսուս զօրութիւն ունէր Սատանան պարտութեան մատնելու եւ մարդկութիւնը փրկելու Սատանային ձեռքէն, որովհետեւ Յիսուս բոլորովին որեւէ մեղք չունէր: Ամէն պարագայի, եթէ սէր ունեցած չըլլար, Յիսուս չէր կրնար մարդկութիւնը իրենց մեղքերէն փրկել: «Յիսուսի՝ մարդկութիւնը իրենց մեղքերէն փրկելը» կը նշանակէ թէ Ինք պէտք էր մահուան պատիժը կրէր անոնց փոխարէն: Որպէսզի կարենար մարդկութիւնը իրենց մեղքերէն փրկել, Յիսուս պէտք էր խաչուէր՝ որպէս աշխարհի ամենէն գարշելի մեղաւորներէն մէկը, Անիկա պէտք էր չարչարուէր՝ կրելով ամէն տեսակի անարգանք եւ արհամարանք, նաեւ Ան պէտք էր Իր ամբողջ ջուրը եւ արիւնը թափէր՝ մինչեւ մահ: Որովհետեւ մարդկութեան հանդէպ Իր սէրը ա՛յնքան ջերմեռանդ եւ բուռն էր, այդ իսկ պատճառով Յիսուս յօժար էր մարդկութիւնը փրկելու իրենց մեղքերէն: Ամէն պարագայի, Յիսուս չմտահոգուեցաւ Ինքզինք խաչելութեան պատիժով զոհաբերելէ:

Ուրեմն, ինչո՞ւ համար Յիսուս պէտք էր խաչափայտին վրայ կախուէր եւ պէտք էր Իր արիւնը թափէր՝ մինչեւ մահ: Ինչպէս որ Բ. Օրինաց 21.23-ը մեզի կ՚ըսէ. *«Վասն զի [ծառին վրայ]կախուածը Աստուծոյ անիծածն է»*, եւ հոգեւոր աշխարհի օրէնքին համեմատ, որ կը հրահանգէ թէ «Մեղքին վարձքը մահ է», Յիսուս ծառի խաչափայտին վրայ կախուեցաւ որպէսզի բոլոր մարդկութիւնը փրկէ մեղքի անէծքէն, որուն ենթարկուած էին բոլորը։

Ասկէ զատ, ինչպէս կը կարդանք Ղեւտացւոց 17.11-ի մէջ. *«Վասն զի մարմինին կենդանութիւնը արեան մէջ է եւ ես ձեզի տուի զայն, որպէս զի սեղանին վրայ ձեր հոգիներուն համար քաւութիւն ընէք. քանզի հոգիին համար քաւութիւն ընողը արիւնն է»,* ուրեմն առանց արիւն թափելու չի կրնար մեղքի թողութիւն ըլլալ։

Անշուշտ, Ղեւտացւոց Գիրքը մեզի կ՚ըսէ թէ կենդանիներու արեան փոխարէն կարելի է ընտիր ալիւր նուիրել Աստուծոյ։ Սակայն այս չափանիշը միայն անոնց համար էր՝ որոնք կարողութիւն չունէին հայթայթելու կենդանիներ նուիրելը։ Ասիկա չէր արեան այն տեսակի զոհաբերումը, որուն Աստուած կը հաճէր։ Յիսուս մեր մեղքերէն մեզ փրկեց խաչափայտին վրայ կախուելով եւ խաչին վրայ Իր արիւնը թափելով՝ մինչեւ մահ։

Ո՜րքան հիանալի է Յիսուսի սէրը, անով որ Յիսուս Իր արիւնը թափեց խաչին վրայ եւ փրկութեան ճամբան բացաւ անոնց համար՝ որոնք անարգեցին եւ խաչեցին Զինքը, հակառակ որ Ինք մարդիկը բժշկեց ամէն տեսակի հիւանդութիւններէ, անօրէնութեան կապերը արձակեց, եւ միմիայն բարիք ըրաւ։

Երկրի ազատագրման օրէնքին հիման վրայ, մենք կրնանք եզրակացնել թէ միայն Յիսուս է որ կրնայ լրացնել բարեմասնութիւնները այն Փրկիչին, որ կրնայ մարդկութիւնը փրկել իրենց մեղքերէն:

Մարդկութեան Փրկութեան Ճամբան Պատրաստուած՝ Դարերէն Առաջ

Մարդկութեան փրկութեան ճամբան բացուեցաւ երբ Յիսուս խաչին վրայ մեռաւ եւ Իր թաղումէն ետք երրորդ օրը յարութիւն առաւ, խորտակելով մահուան իշխանութիւնը: Մարդկութեան փրկութեան նախասահմանութիւնը իրագործելու եւ մարդկութեան Մեսիան դառնալու համար Յիսուսի աշխարհ գալը մարգարէացուեցաւ ճիշդ այն վայրկեանին՝ երբ Ադամ մեղք գործեց:

Ծննդոց 3.15-ի մէջ, Աստուած ըսաւ օձին, որ փորձութեան ենթարկած էր կինը. *«Քու եւ կնոջ մէջտեղ, քու սերունդիդ ու անոր սերունդին մէջտեղ թշնամութիւն պիտի դնեմ: Ան քու գլուխդ պիտի ջախջախէ եւ դուն անոր գարշապարը պիտի խայթես»:* Հոս, «կինը» հոգեւորապէս կը խորհրդանշէ Աստուծոյ ընտրեալ Իսրայէլը, իսկ «օձը» կը խորհրդանշէ թշնամի Բանսարկուն եւ Սատանան, որ Աստուծոյ հակառակ կը կենան: Երբ կ'ըսէ թէ «կնոջ» սերունդը «[օձին] գլուխը պիտի ջախջախէ», այդ կը նշանակէ թէ մարդկութեան Փրկիչը պիտի գայ Իսրայէլի ժողովուրդին մէջէն եւ պարտութեան պիտի մատնէ թշնամի Սատանային՝ մահուան վրայ անոր տիրացած զօրութեան:

Օձը անզօր կը դառնայ՝ անգամ որ անոր գլուխը

ջախջախուի: Նոյն ձեւով, երբ Աստուած օձին ըսաւ թէ կնոջ սերունդը իր գլուխը պիտի ջախջախէ, Աստուած մարգարէացաւ որ բոլոր մարդկութեան համար Քրիստոս պիտի ծնէր Իսրայէլի ժողովուրդէն եւ պիտի քանդէր Բանսարկուին ու Սատանային իշխանութիւնը, եւ պիտի փրկէր անոնց իշխանութեան տակ գտնուող մեղաւորները:

Որովհետեւ իրազեկ դարձաւ այս իրողութեան, Սատանան կնոջ սերունդը մեռցնելու ետեւէ եղաւ, նախքան որ Անիկա կարենար վնաս հասցնել իր գլխուն: Այդպէս է որ Սատանան հաւատաց թէ ինք կրնար յաւիտենապէս վայելել այն իշխանութիւնը' որ իրեն յանձնուած էր անհնազանդ Ադամին կողմէ' միայն եթէ սպաննէր կնոջ սերունդը: Ամենայնդէպս, թշնամի Սատանան չէր գիտեր թէ ով պիտի ըլլար կնոջ սերունդը, եւ ուրեմն անիկա սկսաւ ծրագրել շարունակ սպաննել տալու Աստուծոյ հաւատարիմ եւ սիրելի մարգարէները' Հին Կտակարանի ժամանակներէն իվեր:

Երբ Մովսէս ծնաւ, թշնամի Սատանան դրդեց Եգիպտոսի Փարաւոնը' որպէսզի մեռցնէ Իսրայէլացի կիներէն ծնող բոլոր տղայ զաւակները (Ելից 1.15-22). եւ երբ Յիսուս մարմնով եկաւ այս աշխարհը, Սատանան Հերովդէս թագաւորին սիրտը շարժեց' որպէսզի մեռցնել տայ Բեթլէհէմի եւ անոր ամէն սահմաններուն մէջ գտնուող բոլոր տղայ մանուկները' երկու տարեկան եւ անկէ վար: Այդ իսկ պատճառաւ, Աստուած գործեց

Յիսուսի ընտանիքին համար եւ զանոնք առաջնորդեց որ Եգիպտոս փախչին:

Անկէ յետոյ Յիսուս աճեցաւ ու մեծցաւ Ինքնին Աստուծոյ հոգատարութեան տակ, եւ Իր առաքելութիւնը սկսաւ 30 տարեկանին: Աստուծոյ կամքին համեմատ, Յիսուս շրջեցաւ բոլոր Գալիլիայի կողմերը ամբողջութեամբ, սորվեցնելով անոնց ժողովարաններուն մէջ, ժողովուրդին մէջ ամէն տեսակի հիւանդութիւններ եւ անկարողութիւններ բժշկելով, մեռելներ վերակենդանացնելով, եւ երկինքի թագաւորութեան աւետարանը քարոզելով աղքատներուն:

Բանսարկուն եւ Սատանան դրդեցին դպիրները, քահանայապետները, եւ Փարիսեցիները, եւ սկսան միջոցներ հնարել որպէսզի անոնց միջոցաւ մեռցնեն Յիսուսը: Սակայն չարերը չկրցան նոյնիսկ դպչիլ Յիսուսի, մինչեւ որ Աստուծոյ ընտրած ժամանակը հասաւ: Միայն Յիսուսի երեք-տարուայ առաքելութեան վերջաւորութեան էր որ Աստուած թոյլ տուաւ որ անոնք ձերբակալեն եւ խաչեն Զինք: Եւ այսպէս, Յիսուսի խաչելութեամբ, Աստուած իրագործեց մարդկութեան փրկութեան նախասահմանութիւնը:

Տեղի տալով Հրեաներէն եկած ճնշումին, Հռովմայեցի Կառավարիչը՝ Պոնտացի Պիղատոս խաչելութեան դատապարտեց Յիսուսը, եւ այսպէս, Հռովմայեցի զինուորները Յիսուսը պսակեցին փուշերով, եւ Անոր ձեռքերն ու ոտքերը գամեցին խաչին վրայ:

Խաչելութիւնը ամենէն վայրագ մեթոտներէն մէկն էր՝ մեռցնելու համար ոճրագործ մը: Երբ Սատանան յաջողեցաւ այդ վայրագ ձեւով Յիսուսը խաչել տալու չար մարդոց միջոցաւ, ո՜րքան շատ հրճուած պէտք էր ըլլար ան... Սատանան կը խորհէր թէ ո՛չ մէկը եւ ո՛չ մէկ ուրիշ բան մը կրնար արգելք հանդիսանալ աշխարհի վրայ իր իշխանութեան, եւ ուրեմն սկսաւ ցնծութեան երգեր երգել՝ պարելով: Սակայն հոս է որ պիտի յայտնուէր Աստուծոյ նախասահմանութիւնը:

Հապա Աստուծոյ ծածուկ իմաստութեան մասին կը խօսինք խորհրդով, որ աշխարհի ստեղծուելէն առաջ սահմանեց Աստուած մեր փառքին համար. որ այս աշխարհի իշխաններէն մէկը չճանչցաւ. քանզի եթէ ճանչցած ըլլային, ա՛լ փառքերուն Տէրը խաչը չէին հաներ (Ա. Կորնթացիս 2.7-8):

Որովհետեւ Աստուած արդար է, անոր համար Անիկա օրէնքը կտրելու աստիճան բացարձակ իշխանութիւն չի գործադրեր, այլ սակայն Աստուած ամէն բան հոգեւոր աշխարհի օրէնքին համաձայն կ'ընէ: Ուրեմն, աշխարհի ստեղծուելէն առաջ արդէն Աստուած բացած էր մարդկային փրկութեան ճամբան, Իր օրէնքին հետ համընթաց:

Հոգեւոր աշխարհի օրէնքին համեմատ, որ կ'ըսէ թէ «մեղքին վարձքը մահ է» (Հռովմայեցիս 6.23), եթէ անհատ մը մեղք չգործէ՝ անիկա չկրնար հասնիլ մահուան:

Այսուհանդերձ, Սատանան խաչել տուաւ անմեղ, անբիծ, եւ անարատ Յիսուսը:

Այսպէս, Սատանան բռնաբարեց հոգեւոր աշխարհի օրէնքը, եւ ուրեմն պէտք էր անոր գինը վճարեր՝ վերադարձնելով Ադամի կողմէ յանձնուած իշխանութիւնը, որ Սատանային յանձնուած էր Ադամի գործած անհնազանդութեան մեղքին պատճառով: Այլ խօսքով, հիմա Բանսարկուն եւ Սատանան ստիպուած էին իրենց լուծէն ազատ արձակելու այն բոլոր մարդիկը՝ որոնք պիտի ընդունէին Յիսուս Քրիստոսը եւ պիտի հաւատային Անոր անուան:

Եթէ թշնամի Սատանան գիտցած ըլլար Աստուծոյ այս իմաստութիւնը, ան խաչել պիտի չտար Յիսուսը: Բայց որովհետեւ Սատանան գաղափար չունէր այս գաղտնիքէն, անիկա անմեղ Յիսուսը մեռցնել տուաւ, հաստատ կերպով հաւատալով որ այս ձեւով յաւիտենապէս պիտի ապահովէ աշխարհի վրայ իր բռնի տիրացումը: Սակայն իրականութեան մէջ Սատանան իր իսկ ծուղակին մէջ ինկաւ, եւ ի վերջոյ անիկա բռնաբարեց հոգեւոր աշխարհի օրէնքը: Ո՜րքան հիանալի է Աստուծոյ իմաստութիւնը...

Ճշմարտութիւնը այն է, որ թշնամի Սատանան դարձաւ գործիք՝ իրականացնելու համար Աստուծոյ նախասահմանութիւնը մարդկութեան փրկութեան նկատմամբ, եւ ինչպէս որ մարգարէացուած է Ծննդոցի մէջ՝ Սատանային գլուխը «ջախջախուեցաւ» կնոջ սերունդին միջոցաւ:

Աստուծոյ նախասահմանութեամբ եւ իմաստութեամբ, անմեղ Յիսուսը մեռաւ որպէսզի բոլոր մարդկութիւնը փրկէ իրենց մեղքերէն. իսկ երրորդ օրը յարութիւն առնելով, Յիսուս խորտակեց թշնամի Սատանային մահուան իշխանութիւնը, եւ դարձաւ Թագաւոր թագաւորաց ու Տէր տէրանց: Յիսուս փրկութեան ճամբան բացաւ, որպէսզի մենք կարենանք արդարանալ Յիսուս Քրիստոսի մէջ եղող հաւատքի միջոցաւ:

Ուրեմն, անհամար թիւով մարդիկ, ամբողջ պատմութեան ընթացքին, փրկուած են Յիսուս Քրիստոսի մէջ եղող հաւատքով, եւ մինչեւ այսօր շատ աւելի եւս մարդիկ կ'ընդունին Յիսուս Քրիստոսը' որպէս իրենց անձնական Փրկիչը:

Սուրբ Հոգին Ստանալ' Յիսուս Քրիստոսի մէջ եղող Հաւատքի միջոցաւ

Ինչո՞ւ համա մենք փրկութիւն կը ստանանք երբ կը հաւատանք Յիսուս Քրիստոսի: Ընդունելով Յիսուս Քրիստոսը որպէս մեր Փրկիչը, մենք Սուրբ Հոգին կը ստանանք Աստուծմէ: Երբ Սուրբ Հոգին կը ստանանք, մեր հոգիները, որոնք մեռած էին, կը վերակենդանանան: Որովհետեւ Սուրբ Հոգին Աստուծոյ զօրութիւնն է եւ Իր սիրտը, Սուրբ Հոգին Աստուծոյ զաւակները կ'առաջնորդէ ճշմարտութեան եւ կ'օգնէ որ անոնք Աստուծոյ կամքին համեմատ ապրին:

Ուրեմն, անոնք որոնք ճշմարտապէս կը հաւատան

Յիսուս Քրիստոսի որպէս իրենց Փրկիչը, պիտի հետեւին Սուրբ Հոգւոյն փափաքներուն, եւ պիտի ջանան ապրիլ Աստուծոյ կամքով: Անոնք ինքզինքնին պիտի ձերբազատեն ատելութենէ, բարկութենէ, նախանձէ, անձնասիրութենէ, ուրիշները դատելէ ու դատապարտելէ, նաեւ շնութենէ. փոխարէնը՝ անոնք պիտի քալեն բարութեան ու ճշմարտութեան մէջ, եւ պիտի հասկնան, ծառայեն ու սիրեն ուրիշները:

Ինչպէս որ նախապէս յիշուեցաւ, երբ առաջին մարդը՝ Ադամ մեղանչեց՝ բարիի ու չարի գիտութեան ծառէն ուտելով, մարդուն հոգին մեռաւ եւ մարդը դրուեցաւ կործանումի ճամբուն վրայ: Բայց երբ մենք Սուրբ Հոգին կը ստանանք, մեր մեռած հոգիները կը վերակենդանանան, եւ այնքան ատեն որ մենք Սուրբ Հոգիին փափաքները կը փնտռենք եւ Աստուծոյ ճշմարտութեան խօսքին մէջ կը քալենք, աստիճանաբար մենք կը դառնանք ճշմարտութեան մարդիկ, եւ կը վերահաստատենք Աստուծոյ կորսուած պատկերը:

Երբ մենք Աստուծոյ ճշմարտութեան խօսքին մէջ քալենք, մեր հաւատքը պիտի ճանչցուի որպէս «ճշմարիտ հաւատք», եւ որովհետեւ մեր մեղքերը Յիսուսի արիւնով պիտի մաքրուին՝ մեր հաւատքի գործերուն համեմատ, ուրեմն մենք կրնանք փրկութիւն ստանալ: Այդ է պատճառը որ Ա. Յովհաննու 1.7 մեզի կ'ըսէ. *«Հապա եթէ լոյսի մէջ քալենք, ինչպէս Անիկա [Աստուած]լոյսի մէջ է, իրարու հետ հաղորդակից կ'ըլլանք ու Անոր Որդիին*

Յիսուս Քրիստոսի արիւնը մեզ ամէն մեղքէ կը սրբէ»:

Այս է թէ մենք ինչպէս կրնանք փրկութեան հասնիլ հաւատքով՝ մեր մեղքերուն համար թողութիւն ստանալէ ետք: Ամէն պարագայի, հակառակ մեր հաւատքի խոստովանութեան, եթէ մենք տակաւին մեղքի մէջ կը քալենք, այն ատեն այդ խոստովանութիւնը սուտ է եւ ուրեմն Տէր Յիսուս Քրիստոսի արիւնը չկրնար մեզ փրկել մեր մեղքերէն, ոչ ալ Ան կրնայ մեզի փրկութիւն երաշխաւորել:

Անշուշտ տարբեր է պարագան անոնց համար՝ որոնք նոր ընդունած են Յիսուս Քրիստոսը: Նոյնիսկ եթէ անոնք տակաւին ճշմարտութեան մէջ չեն քալեր, Աստուած պիտի քննէ անոնց սրտերը, հաւատալով որ անոնք պիտի կերպարանափոխուին, եւ զիրենք պիտի առաջնորդէ փրկութեան՝ երբ անոնք ջանան յառաջ երթալ դէպի ճշմարտութիւն:

Յիսուս Կ՚իրականացնէ Մարգարէութիւնները

Աստուծոյ խօսքը Մեսիային մասին, որ մարգարէացուած է Հին Կտակարանի մարգարէներուն միջոցաւ, իրագործուեցաւ Յիսուսի կողմէ: Յիսուսի կեանքին մէջ ամէն մէկ երեւոյթ, սկսելով Իր ծնունդէն եւ Իր հոգեւոր առաքելութենէն մինչեւ Իր մահը, ներառեալ Իր խաչելութիւնը եւ Իր յարութիւնը, այս բոլորը՝ կը գտնուէին Աստուծոյ նախասահմանութեան մէջ, որպէսզի Յիսուս դառնար Մեսիան, եւ բոլոր մարդկութեան Փրկիչը:

Յիսուս Ծնաւ Կոյսէ մը՝ Բեթլէհէմի մէջ

Աստուած Յիսուսի ծնունդը մարգարէացաւ Եսայի մարգարէին միջոցաւ: Աստուծոյ ընտրած ժամանակին, Աստուածային ամենամեծ զօրութիւնը իջաւ Գալիլիայի Նազարէթէն՝ Մարիամ կոչուած մաքուր կնոջ մը վրայ, եւ անիկա շուտով յղացաւ որդիով մը:

Անոր համար Տէրը Ինք նշան պիտի տայ քեզի. ահա կոյսը պիտի յղանայ ու որդի պիտի ծնանի եւ Անոր անունը Էմմանուէլ պիտի կոչուի (Եսայեայ 7.14):

Ճիշդ ինչպէս որ Աստուած խոստացած էր Իսրայէլի ժողովուրդին թէ՛ «Դաւիթի Տանը մէջ թագաւորներու սերունդը վերջ պիտի չգտնէ», այնպէս ալ Աստուած ծրագրեց որ Մեսիան գայ Դաւիթի սերունդէն եղող կնոջմէ մը՛ Մարիամ անունով, որ պիտի ամուսնանար Յովսէփի հետ, որ նոյնպէս Դաւիթի սերունդէն էր: Որովհետեւ նախնական մեղքով ծնած Ադամի սերունդէն մէկը չէր կրնար մարդկութիւնը փրկել իրենց մեղքերէն, Աստուած այս մարգարէութիւնը իրագործեց թոյլ տալով որ Մարիամ կոյսը ծնունդ տայ Յիսուսի՛ նախքան իր ամուսնանալը Յովսէփի հետ:

> *Եւ դո՛ւն, ո՛վ Բեթլէհէմ Եփրաթա, թէեւ Յուդայի հազարաւորներուն մէջ պզտիկ ես, բայց քեզմէ պիտի ելլէ Ան, որ Իսրայէլի վրայ իշխան պիտի ըլլայ, ու Անոր ելքը հինէն, յաւիտենական օրերէն է* (Միքիայ 5.2):

Աստուածաշունչը մարգարէացաւ ըսելով որ Յիսուս պիտի ծնի Բեթլէհէմի մէջ: Իսկապէս, Յիսուս ծնաւ Յուդայի Բեթլէհէմին մէջ, Հերովդէս թագաւորի օրով (Մատթէոս 2.1), եւ պատմութիւնը կը վկայէ այս դէպքին մասին:

Երբ Յիսուս ծնաւ, Հերովդէս թագաւորը վախցաւ իր իշխանութեան վրայ գալիք սպառնալիքէն, եւ փորձեց Յիսուսը մեռցնել: Ամէն պարագայի, որովհետեւ անկարող էր գտնելու մանուկը, Հերովդէս սպաննել տուաւ Բեթղեհէմի եւ անոր սահմաններուն մէջ գտնուող երկու տարեկան եւ անկէ փոքր բոլոր արու զաւակները, եւ այսպէս, լաց ու կոծ եւ սուգ եղաւ այդ շրջանին մէջ ամբողջութեամբ:

Եթէ Յիսուս եկած չըլլար այս աշխարհը որպէս Հրեաներու իսկական Թագաւորը, ուրեմն ինչո՞ւ համար թագաւոր մը այդքան մեծ թիւով երեխաներ պիտի զոհէր որպէսզի մէկ մանուկ մը մեռցնէր: Այս ողբերգութիւնը կատարուեցաւ որովհետեւ թշնամի Սատանան կը փնտռէր որ սպաննէր Մեսիան՝ վախնալով որ կրնար իր իշխանութիւնը կորսնցել աշխարհի վրայ, ուստի ան գրգռեց Հերովդէս թագաւորին սիրտը, որ իր կարգին կը վախնար որ կրնար իր թագը կորսնցնել, եւ Հերովդէսին մղեց որ այդ գազանային արարքը գործէ:

Յիսուս Կը Վկայէ Կենդանի Աստուծոյն մասին

Իր առաքելութիւնը սկսելէն առաջ, Յիսուս կատարեալ կերպով ամբողջութեամբ Օրէնքին համեմատ ապրեցաւ իր կեանքի 30 տարիներու ընթացքին: Իսկ երբ Յիսուս բաւական չափով հասունցաւ՝ դառնալու համար քահանայ մը, Ան սկսաւ կատարել Իր առաքելութիւնը դառնալու Մեսիան՝ որ ծրագրուած էր աշխարհի սկիզբէն առաջ:

Տէր Եհովային Հոգին իմ վրաս է, վասն զի Տէրը զիս օծեց ու զիս ղրկեց աղքատներուն աւետիս տալու, կոտրած սիրտ ունեցողները բժշկելու, գերիներուն՝

ազատութիւն եւ բանտարկեալներուն բանտին բացուիլը հրատարակելու: Տէրոջը ընդունելի տարին ու մեր Աստուծոյն վրէժխնդրութեան օրը հրատարակելու, բոլոր սգաւորները մխիթարելու, Սիոնի սգաւորները որոշելու ու անոնց մոխիրի տեղ՝ փառք, սուգի տեղ՝ ուրախութեան իւղ, կոտրած հոգիի տեղ գովութեան պատմուճան տալու: Եւ զանոնք պիտի անուանեն Արդարութեան բեւեկնիներ, որոնք Տէրը տնկեր է Իր փառքին համար (Եսայեայ 61.1-3):

Ինչպէս կը գտնենք վերը գտնուող մարգարէութեան մէջ, Յիսուս կեանքի բոլոր հարցերը լուծեց Աստուծոյ ուժով, եւ Անիկա բոլոր կոտրած սիրտ ունեցողները մխիթարեց: Իսկ երբ Աստուծոյ ընտրած ժամանակը հասաւ, Յիսուս Երուսաղէմ գնաց որպէսզի մեծ խանդով Իր խաչելութեան չարչարանքը կրէ:

> *Մեծապէս ուրախացի՛ր, ո՛վ Սիոնի աղջիկ, ցնծութեամբ աղաղակէ՛, ո՛վ Երուսաղէմի աղջիկ. ահա քու թագաւորդ քեզի կու գայ. Անիկա արդար ու փրկիչ է, հեզ է ու իշու վրայ հեծած եւ իշու ձագի, աւանակի վրայ* (Զաքարեայ 9.9):

Զաքարեայի մարգարէութեան համեմատ, Յիսուս Երուսաղէմ քաղաքը մտաւ իշու ձագի վրայ հեծած: Խուռներամ բազմութեամբ հաւաքուած ամբոխը բարձրաձայն աղաղակեցին ըսելով. *«Ովսա՛ննա, Որդի*

Դաւթի, Օրհնեալ է Ան որ Տէրոջը անունովը կու գայ: Ովսա՛ննա ի բարձունս» (Մատթէոս 21.9), եւ խոր յուզում կար քաղաքին մէջ ամբողջութեամբ: Ժողովուրդը այդ ձեւով կը հրճուէր որովհետեւ Յիսուս չափազանց մեծ ու հրաշալի նշաններ եւ սքանչելիքներ կը յայտնաբերէր, ինչպէս՝ ջուրին վրայ քալելը եւ մեռելները վերակենդանացնելը: Այսուհանդերձ, այդ հսկայ բազմութիւնը շուտով պիտի դաւաճանէին եւ պիտի խաչէին Զինք:

Երբ տեսան թէ ինչպէս մեծ ամբոխներ կը հետեւէին Յիսուսի՝ լսելու Անոր հեղինակաւոր խօսքերը եւ տեսնելու Աստուծոյ զօրութեան յայտնութիւնները, քահանաները, Փարիսեցիները, եւ դպիրները զգացին որ ընկերային շրջանակին մէջ իրենց դիրքը սպառնալիքի տակ կը գտնուի: Սաստիկ ատելութեամբ լեցուելով այս Յիսուսին հանդէպ, անոնք ծրագրեցին սպաննել Զինք: Անոնք ամէն տեսակի սխալ ապացոյցներ արտադրեցին Յիսուսի դէմ եւ դատապարտեցին Զինք՝ ժողովուրդը խաբելու եւ գրգռելու մէջ: Յիսուս Աստուծոյ զօրութեան հրաշալի գործերը յայտնաբերեց, բան մը՝ որ այլապէս պիտի չկրնար կատարուիլ եթէ Աստուած Ինքնին Յիսուսը հետ չըլլար. այսուհանդերձ, անոնք փորձեցին ձերբազատուիլ Յիսուսէն:

Վերջաւորութեան, Յիսուսի աշակերտներէն մէկը մատնեց Զինք, եւ քահանաները երեսուն կտոր արծաթ վճարեցին անոր՝ Յիսուսը ձերբակալելու գործին մէջ իրենց օգնած ըլլալուն համար: Այսպէս, կատարելագործուեցաւ Զաքարեայի մարգարէութիւնը՝ երեսուն կտոր արծաթի վարձքին մասին, որ կ՚ըսէ.

«Երեսուն արծաթը առի, զանիկա Տէրոջը տունը բրուտին նետեցի» (Զաքարեայ 11.12-13):

Յետոյ այդ մարդը, որ երեսուն կտոր արծաթի համար մատնեց Յիսուսը, անկարող եղաւ յաղթահարելու իր յանցանքի զգացումը, եւ երեսուն կտոր արծաթը նետեց տաճարին սրբարանին մէջ. բայց քահանաները այդ դրամը գործածեցին «բրուտին արտը» գնելու համար (Մատթէոս 27.3-10):

Յիսուսի Խաչելութեան Չարչարանքը եւ Մահը

Ինչպէս Եսայի մարգարէն մարգարէացաւ, Յիսուս չարչարուեցաւ Իր խաչելութեան տարփանքով, որպէսզի կարենայ բոլոր մարդիկը փրկել: Որովհետեւ Յիսուս աշխարհ եկաւ Իր ժողովուրդը իրենց մեղքերէն փրկելու նախասահմանութիւնը կատարելագործելու, Անիկա կախուեցաւ եւ մեռաւ խաչափայտի մը վրայ, որ անէծքի խորհրդանիշն էր, եւ Աստուծոյ զոհ տրուեցաւ՝ որպէս մեղքի ընծայ՝ մարդկութեան համար:

Իրաւցընէ Անիկա մեր ցաւերը վերցուց ու մեր վիշտերը Իր վրայ առաւ: Մենք Զանիկա վիրաւորուած, Աստուծմէ զարնուած ու չարիքի հանդիպած սեպեցինք: Բայց Անիկա մեր մեղքերուն համար վիրաւորուեցաւ եւ մեր անօրէնութիւններուն համար ծեծուեցաւ: Մեր խաղաղութեան պատիժը Անոր վրայ եղաւ եւ Անոր վէրքերովը մենք բժշկուեցանք: Ամէնքս ոչխարներու պէս մոլորեցանք: Ամէն մէկս իր ճամբան դարձաւ: Տէրը մեր ամենուն անօրէնութիւնը Անոր վրայ դրաւ: Անիկա անիրաւութիւն կրեց ու չարչարուեցաւ, բայց Իր բերանը չբացաւ: Մորթուելու տարուող ոչխարի պէս, Իր խուզողներուն առջեւ մունջ կեցող մաքիի պէս՝ այնպէս Իր բերանը չբացաւ: Նեղութեամբ եւ դատապարտութեամբ վերցուեցաւ ու Անոր ազգատոհմը ո՞վ պիտի յայտնէ, քանզի Անիկա կենդանիներուն երկրէն կտրուեցաւ, Անիկա իմ ժողովուրդիս յանցանքին համար զարնուեցաւ: Անոր գերեզմանը ամբարիշտներուն հետ դրուեցաւ, բայց երբ մեռաւ հարուստին հետ եղաւ: Քանզի Անիկա անօրէնութիւն մը չգործեց ու Անոր բերնին մէջ նենգութիւն մը չգտնուեցաւ: Տէրը հաճեցաւ, որ Ան ճզմուի եւ տագնապի հանդիպի, երբ Իր անձը մեղքի համար ողջակիզէ, Անիկա սերունդ պիտի տեսնէ, Իր օրերը պիտի երկնցնէ ու Տէրոջը կամքը Անոր ձեռքով պիտի յաջողի (Եսայեայ 53.4-10):

Հին Կտակարանի ժամանակներուն, անասուններու արիւնը կ'ընծայուէր Աստուծոյ՝ ամէն անգամ որ անհատ մը Աստուծոյ դէմ կը մեղանչէր: Բայց Յիսուս թափեց Իր սուրբ արիւնը, որուն մէջ ո՛չ նախնական մեղք եւ ո՛չ ալ ինքնակամ կերպով գործուած մեղք կը գտնուէր, եւ Անիկա «մէկ անգամ զոհ մատուցանեց մեղքերու համար, մշտնջենապէս», որպէսզի բոլոր մարդիկը կարենան իրենց մեղքերուն համար թողութիւն գտնել եւ յաւիտենական կեանք ստանալ (Եբրայեցիս 10.11-12)։ Այսպէս ուրեմն, Ան ճամբան բացաւ մեղքերու թողութեան համար եւ Յիսուս Քրիստոսի մէջ հաւատքի միջոցաւ փրկութեան համար, եւ մենք այլեւս պէտք չունինք անասուններու արիւնը զոհելու։

Երբ Յիսուս խաչին վրայ Իր վերջին շունչը փչեց, տաճարին ծածկոցը վերէն վար պատռուեցաւ եւ երկուքի բաժնուեցաւ (Մատթէոս 27.51)։ Տաճարին ծածկոցը հսկայ վարագոյր մըն էր որ Տաճարին մէջ Սրբութիւն Սրբոցը կը բաժնէր Սուրբ Վայրէն, եւ սովորական մարդիկը բնաւ չէին կրնար մտնել այդ Սուրբ Վայրը։ Միայն քահանայապետն էր որ կրնար մտնել Սրբութիւնը Սրբոցը, եւ այն ալ՝ տարին մէկ անգամ միայն։

Այն իրողութիւնը՝ որ «տաճարին վարագոյրը վերէն վար պատռուելով երկուքի բաժնուեցաւ», կը խորհրդանշէ թէ երբ Յիսուս Ինքզինքը զոհեց որպէս քաւութեան պատարագ, Անիկա կործանեց մեղքի պատը որ կը կենար Աստուծոյ եւ մեր միջեւ։ Հին Կտակարանի ժամանակներուն, քահանայապետները պէտք էր զոհեր մատուցանէին եւ աղօթէին Աստուծոյ՝ Իսրայէլի ժողովուրդը իրենց մեղքերէն փրկելու համար։ Հիմա որ մեր եւ Աստուծոյ միջեւ մեղքի պատը կործանած է, մենք այլեւս կրնանք անձամբ հաղորդակցիլ Աստուծոյ հետ։ Այլ խօսքով, որեւէ մէկը, որ կը հաւատայ Յիսուս Քրիստոսի, կրնայ Աստուծոյ սուրբ սրբարանը մտնել եւ պաշտել Զինք, եւ հոն աղօթել Իրեն։

Անոր համար մեծերուն հետ բաժին պիտի տամ Անոր եւ հզօրներուն հետ աւարէն բաժին պիտի առնէ, քանզի Իր անձը մահուան մատնեց, յանցաւորներու հետ սեպուեցաւ. շատերու մեղքը վերցուց ու յանցաւորներուն համար միջնորդութիւն ըրաւ (Եսայեայ 53.12)։

Ճիշդ ինչպէս որ Եսայի մարգարէն գրեց Մեսիային Խաչելութեան տարիանքին եւ Իր Չարչարանաց պատմութեան մասին, այդպէս ալ Յիսուս խաչին վրայ զոհուեցաւ բոլոր մարդոց մեղքերուն համար, բայց Անիկա յանցաւորներուն հետ սեպուեցաւ։ Հակառակ այս բոլորին, երբ խաչին վրայ կը մեռնէր, Յիսուս խնդրեց Աստուծմէ որ ներէ անոնց՝ որոնք կը խաչէին Զինքը։

Հա՛յր, թողութիւն տուր անոնց, վասն զի չեն գիտեր թէ ի՛նչ կ՚ընեն (Ղուկաս 23.34)։

Խաչին վրայ Յիսուսի մեռնելովը կատարուեցաւ Սաղմոսերգուին մարգարէութիւնը, որ կ՚ըսէ. *«Անոր բոլոր ոսկորները կը պահէ, անոնցմէ մէկը չի կոտրուիր»* (Սաղմոս 34.20)։ Մենք կրնանք այդ մարգարէութեան իրագործումը գտնել Յովհաննու 19.32-33-ի մէջ. *«Զինուորները եկան ու առաջինին սրունքները կոտրտեցին. նաեւ միւսինը՝ որ Անոր հետ խաչը ելած էր։ Բայց երբ Յիսուսի մօտեցան ու տեսան թէ արդէն մեռած էր, Անոր սրունքները չկոտրտեցին»։*

Յիսուս Կ'իրագործէ Մեսիան Դառնալու Իր Առաքելութիւնը

Յիսուս Իր խաչին վրայ կրեց բոլոր մարդկութեան մեղքերը եւ անոնց համար մեռաւ՝ որպէս մեղքի ընծայ, բայց փրկութեան նախասահմանութեան իրագործումը Յիսուսի մահուամբ չէր որ կատարուեցաւ:

Ինչպէս որ Սաղմոս 16.10-ի մէջ մարգարէացուած է, որ կ'ըսէ. *«Վասն զի իմ անձս գերեզմանին մէջ պիտի չթողուս ու Քու սուրբիդ ալ ապականութիւն տեսնել պիտի չտաս»*, եւ Սաղմոս 118.17-ի մէջ, որ կ'ըսէ. *«Պիտի չմեռնիմ, հապա պիտի ապրիմ, որ Տէրոջը գործերը պատմեմ»*, այնպէս Յիսուսի մարմինը չապականեցաւ եւ Յիսուս Իր մեռնելէն ետք երրորդ օրը յարութիւն առաւ:

Ինչպէս որ աւելի ըլլալով եւս մարգարէացուած է Սաղմոս 68.18-ի մէջ. *«Բարձր տեղը ելար, գերութիւնը գերի ըրիր, պարգեւներ առիր մարդոց համար ու ապստամբներուն համար ալ. որպէս զի Տէր Աստուած անոնց մէջ բնակի»*, այդպէս ալ Յիսուս երկինք համբարձաւ եւ հոն կը սպասէ վերջին օրերու յայտնուելուն՝ երբ Ինք պիտի լրացնէ մարդկութեան մշակումի գործունէութիւնը եւ Իր ժողովուրդը պիտի առաջնորդէ դէպի երկինք:

Դիւրին է նկատել թէ ինչպէս այն ամէն բաները, որ Աստուած Իր մարգարէներուն միջոցաւ մարգարէացած էր Մեսիային մասին, բոլորն ալ ամբողջութեամբ իրագործուեցան Յիսուս Քրիստոսի միջոցաւ:

Յիսուսի Մահը եւ Մարգարէութիւններ՝ Իսրայէլի մասին

Աստուծոյ ընտրեալ Իսրայէլը ձախողեցաւ ճանչնալու Յիսուսը՝ որպէս Մեսիան: Այսուհանդերձ, Աստուած տակաւին լքած չէ Իր ընտրած ժողովուրդը, եւ ներկայիս Աստուած կ'իրագործէ Իր նախասահմանութիւնը՝ Իսրայէլի փրկութեան նկատմամբ:

Նոյնիսկ Յիսուսի խաչելութեան ընդմէջէն Աստուած Իսրայէլի ապագան մարգարէացաւ: Պատճառը՝ Աստուծոյ նախանձախնդիր սէրն է Իսրայէլի հանդէպ, եւ Իր ջերմեռանդ փափաքը՝ որ անոնք հաւատան Մեսիային, որուն Աստուած ղրկեց՝ որպէսզի անոնք հասնին փրկութեան:

Չարչարանքը՝ Իսրայէլին, Որ Յիսուսը Խաչեց

Հակառակ որ Հռովմայեցի Կառավարիչ՝ Պոնտացի Պիղատոսը Յիսուսը խաչելութեան դատապարտեց, իրականութեան մէջ Հրեաներն էին որոնք համոզեցին Պիղատոսը այդ որոշումը առնելու: Պիղատոս կը գիտակցէր թէ որեւէ հիմք չկար Յիսուսը սպաննելու, բայց ամբոխները ստիպեցին զինքը, բարձրաձայն աղաղակելով որ Յիսուս խաչուի՝ խռովութիւն մը սկսելու աստիճան:

Հաստատելով իր որոշումը Յիսուսը խաչելու նկատմամբ, Պիղատոս ջուր առաւ եւ ամբոխին առջեւ իր ձեռքերը լուաց, եւ ըսաւ անոնց. *«Ես այս արդար Մարդուն արիւնէն անպարտ եմ. դո՛ւք մտածեցէք»* (Մատթէոս 27.24): Հակադարձելով, Հրեաները պոռացին. *«Իր արիւնը մեր վրայ ու մեր որդիներուն վրայ ըլլայ»* (Մատթէոս 27.25):

Քրիստոսէ ետք 70 թուականին, Երուսաղէմը ինկաւ Հռովմայեցի Զօրավար Տիտոսի ձեռքը: Տաճարը քանդուեցաւ եւ վերապրողները պարտադրուեցան ձգել իրենց հայրենիքը եւ տարածուեցան ամբողջ աշխարհի շուրջ: Այսպէս, սկսաւ Սփիւռքի գաղթը եւ ասիկա տեւեց մօտ 2000 տարիներ: Սփիւռքի այս ժամանակաշրջանին, տանջանքի աստիճանը՝ զոր Իսրայէլացի ժողովուրդը կրեց, չի կրնար պատշաճ կերպով նկարագրուիլ բառերով:

Երբ Երուսաղէմը ինկաւ, մօտ մէկ միլիոն եւ հարիւր հազար Հրեաներ մորթուեցան, իսկ Երկրորդ Համաշխարհային պատերազմին, մօտաւորապէս վեց միլիոն Հրեաներ ջարդուեցան Նացիներու կողմէ: Երբ Նացիներուն կողմէ կը մորթուէին, Հրեաները մերկացուեցան, եւ ասիկա կը յիշատակէ այն ժամանակը՝ երբ Յիսուս մերկ խաչուեցաւ:

Անշուշտ, Իսրայէլի տեսանկիւնէն դիտուած, անոնք կրնան հակաճառել ըսելով որ իրենց չարչարանքը

Յիսուսը խաչելնուն հետեւանքը չէ: Ամէն պարագայի, դառնալով ետեւ ու նայելով Իսրայէլի պատմութեան, դիւրին է նկատել թէ ամէն անգամ որ Իսրայէլ եւ իր ժողովուրդը Աստուծոյ կամքին համեմատ կ'ապրէին, անոնք Աստուծոյ պաշտպանութիւնը կ'ունենային ու կը բարգաւաճէին: Սակայն երբ ինքզինքնին կը հեռացնէին Աստուծոյ կամքէն, Իսրայէլացիները կը պատժուէին եւ կ'ենթարկուէին տառապանքի ու փորձութիւններու:

Ուստի, մենք գիտենք թէ Իսրայէլ առանց պատճառի չէր որ տառապեցաւ: Եթէ Յիսուսի խաչելութիւնը Աստուծոյ առջեւ յարմար եղած ըլլար, ուրեմն ինչո՞ւ համար Աստուած Իսրայէլը երկար ժամանակ պիտի ձգէր անվերջանալի եւ սոսկալի նեղութիւններու միջեւ:

Յիսուսին Հանդերձներն ու Իր Պատմուճանը, եւ Իսրայէլի Ապագան

Ուրիշ դէպք մը, որ նախապատկերեց այն բաները որ պիտի պատահէին Իսրայէլի, տեղի ունեցաւ Յիսուսի խաչելութեան վայրին մէջ: Ինչպէս կը կարդանք Սաղմոս 22.18-ի մէջ. *«Իմ հանդերձներս իրենց մէջ կը բաժնեն ու պատմուճանիս վրայ վիճակ կը ձգեն»,* Հռովմայեցի զինուորները Յիսուսի հանդերձները առին եւ չորս մասի բաժնեցին, իւրաքանչիւր զինուորի համար մէկ մաս. մինչ անոնք վիճակ ձգեցին Յիսուսի պատմուճանին վրայ, եւ զինուորներէն մէկը իր հետը առաւ զանիկա:

Այս դէպքը ի՞նչպիսի ձեւով կապուած է Իսրայէլի ապագային հետ: Որովհետեւ Յիսուս Հրեաներու Թագաւորն է, Յիսուսի հանդերձները հոգեւորապէս կը խորհրդանշեն Աստուծոյ ընտրեալը, այսինքն Իսրայէլի պետութիւնը եւ ժողովուրդը: Երբ Յիսուսի հանդերձները չորս մասի բաժնուեցան եւ հանդերձներուն կերպարանքը անհետացաւ, ասիկա կը նախապատկերէ Իսրայէլի պետութեան կործանումը: Ամէն պարագայի, որովհետեւ հանդերձներուն կերպասը մնաց, այս դէպքը նաեւ կը նախատեսէ թէ նոյնիսկ եթէ պատահի որ Իսրայէլի պետութիւնը անհետանայ, տակաւին «Իսրայէլ» անունը կը մնայ:

Ի՞նչ է նշանակութիւնը այն իրողութեան թէ Հռովմայեցի զինուորները Յիսուսի հանդերձները առին եւ զանոնք չորս մասի բաժնեցին, իւրաքանչիւր զինուորի՝ մէկ մաս մը: Այս կը նշանակէ թէ Իսրայէլի ժողովուրդը Հռովմի կողմէ պիտի կործանէին եւ պիտի տարածուէին դէպի աշխարհի չորս կողմերը: Այս մարգարէութիւնը նաեւ իրականացաւ Իսրայէլի անկումով եւ Իսրայէլի պետութեան կործանումով, որը պարտադրեց Հրեաներուն տարածուելու աշխարհի չորս անկիւնները:

Յիսուսի պատմուճանին մասին, Յովհաննու 19.23-ի մէջ կը կարդանք. «Իսկ պատմուճանը առանց կարի էր, վերէն վար հիւսուած»: Այն իրողութիւնը որ Յիսուսի պատմուճանը «առանց կարի էր», կը նշանակէ թէ հագուստի բազում խաւեր չէին կարուած իրար հետ միասին՝ կազմելու համար հագուստի այս կտորը:

Մարդոց մեծամասնութիւնը շատ չեն մտածեր թէ իրենց հագուստները ինչպէս հիւսուած են: Ուրեմն, ինչո՞ւ համար Աստուածաշունչը մանրամասնութեամբ կ'արձանագրէ Յիսուսի պատմուճանին կազմուածքը: Անոր մէջ կայ մարգարէութիւն մը՝ այն դէպքերուն մասին որոնք պիտի պատահէին Իսրայէլի ժողովուրդին համար:

Յիսուսի պատմուճանը կը խորհրդանշէ Իսրայէլի ժողովուրդին սիրտը. այն սիրտը՝ որով անոնք կը ծառայեն Աստուծոյ: Այն իրողութիւնը, որ պատմուճանը «առանց կարի էր», մէկ կտոր վերէն վար հիւսուած, կը նշանակէ թէ Աստուծոյ հանդէպ Իսրայէլի սիրտը յարատեւ տոկացած է իրենց նախահայր՝ Յակոբէն սկսեալ, եւ այդ սիրտը բնաւ չտատանիր ու չփոխուիր որեւէ պարագաներու տակ:

Աբրահամի, Իսահակի, եւ Յակոբի յաջորդող ժամանակներուն, Տասներկու Ցեղերուն միջոցաւ, անոնք հիմնեցին ազգ մը, եւ Իսրայէլի ժողովուրդը պինդ կերպով պահած է իր սրբութիւնը՝ որպէս ազգ, առանց խառն ամուսնութիւններ ընելու Հեթանոսներուն հետ: Հիւսիսը՝ Իսրայէլի Թագաւորութեան, իսկ հարաւը՝ Յուդայի Թագաւորութեան բաժանումէն ետք, հիւսիսային թագաւորութեան մէջ գտնուող ժողովուրդը խառն ամուսնութիւններ ըրին, սակայն Յուդա մնաց համասեր ազգ մը: Նոյնիսկ այսօր, Հրեաները կը պահպանեն իրենց ինքնութիւնը, որ կը թուարկուի հաւատքի հայրերու ժամանակներէն:

Ուրեմն, հակառակ որ Յիսուսի հանդերձները պատռուելով չորս մասերու բաժնուեցան, տակաւին Յիսուսի պատմուճանը անեղծանելի մնաց: Այս կը նշանակէ թէ, թէեւ Իսրայէլի պետութեան երեւոյթը կրնայ անհետանալ, այսուհանդերձ Աստուծոյ հանդէպ Իսրայէլի ժողովուրդին սիրտը, եւ Աստուծոյ մէջ ունեցած իրենց հաւատքը չի կրնար անյայտանալ:

Որովհետեւ անոնք այսպիսի անփոփոխ սիրտ ունին, Աստուած ընտրած է զիրենք որպէս Իր ընտրեալները, եւ իրենց միջոցաւ է որ Աստուած Իր ծրագիրը իրագործած է եւ տակաւին կ'իրագործէ ու պիտի իրագործէ մինչեւ այս օրս: Նոյնիսկ հազարամեակներ ետք, տակաւին Իսրայէլի ժողովուրդը խստօրէն կը յարին Օրէնքին: Պատճառը այն է՝ որովհետեւ անոնք ժառանգած են Յակոբի անփոփոխ սիրտը:

Աստր որպէս հետեւանք, իրենց երկիրը կորսնցնելէ գրեթէ 1900 տարիներ ետքը, Իսրայէլի ժողովուրդը աշխարհը ցնցեցին՝ հռչակելով իրենց անկախութիւնը Մայիս 14, 1948-ին, եւ վերահաստատելով իրենց պետականութիւնը:

Ձեզ ազգերէն պիտի առնեմ ու բոլոր երկիրներէն ձեզ պիտի հաւաքեմ ու ձեզ ձեր երկիրը պիտի բերեմ (Եզեկիէլ 36.24):

Եւ պիտի բնակիք այն երկիրներուն մէջ, որ ձեր հայրերուն տուի ու դուք Ինծի ժողովուրդ պիտի ըլլաք, Ես ալ ձեզի Աստուած պիտի ըլլամ (Եզեկիէլ 36.28):

Ինչպէս արդէն մարգարէացուած է Հին Կտակարանին մէջ. *«Շատ օրերէն ետքը քու զօրքերդ պիտի համրես ու տարիներ յետոյ պիտի գաս»,* Իսրայէլի ժողովուրդը սկսան խուռներամ բազմութեամբ ժողվուիլ Պաղեստինի մէջ, եւ դարձեալ պետութիւն հիմնեցին (Եզեկիէլ 38.8): Աւելին, յառաջանալով ու դառնալով աշխարհի հզօրագոյն երկիրներէն մէկը, անգամ մը եւս Իսրայէլ աշխարհի մնացեալ միւս ժողովուրդներուն հաստատեց իր նկարագրի գերազանց բարեմասնութիւնները՝ որպէս ազգ:

Աստուած Կը Փափաքի որ Իսրայէլ Պատրաստուի Յիսուսի Վերադարձին

Աստուած կը փափաքի որ նոր վերահաստատուած Իսրայէլը ակնկալէ եւ պատրաստուի Մեսիային Վերադարձին: Յիսուս եկաւ Իսրայէլի երկիրը մօտաւորապէս 2000 տարիներ առաջ, կատարելապէս իրագործեց փրկութեան նախասահմանութիւնը մարդկութեան համար, եւ դարձաւ մարդկութեան Փրկիչը ու Մեսիան: Երբ երկինք համբարձաւ, Յիսուս խոստացաւ վերադառնալ, եւ հիմա Աստուած կ'ուզէ որ Իր ընտրեալները սպասեն Մեսիային վերադարձին՝ ճշմարիտ հաւատքով:

Երբ Մեսիան՝ Յիսուս Քրիստոսը վերադառնայ, Անիկա այս անգամ պիտի չգայ խեղճ ու աղքատիկ ախոռի մը մէջ, եւ կամ պէտք պիտի չունենայ տառապելու խաչին պատիժով՝ ինչպէս որ ըրաւ երկու հազարմեակներ առաջ: Ընդհակառակը, Յիսուս պիտի երեւնայ երկնային զօրքի եւ հրեշտակներու հրամանատարութեամբ, եւ պիտի վերադառնայ այս աշխարհը Աստուծոյ փառքով՝ որպէս Թագաւոր թագաւորաց եւ Տէր տէրանց, որպէսզի ամբողջ աշխարհը տեսնէ Զինք:

> *Ահա ամպերով կու գայ ու ամէն աչք պիտի տեսնէ Զանիկա եւ անոնք ալ որ Զանիկա խոցեցին: Անոր վրայ կոծ պիտի ընեն երկրին բոլոր ազգերը: Այո՛, Ամէն* (Յայտնութիւն 1.7):

Երբ ճակատագրական պահը հասնի, բոլոր մարդիկը, հաւատացեալ թէ ոչ-հաւատացեալ, պիտի տեսնեն Տէրոջը վերադարձը՝ օդին մէջ: Այդ օրը, բոլոր անոնք որոնք կը հաւատան Յիսուսի որպէս ամբողջ մարդկութեան Փրկիչը, պիտի յափշտակուին ու պիտի բարձրացուին ամպերուն մէջ, եւ պիտի մասնակցին Հարսանեկան Խնճոյքին՝ օդին մէջ, սակայն միւսները ետեւ պիտի մնան՝ ողբալու համար:

Աստուած առաջին մարդը՝ Ադամը ստեղծեց եւ սկսաւ մշակել մարդ արարածը. բայց անշուշտ ասիկա այլեւ վերջ պիտի գտնէ: Ճիշդ ինչպէս որ պարտիզպանը սերմեր կը ցանէ եւ յետոյ բերքը կը հնձէ, նոյնպէս մարդկային մշակումին համար ալ հունձքի ժամանակ մը պիտի ըլլայ: Աստուծոյ՝ մարդկութեան վրայ կատարած մշակումը պիտի լրանայ Մեսիային՝ Յիսուս Քրիստոսի Երկրորդ Գալուստով:

Յիսուս մեզի կ՚ըսէ Յայտնութիւն 22.7-ի մէջ. «*Ահա ես շուտով կու գամ: Երանի՜ անոր որ կը պահէ այս գրքին մարգարէութեան խօսքերը*»: Ներկայիս մենք կ՚ապրինք վերջին օրերու ժամանակաշրջանին մէջ: Իսրայէլի հանդէպ Իր անչափելի սիրոյն մէջ, Աստուած կը շարունակէ Իր ժողովուրդը լուսաբանել իրենց պատմութեան միջոցաւ, որպէսզի անոնք ընդունին Մեսիան: Աստուած մեծ նախանձախնդրութեամբ կը փափաքի, ոչ միայն Իր ընտրեալ Իսրայէլի համար, այլ նաեւ բոլոր մարդկութեան համար, որ անոնք ընդունին Յիսուս Քրիստոսը՝ նախքան մարդկային մշակումի աւարտը:

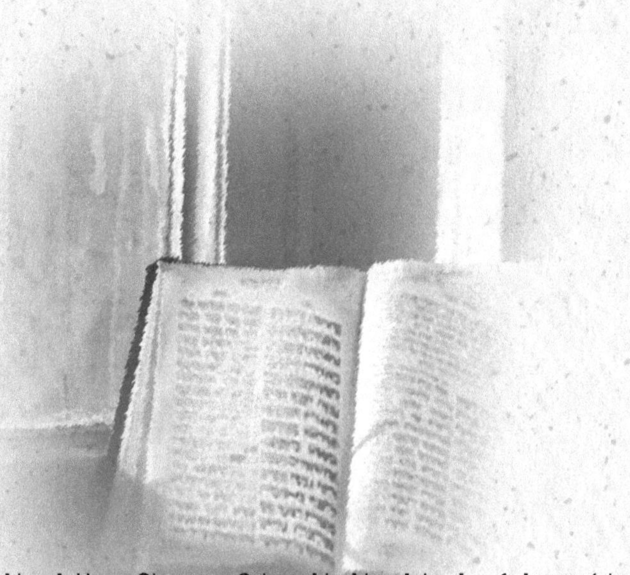

Եբրայեցիներուն Սուրբ Գիրքը, որ Քրիստոնեաներուն համար ճանչցուած է որպէս՝ Հին Կտակարանը

Գլուխ 3
Աստուածը՝ Որուն Իսրայէլ Կը Հաւատայ

Օրէնքը եւ Աւանդութիւնը

Մինչ Աստուած Իր ընտրեալ ժողովուրդը՝ Իսրայէլը կ՚առաջնորդէր Եգիպտոսէն դուրս՝ դէպի խոստացեալ Քանանու երկիրը, Ան իջաւ Սինա լերան գագաթը: Յետոյ, Տէր Աստուած Իր մօտ կանչեց Մովսէսը՝ Ելիցի առաջնորդը, եւ անոր ըսաւ որ քահանաները պէտք է ինքզինքնին սրբագործեն՝ երբ Աստուծոյ կը մօտենան: Ասկէ զատ, Աստուած Մովսէսի միջոցաւ Տասը Պատուիրանները եւ շատ ուրիշ օրէնքներ տուաւ ժողովուրդին:

Երբ Մովսէս պաշտօնական ձեւով պատմեց ժողովուրդին Եհովա-Աստուծոյն ըսած բոլոր խօսքերը եւ օրէնքները, անոնք բոլորն ալ մէկ ձայնով պատասխանեցին ըսելով. *«Տէրոջը ըսած բոլոր խօսքերը պիտի կատարենք»* (Ելից 24.3): Սակայն մինչ Մովսէս, Աստուծոյ կանչին համեմատ, կը գտնուէր Սինա լերան վրայ, ժողովուրդը Ահարոնին ստիպեցին որ ձուլածոյ հորթի քանդակ մը շինէ, եւ այդ կուռքը պաշտելու մեծ մեղքը գործեցին:

Ի՞նչպէս կրնայ ըլլալ որ անոնք Աստուծոյ

ընտրեալ ժողովուրդը ըլլալով այսպիսի մեծ մեղք մը գործէին: Ադամէն սկսեալ բոլոր մարդիկը, որոնք անհնազանդութեան մեղքը գործեցին, Ադամի սերունդէն են եւ բոլորն ալ մեղսալից բնութեամբ ծնած են: Անոնք հարկադրուած են մեղանչելու՝ նախքան իրենց սրբագործուիլը՝ սրտի թլփատումով: Այդ է պատճառը թէ ինչու Աստուած Իր միածին Որդին՝ Յիսուսը ղրկեց, եւ Անոր խաչելութեամբը բացաւ այն մեծ դուռը՝ որով մարդիկ կրնան թողութիւն գտնել իրենց բոլոր մեղքերուն համար:

Ուրեմն, ինչո՞ւ համար Աստուած Օրէնքը տուաւ ժողովուրդին: Տասը Պատուիրանները, կանոնները եւ հրահանգները, զոր Աստուած Մովսէսի միջոցաւ տուաւ անոնց, կը ճանչցուին որպէս՝ Օրէնքը:

Օրէնքին միջոցաւ Աստուած զիրենք Կ՚առաջնորդէ դէպի Կաթ ու Մեղր Բղխող Երկիրը

Աստուած Օրէնքը տուաւ Իսրայէլի ժողովուրդին՝ Եգիպտոսէն Ելիցի ժամանակ. ասոր պատճառը եւ նպատակը այն էր՝ որպէսզի անոնք վայելեն այն օրհնութիւնը որով իրենք կարող կ՚ըլլան մտնելու Քանանու կաթ ու մեղր բղխող երկիրը: Ժողովուրդը Օրէնքը ուղղակիօրէն ստացան Մովսէսէն, բայց անոնք Աստուծոյ ուխտերը չպահեցին եւ բազմաթիւ մեղքեր գործեցին, ներառեալ՝ կռապաշտութիւն եւ շնութիւն: Վերջապէս, անոնց մեծամասնութիւնը մեռան իրենց մեղքերուն մէջ, անապատին մէջ իրենց քառասուն տարուայ կեանքի շրջանին:

Բ. Օրինաց Գիրքը արձանագրուած է Մովսէսի վերջին խօսքերուն համեմատ, եւ անիկա կը խորանայ Աստուծոյ ուխտերուն եւ օրէնքներուն վրայ: Երբ Ելիցի առաջին սերունդին մեծ մասը մեռան, բացի Յեսուէն եւ Քաղէփէն, եւ երբ Իսրայէլի ժողովուրդը ձգելու իր ժամանակը հասաւ, Մովսէս մեծ անձկութեամբ յանձնարարեց Ելիցի երկրորդ եւ երրորդ սերունդին՝ որ անոնք սիրեն զԱստուած եւ հնազանդին Իր պատուիրանքներուն:

Ուրեմն, ո՛վ Իսրայէլ, քու Քէր Աստուածդ քեզմէ ի՞նչ կը պահանջէ: Միայն քու Տէր Աստուծմէդ վախնալ, Իր ճամբաներուն մէջ քալել, եւ Զինք սիրել: Նաեւ քու բոլոր սրտովդ ու բոլոր հոգիովդ քու Տէր Աստուածդ պաշտել եւ Տէրոջը պատուիրանքներն ու կանոնները պահել, որոնք ես այսօր քեզի կը յայտնեմ, որպէսզի քեզի աղէկ ըլլայ (Բ. Օրինաց 10.12-13):

Աստուած Օրէնքը տուաւ Իսրայէլի ժողովուրդին, որովհետեւ ուզեց որ անոնք կամաւոր կերպով եւ սրտանց հնազանդին Օրէնքին, եւ իրենց հնազանդութեամբ հաստատեն իրենց սէրը՝ Աստուծոյ հանդէպ: Աստուած բնաւ զիրենք սահմանափակելու կամ կապելու համար չէ որ Օրէնքը տուաւ Իսրայէլի ժողովուրդին, այլ Աստուած ուզեց անոնց հնազանդութեան սիրտը ընդունիլ եւ օրհնութիւններ պարգեւել իրենց:

Եւ այս խօսքերը որոնք Ես այսօր քեզի պատուիրեցի, քու սրտիդ մէջ թող ըլլան ու զանոնք քու որդիներուդ կրկին անգամ սորվեցուր: Թէ՛ տանդ մէջ նստած ատենդ, թէ՛ ճամբայ քալած ատենդ եւ թէ՛ պառկելու ատենդ՝ անոնց վրայ խօսիր: Զանոնք նշանի համար ձեռքիդ վրայ կապէ ու ճակատնոցի համար աչքերուդ մէջտեղը թող ըլլան: Զանոնք քու տանդ դրանդիքներուն վրայ եւ դռներուդ վրայ գրէ (Բ. Օրինաց 6.6-9):

Այս համարներուն միջոցաւ, Աստուած անոնց ըսաւ թէ ինչպէս պէտք էր Օրէնքը կրէին իրենց սրտերուն մէջ, սորվեցնէին, եւ գործի դնէին զանիկա: Դարերու ընդմէջէն, Աստուծոյ պատուիրանքները եւ կանոնները, ինչպէս որ անոնք գրուած են Մովսէսի Հինգ Գիրքերուն մէջ, տակաւին կը յուշագրուին ու կը պահուին, սակայն դժբախտաբար Օրէնքը կատարելու կեդրոնացումը կ՚արտայայտուի միայն արտաքին երեւոյթով:

Օրէնքը եւ Ծերերու Աւանդութիւնը

Օրինակի համար, Օրէնքը կը հրահանգէր որ Շաբաթ օրը սուրբ պահուի, եւ ծերերը կանոնաւորեցին բազմաթիւ մանրամասն աւանդութիւններ, որոնք կրնային բարեփոխուիլ՝ պատուիրանքը պահելու համար, ինչպէս օրինակ՝ արգիլել անոնց ինքնագործ դռներ, վերելակներ, եւ վերամբարձ մեքենաներ գործածելէ, նաեւ առեւտրական նամակներ, անցագրեր, եւ ուրիշ ծրարներ բանալէ: Ի՞նչպէս եղաւ որ մէջտեղ ելան ծերերու այս աւանդութիւնները:

Երբ Աստուծոյ Տաճարը քանդուեցաւ եւ Իսրայէլի ժողովուրդը հեռու տարուեցան՝ դէպի Բաբելոնեան Գերութիւնը, անոնք խորհեցան թէ աւոր պատճառը այն էր՝ որովհետեւ իրենք ձախողած էին ծառայելու Աստուծոյ՝ իրենց բոլոր սրտովը: Անոնք ուզեցին աւելի օրինաւոր ձեւով ծառայել Աստուծոյ, եւ Օրէնքը կիրարկել այն պարագաներուն համար՝ որոնք ժամանակի ընթացքին պիտի փոխուէին: Ուստի անոնք բազմաթիւ խստապահանջ կանոններ շինեցին:

Այս կանոնները հաստատուեցան ամբողջ սրտով Աստուծոյ ծառայելու հեռանկարով: Այլ խօսքով, անոնք զանազան խիստ կանոններ հաստատեցին, որոնք կը մանրամասնէին կեանքի իւրաքանչիւր երեւոյթ, որպէսզի կարենային գործի դնել Օրէնքը՝ իրենց ամենօրեայ կեանքերուն մէջ:

Երբեմն այդ խիստ կանոնները Օրէնքը պաշտպանելու դերը կը կատարէին: Սակայն ժամանակի անցումով, անոնք կորսնցուցին Օրէնքին մէջ պահուած իսկական իմաստը, եւ աւելի մեծ կարեւորութիւն տուին Օրէնքը պահպանելու մէջ գործուող արտաքին երեւոյթի արտայայտութեան: Այս ձեւով, անոնք սկսան շեղիլ Օրէնքին իսկական իմաստէն:

Աստուած՝ Օրէնքը գործադրելու մէջ իւրաքանչիւր անհատի սիրտը կը տեսնէ եւ կ'ընդունի, փոխանակ կարեւորութիւնը դնելու Օրէնքը գործերով պահպանելու դուրսի արտայայտութեան վրայ: Ուստի, Աստուած Օրէնքը հաստատած է որպէսզի փնտռէ բոլոր անոնց՝ որոնք ճշմարտապէս կը պատուեն Զինք, եւ որպէսզի օրհնութիւն պարգեւէ բոլոր անոնց՝ որոնք կը հնազանդին Իրեն: Հակառակ որ այնպէս կը թուէր թէ Հին Կտակարանի ժամանակներէն իվեր շատ մարդիկ կը գործադրէին Օրէնքը, բայց միեւնոյն ժամանակ կային շատեր՝ որոնք կը բռնաբարէին Օրէնքը:

> *Ձեր մէջ դռները ձրի գոցող ո՞վ կայ: Իմ սեղանիս կրակն ալ ձրի չէք վառեր: «Ձեզի չեմ հաճիր», կ'ըսէ զօրքերու Տէրը, «ու ձեր ձեռքէն ընծայ չեմ ընդունիր»* (Մաղաքեայ 1.10):

Երբ դպիրները եւ ծերերը Յիսուսի դէմ չարախօսութիւն ըրին եւ Իր աշակերտները դատապարտեցին, պատճառը այն չէր՝ որ Յիսուս եւ Իր աշակերտները անհնազանդ եղան Օրէնքին, բայց որովհետեւ անոնք բռնաբարեցին ծերերուն աւանդութիւնները: Ասիկա գեղեցիկ ձեւով նկարագրուած է Մատթէոս Աւետարանին մէջ:

Ինչո՞ւ Քու աշակերտներդ ծերերուն աւանդութիւնը զանց կ'ընեն, վասն զի ձեռքերնին չեն լուար, երբ հաց կ'ուտեն» (Մատթէոս 15.2):

Այս ժամանակ, Յիսուս լուսաբանեց իրենց այն իրողութեամբ որ ո՛չ թէ Աստուծոյ պատուիրանքները զանց առնուած էին, այլ ծերերուն աւանդութիւնները զանց առնուած էին: Անշուշտ կարեւոր է Օրէնքը դուրսէ դուրս պահել' գործով, բայց շատ աւելի կարեւոր է ճանչնալ Աստուծոյ ճշմարիտ կամքը' որ պահուած է Օրէնքին մէջ:

Եւ Յիսուս պատասխանեց ու ըսաւ անոնց.

Հապա դուք ինչո՞ւ Աստուծոյ պատուիրանքները զանց կ'ընէք ձեր աւանդութեան պատճառաւ: Քանզի Աստուած պատուիրեց ըսելով. «Քու հայրդ ու մայրդ պատուէ. եւ ով որ իր հայրը կամ մայրը անիծէ, մահով թող մեռնի»: Բայց դուք կ'ըսէք. «Ով որ իր հօրը կամ մօրը ըսէ թէ Այն բանը զոր ինծմէ պիտի շահիս, Աստուծոյ տալու ընծայ է ու իր հայրը կամ իր մայրը չպատուէ, ազատ է»: Այսպէս ձեր աւանդութեան պատճառաւ Աստուծոյ պատուիրանքը խափանած էք (Մատթէոս 15.3-6):

Հետեւեալ համարներուն վրայ, Յիսուս նաեւ ըսաւ.

Կե՛ղծաւորներ, աղէկ մարգարէութիւն ըրաւ ձեր վրայ Եսայի ու ըսաւ. «Այս ժողովուրդը միայն շրթունքներովը Զիս կը պատուէ, բայց իրենց սիրտը հեռացած, զատուած է Ինծմէ. ու պարապ տեղը Զիս կը պաշտեն՝ մարդոց պատուիրած բաները իբրեւ վարդապետութիւն սորվեցնելով» (Մատթէոս 15.7-9)։

Ժողովուրդը Իրեն կանչելով՝ Յիսուս ըսաւ անոնց.

Լսեցէք ու միտք առէք. ոչ թէ ինչ որ բերանը կը մտնէ՛ կը պղծէ մարդը, հապա ինչ որ բերնէն կ'ելլէ՛ անիկա կը պղծէ մարդը» (Մատթէոս 15.10-11)։

Աստուծոյ զաւակները պէտք է պատուեն իրենց ծնողները, ինչպէս որ գրուած է Տասը Պատուիրաններուն մէջ։ Բայց Փարիսեցիները ժողովուրդին կը սորվեցնէին որ զաւակները, որոնք պէտք է պատուեն եւ ծառայեն իրենց ծնողներուն՝ իրենց ունեցած ստացուածքերով, կրնան ազատ ըլլալ այդ պարտականութենէն՝ եթէ անոնք յայտարարեն որ թէ իրենց ստացուածքները Աստուծոյ պիտի նուիրուին։ Անոնք այնքան բազմազան կանոններ յօրինեցին, կեանքի ամէն մէկ երեւոյթը մանրամասնելով այնպիսի մանրակրկիտ ճշգրտութեամբ, որ Հեթանոսները չէին կրնար նոյնիսկ համարձակիլ՝

ծերերուն այս բոլոր աւանդութիւնները կարենալ խստօրէն գործադրելու համար, խորհելով որ Հրեաները շատ լաւ կը կատարէին այդ աւանդութիւնները՛ որպէս Աստուծոյ ընտրեալները:

Աստուածը՛ որուն Իսրայէլ Կը Հաւատայ

Երբ Յիսուս Շաբաթ օրով հիւանդներ կը բժշկէր, Փարիսեցիները դատապարտեցին Զինք՛ Շաբաթը բռնաբարելուն համար: Օր մը, Յիսուս ժողովարան մտաւ եւ հոն տեսաւ մարդ մը՛ Փարիսեցիներուն առջեւ կայնած, որուն ձեռքը չորցած էր: Յիսուս կը մտադրէր արթնցնել զիրենք, ուստի հարցուց անոնց, ըսելով հետեւեալը.

> *Շաբաթ օրը բարի՞ք ընել արժան է՛ թէ չարիք ընել, հոգի մը ապրեցնե՞լ՛ թէ մեռցնել* (Մարկոս 3.4):

> *Ձեզմէ ո՞ր մարդը կայ, որ ոչխար մը ունենայ եւ անիկա Շաբաթ օրը փոսի մէջ իյնայ, չի բռներ ու վեր հաներ զանիկա: Արդ՛ ո՜րչափ աւելի է մարդը ոչխարէն: Ուրեմն Շաբաթ օրը բարի գործել արժան է* (Մատթէոս 12.11-12):

Որովհետեւ Փարիսեցիները նախապէս Օրէնքի գործունէութիւններու ծիրով լեցուած էին, որ կազմուած էր ծերերու աւանդութիւններով եւ կեանքի ինքնակեդրոն խորհուրդներով ու կերպարանքներով, ուստի անոնք ոչ միայն ձախողեցան ճանչնալու Օրէնքին մէջ պահուած Աստուծոյ ճշմարիտ կամքը, այլ նաեւ անոնք ձախողեցան ճանչնալու Յիսուսը, որ երկիր եկաւ որպէս Փրկիչը:

Յիսուս յաճախ Փարիսեցիներուն կը մատնանշէր իրենց սխալ գործերը ու զիրենք կը մղէր որ ապաշխարէին եւ իրենց սխալ գործերէն ետ դառնային: Յիսուս կը յանդիմանէր զիրենք, որովհետեւ անոնք կ'անտեսէին Աստուծոյ իսկական նպատակը՝ Օրէնքը տալուն համար, եւ կը փոխէին Օրէնքը ու կը յարէին Օրէնքին արտաքին գործունէութիւններուն:

> *Վա՜յ ձեզի, կեղծաւո՛ր դպիրներ ու փարիսեցիներ, որ անանուխին ու սամիթին եւ չամանին տասանորդը կը վճարէք ու կը ձգէք օրէնքին ծանր բաները, դատաստանը եւ ողորմութիւնը ու հաւատքը. ասոնք պէտք է ընէիք եւ զանոնք ձգէիք* (Մատթէոս 23.23):

> *Վա՜յ ձեզի, կեղծաւո՛ր դպիրներ ու փարիսեցիներ, որ գաւաթին ու պնակին դուրսի կողմը կը մաքրէք, բայց ներսէն յափշտակութեամբ եւ անիրաւութեամբ լեցուն են* (Մատթէոս 23.25):

Իսրայէլի ժողովուրդը, որոնք Հռովմէական Կայսրութեան հսկողութեան տակ կը գտնուէին, իրենց մտքին մէջ պատկերեցին թէ Մեսիան իրենց համար պիտի գար մեծ պատիւով եւ զօրութեամբ, եւ Անիկա պիտի կարողանար ազատ արձակել զիրենք հարստահարողներուն ձեռքէն, եւ պիտի իշխէր բոլոր ազգերու ցեղերուն վրայ:

Մինչ այդ մարդ մը ծնած էր ատաղձագործէ մը. անիկա կ'ընկերանար լքուածներուն, հիւանդներուն, եւ մեղաւորներուն հետ. ան «Հայր» կը կոչէր զԱստուած, եւ կը վկայէր թէ *Անիկա աշխարհի Լոյսն է:* Երբ յանդիմանեց զիրենք իրենց մեղքերուն համար, անոնք որոնք իրենց անձնական մակարդակով Օրէնքը պահած եւ ինքզինքնին արդար հռչակած էին, խոցուեցան իրենց սրտերուն մէջ ու կոտրուեցան իր խօսքերով, եւ առանց պատճառի խաչեցին զինքը:

Աստուած Մեզմէ Կը Պահանջէ որ Սէր եւ Ներողամտութիւն Ունենանք

Փարիսեցիները խստօրէն կը գործադրէին Հրէական կրօնքի կանոնները, եւ երկար տարիներու սովորութիւններն ու աւանդութիւնները իրենց կեանքերուն չափ թանկագին կը սեպէին: Անոնք Հռովմայական Կայսրութեան համար գործող մաքսաւորներուն հետ կը վարուէին որպէս մեղաւորներ եւ կը խուսափէին անոնցմէ:

Սկսելով Մատթէոս 9.10-էն, որ կ'ըսէ թէ Յիսուս նստած էր Մատթէոս անունով մաքսաւորի մը սեղանը, անոր տանը մէջ, եւ շատ ուրիշ մաքսաւորներ եւ մեղաւորներ եկած էին ու կ'ընթրէին Յիսուսի եւ Իր աշակերտներուն հետ միասին։ Երբ Փարիսեցիները տեսան ասիկա, այսպէս ըսին Յիսուսի աշակերտներուն. «Ինչո՞ւ համար ձեր վարդապետը մաքսաւորներուն եւ մեղաւորներուն հետ կ'ուտէ»։ Երբ լսեց որ անոնք Իր աշակերտները կը դատապարտէին, Յիսուս անոնց բացատրեց Աստուծոյ սրտին մասին։ Աստուած Իր անսպառ սէրը եւ ողորմութիւնը կու տայ որեւէ մէկուն՝ որ կը զղջայ ու սրտանց կ'ապաշխարէ իր մեղքերուն համար, եւ դարձի կու գայ իր մեղքերէն։

Մատթէոս 9.12-13 կը շարունակէ. «Յիսուս՝ երբ լսեց՝ ըսաւ անոնց. 'Առողջներուն բժիշկ պէտք չէ, հապա՝ հիւանդներուն։ Գացէ՛ք, սորվեցէք թէ ի՛նչ է այս խօսքը. 'Ողորմութիւն կ'ուզեմ եւ ո՛չ թէ զոհ'. վասն զի Ես արդարները կանչելու չեկայ, հապա մեղաւորները ապաշխարութեան'»։

Երբ Նինուէի ժողովուրդին անօրէնութիւնը մինչեւ երկինք հասաւ, քիչ մնացեր էր որ Աստուած Նինուէ քաղաքը կործանէր։ Սակայն նախքան այդպէս ընելը, Աստուած Իր մարգարէն՝ Յովնանը ղրկեց, որպէսզի անոնք ապաշխարեն եւ դարձի գան իրենց մեղքերէն։ Բոլոր ժողովուրդը ծոմապահութիւն ըրին եւ ամբողջութեամբ զղջացին ու դարձի եկան իրենց մեղքերէն, եւ Աստուած ջնջեց Իր որոշումը՝ զանոնք կործանելու նկատմամբ: Ամէն պարագայի, Փարիսեցիներն էին որոնք կը խորհէին թէ որեւէ մէկը որ Օրէնքը կը բռնաբարէ՝ այդ անձին համար ուրիշ ընտրանք չկայ՝ բացի դատուելէ: Օրէնքին ամենէն կարեւոր մասը անսպառ սէր եւ ներողամտութիւն է, բայց Փարիսեցիները կը խորհէին որ մէկը դատելը աւելի արդար եւ թանկարժէք է քան զինք ներելը՝ ողորմութեան ու սիրոյ հոգիով:

Նոյն ձեւով, երբ չենք հասկնար Աստուծոյ սիրտը, որ Օրէնքը տուած է մեզի, մենք կը ստիպուինք ամէն բան մեր անձնական խորհուրդներով ու տեսութիւններով դատել, եւ ուրեմն այդ դատաստանները սխալ պիտի ըլլեն, եւ Աստուծոյ հակառակ:

Աստուծոյ Իսկական Նպատակը՝ Օրէնքը Տալու մէջ

Աստուած երկինքն ու երկիրը ստեղծեց եւ անոնց մէջ ամէն բաները ու շինեց մարդը՝ շահելու համար ճշմարիտ զաւակներ, որպէսզի անոնք նմանին Իր սրտին: Այս նպատակով է որ Աստուած ըսաւ Իր ժողովուրդին. *«սուրբ եղէ՛ք, վասն զի Ես սուրբ եմ»* (Ղեւտացւոց 11.44): Աստուած մեզ անաստուածներ կը սեպէ երբ մենք միայն երեւութապէս կը վախնանք Իրմէ: Փոխարէնը՝ Աստուած կ'ուզէ որ մենք անմեղադրելի գտնուինք՝ ձերբազատուելով մեր սրտին մէջի չարութիւններէն:

Յիսուսի ժամանակ Փարիսեցիները եւ դպիրները շատ աւելի մեծ կարեւորութիւն ցոյց կու տային ընծաներու եւ Օրէնքը պահելու գործունէութիւններուն, քան իրենց սրտերը սրբագործելու ուղղութեամբ: Աստուած շատ աւելի կը հաճի կոտրած ու վշտաբեկ սրտէն, քան թէ զոհէն կամ ողջակէզէն, որովհետեւ Աստուծոյ զոհը կոտրած հոգին է (Սաղմոս 51.16-17), ուստի Աստուած Օրէնքը տուած է մեզի՝ որպէսզի թոյլ տայ որ մենք Օրէնքին միջոցաւ ապաշխարենք եւ դարձի գանք մեր մեղքերէն:

Աստուծոյ Ճշմարիտ Կամքը՝ Պահուած՝ Հին Կտակարանի Օրէնքին մէջ

Անկէ չենք կրնար հետեւցնել որ Օրէնքը պահելու մէջ Իսրայէլի ժողովուրդին գործունէութիւնները բնաւ չէին ներառեր իրենց սէրը՝ Աստուծոյ հանդէպ: Սակայն ճիշդ այն բանը որ Աստուած իրենցմէ կը պահանջէր որ ընէին՝ սրտի նուիրագործումն էր, եւ Աստուած լրջօրէն յանդիմանեց զիրենք՝ Եսայի մարգարէին միջոցաւ:

> *«Ի՞նչ պէտք է Ինծի ձեր զոհերուն շատութիւնը,» կ՚ըսէ Տէրը. «Ձեր խոյերուն ողջակէզներէն ու պարարտ անասուններուն ճարպէն կշտացած եմ: Եւ զուարակներուն ու գառներուն եւ նոխազներուն արիւնները չեմ ուզեր: Երբ կու գաք Իմ առջեւ երեւնալու, ո՞վ պահանջեց ձեզմէ, որ այսպէս Իմ սրահներս կոխկռտէք: Ա՛լ Ինծի ունայն ընծաներ մի՛ բերէք: Ձեր խունկը Ինծի պիղծ է: Ամսագլուխներուն ու շաբաթներուն եւ ժողովներու գումարուելուն չեմ կրնար հանդուրժել: Ձեր տօնախմբութիւնը անգամ անօրէնութիւն է»* (Եսայեայ 1.11-13):

Օրէնքը պահելու իսկական իմաստը՝ դուրսէն՝ արտաքին երեւոյթով գործեր ընելը չէ, այլ ներսէն՝ սրտին մէջէն յօժարակամ բղխելը: Ուստի, Աստուած չհաճեցաւ այն բազմաթիւ զոհերուն եւ ողջակէզներուն, որոնք կը նուիրուէին սուրբ սրահները մտնելու սովորական եւ մակերեսային գործունէութեամբ միայն: Հոգ չէ թէ Օրէնքին համեմատ որքան շատ զոհեր կ'ընծայէին անոնք, Աստուած չէր հրճուեր այդ զոհերով, որովհետեւ իրենց սրտերը բնաւ Աստուծոյ կամքին համեմատ չէին:

Նոյնն է պարագան մեր աղօթքներուն նկատմամբ: Մեր աղօթքներուն մէջ կարեւոր չէ ինքնին պարզապէս աղօթքի գործունէութիւնը միայն, այլ այդ աղօթքներուն մէջ մեր սրտերուն դիրքը շատ աւելի կարեւոր է: Սաղմոս 66.18-ի մէջ Սաղմոսերգուն կ'ըսէ. *«Եթէ սրտիս մէջ անօրէնութիւն տեսնէի, Տէրը պիտի չլսէր»:*

Աստուած թոյլ տուաւ որ մարդիկ Յիսուսի միջոցաւ գիտնան որ Ինք չիրճուիր կեղծաւոր աղօթքներէն, կամ այն աղօթքներէն՝ որոնք ցուցադրութեան համար կը կատարուին, այլ Անիկա կը հրճուի միայն անկեղծ աղօթքներէն՝ որոնք սրտէն կ'ելլեն:

> *Ու երբ աղօթք կ'ընես, կեղծաւորներուն նման մի՛ ըլլար, որոնք կը սիրեն ժողովարաններուն մէջ ու հրապարակներուն անկիւնները կայնելով աղօթք ընել, որպէս զի մարդոց երեւնան. Ճշմարիտ կ'ըսեմ ձեզի, Անոնք իրենց վարձքը առած կ'ըլլան: Իսկ դուն երբ աղօթք կ'ընես, մտիր քու ներքին սենեակդ ու դուռդ գոցէ եւ աղօթք ըրէ քու Հօրդ որ գաղտուկ տեղ կը գտնուի եւ քու Հայրդ որ գաղտուկը կը տեսնէ, քեզի յայտնապէս հատուցում պիտի ընէ* (Մատթէոս 6.5-6):

Նոյն բանը կը պատահի երբ մենք կը զղջանք մեր մեղքերուն համար: Երբ մենք ապաշխարենք եւ դարձի գանք մեր մեղքերէն, Աստուած չուզեր որ մեր հագուստները պատռենք եւ մոխիրի վրայ ողբանք, այլ սակայն Աստուած կ՚ուզէ որ մեր սրտերը պատռենք եւ սրտանց ետ դառնանք մեր մեղքերէն: Ինքնին միայն ապաշխարութեան գործողութիւնը կարեւոր չէ, բայց երբ մենք սրտանց կ՚ապաշխարենք եւ մեր բոլոր սրտովը դարձի կու գանք մեր մեղքերէն, այն ատեն է որ Աստուած կ՚ընդունի այդ ապաշխարութիւնը:

> *Սակայն հիմա Տէրը այսպէս կ՚ըսէ. «Ինծի դարձէ՛ք ձեր բոլոր սրտովը՝ ծոմապահութեամբ, լալով ու սգալով: Ձեր սրտերը պատռեցէ՛ք եւ ո՛չ թէ ձեր հանդերձները»: Ձեր Տէր Աստուծոյն դարձէ՛ք. քանզի Անիկա ողորմած ու գթած, երկայնամիտ ու բազումողորմ է ու չարիքի համար կը զղջայ* (Յովելեայ 2.12-13):

Այլ խօսքով, Աստուած կ՚ուզէ ընդունիլ Օրէնքը կատարողներուն սիրտը, քան թէ ինքնին Օրէնքը պահելու գործողութիւնը: Աստուածաշունչին մէջ ասիկա նկարագրուած է որպէս «սրտին թլփատումը»: Մենք կրնանք մեր մարմինները թլփատել՝ առնանդամին գլուխը պատող մաշկին միսը կտրել հանելով, մինչ մենք կրնանք մեր սրտին մաշկին մէջ թլփատուիլ՝ մեր սրտերուն կոտրուելովը:

Սրտին Թլփատումը՝ զոր Աստուած Կը Պահանջէ

Սրտին թլփատումը ըսելով ի՞նչ բանի կ'ակնարկէ մանրամասնութեամբ։ Անիկա կ'ակնարկէ «սրտանց կտրելու եւ նետելու ու ձերբազատուելու բոլոր տեսակի չարութիւններէ եւ մեղքերէ, ներառեալ՝ նախանձութիւն, անձնասիրութիւն, բարկութիւն, գէշ զգացումներ, շնութիւն, ստութիւն, խաբէութիւն, չարախօսութիւն, եւ զրպարտութիւն»։ Երբ դուն քու բոլոր սրտովդ սրտանց կը ձերբազատուիս մեղքերէ եւ չարութիւններէ եւ Օրէնքը կը պահես, այն ատեն է որ Աստուած կ'ընդունի քու ապաշխարութիւնդ որպէս կատարեալ հնազանդութիւն։

> *Ո՛վ Յուդայի մարդիկ ու Երուսաղէմի բնակիչներ, Տէրոջը թլփատուեցէք եւ ձեր սրտին անթլփատութիւնը վերցուցէ՛ք, որ չըլլայ թէ Իմ բարկութիւնս ձեր չար գործերուն համար կրակի պէս բորբոքի ու այրէ եւ մարող մը չըլլայ* (Երեմեայ 4.4)։

> *Ուստի ձեր սրտերուն անթլփատութիւնը թլփատեցէք ու ձեր պարանոցները ալ մի՛ խստացնէք* (Բ. Օրինաց 10.16)։

> *Եգիպտոսի եւ Յուդայի ու Եդովմի եւ Ամմոնի որդիներուն ու Մովաբի եւ իրենց մօրուքին ծայրերը կտրող՝ անապատի բոլոր բնակիչներուն*

պիտի այցելեմ. վասն զի բոլոր ազգերը անթլփատ են ու բոլոր Իսրայէլի տունը սրտով անթլփատ է (Երեմեայ 9.26)։

Քու Տէր Աստուածդ քու սիրտդ եւ քու որդիներուդ սիրտը պիտի թլփատէ, որպէս զի քու Տէր Աստուածդ բոլոր սրտովդ ու բոլոր հոգիովդ սիրես, որպէս զի ապրիս (Բ. Օրինաց 30.6)։

Ուրեմն, Հին Կտակարանը մեզի յաճախ կը մղէ որ մենք մեր սրտերը թլփատենք, որովհետեւ միայն իրենց սրտերով թլփատուածներն են որ կրնան իրենց բոլոր սրտովը ու բոլոր հոգիովը սիրել զԱստուած։

Աստուած կ'ուզէ որ Իր զաւակները սուրբ եւ կատարեալ ըլլան։ Ծննդոց 17.1-ի մէջ, Աստուած Աբրահամի «կատարեալ եղիր» ըսաւ, եւ Ղեւտացւոց 19.2-ի մէջ, Աստուած հրամայեց Իսրայէլի ժողովուրդին ըսելով'«սուրբ եղէք»։

Յովհաննու 10.35-ի մէջ կ'ըսէ. *«Եթէ աստուածներ կ'անուանէ զանոնք, որոնց Աստուծոյ խօսքը տրուեցաւ, (ու կարելի չէ որ այն գրուածը աւրուի,)»* եւ Բ. Պետրոս 1.4-ի մէջ կ'ըսէ. *«Որոնցմով ամենամեծ ու պատուական խոստումներ տրուած են մեզի, որպէս զի անոնցմով աստուածային բնութեանը հաղորդակցինք' աշխարհի ցանկութենէն յառաջ եկած ապականութենէն փախչելով»։*

Հին Կտակարանի ժամանակներուն, անոնք կը փրկուէին Օրէնքը պահելու գործունէութիւններով. մինչ Նոր Կտակարանի ժամանակներուն մէջ մենք կրնանք փրկուիլ հաւատքով՝ Յիսուս Քրիստոսի մէջ, որ Օրէնքը ամբողջացուց եւ զայն գործադրեց սիրոյ հոգիով։

Հին Կտակարանի ժամանակներուն, կարելի էր գործերու միջոցաւ փրկուիլ։ Երբ մարդիկ մեղսալից ցանկութիւններ ունենային՝ սպաննելու, ատելու, շնութիւն գործելու եւ ստելու, եւ սակայն եթէ այդ ցանկութիւնները գործով կիրարկած չըլլային՝ անոնք կրնային փրկուիլ։ Հին Կտակարանի ժամանակներուն Սուրբ Հոգին չէր բնակեր իրենց մէջ, եւ իրենք չէին կրնար իրենց անձնական ուժով ձերբազատուիլ այդ մեղսալից ցանկութիւններէն։ Ուստի երբ դուրսէ դուրս արտաքին արարքներով չգործէին այդ մեղքերը, անոնք մեղաւորներ չէին նկատուեր։

Ամէն պարագայի, Նոր Կտակարանի մեր այս ժամանակներուն, մենք կրնանք հասնիլ փրկութեան միայն այն ատեն՝ երբ մեր սրտերը կը թլփատենք՝ հաւատքով։ Սուրբ Հոգին մեզի թոյլ կու տայ գիտնալու մեղքի, արդարութեան, եւ դատաստանի մասին, եւ կ՚օգնէ մեզի որ Աստուծոյ խօսքով ապրինք, որպէսզի կարենանք ձերբազատուիլ սուտերէն եւ մեղսալից բնութիւններէն, եւ որպէսզի կարենանք մեր սրտերը թլփատել։

Յիսուս Քրիստոսի մէջ հաւատքով փրկութիւնը կը տրուի ոչ միայն երբ մէկը պարզապէս գիտէ եւ կը հաւատայ թէ Յիսուս Քրիստոս Փրկիչն է։ Երբ մենք կը ձերբազատուինք մեր սրտին մէջի չարութիւններէն, որովհետեւ կը սիրենք զԱստուած, եւ երբ մենք հաւատքով կը քալենք ճշմարտութեան մէջ, միայն այն ատեն է որ Աստուած ճշմարիտ հաւատք պիտի սեպէ զանիկա, եւ մեզ պիտի առաջնորդէ ոչ միայն կատարեալ փրկութեան, այլ նաեւ հիանալի պատասխաններու եւ օրհնութեան ուղիին մէջ:

Ի՞նչպէս Հաճեցնել զԱստուած

Բնական է որ Աստուծոյ զաւակ մը պէտք չէ մեղանչէ գործերով: Նաեւ, Աստուծոյ զաւակի մը համար բնական է ձերբազատուիլ սուտ եւ սխալ բաներէն ու սրտին մեղսալից ցանկութիւններէն, եւ նմանիլ Աստուծոյ սրբութեան: Եթէ դուն գործով չես մեղանչեր, բայց եթէ մեղսալից փափաքներ կը սնուցանես քու մէջդ, բան մը՝ որ Աստուած չուզեր որ ընես, այն ատեն դուն չես կրնար արդար սեպուիլ Աստուծոյ կողմէ:

Այդ է պատճառը թէ ինչու Մատթէոս 5.27-28-ի մէջ գրուած է. *«Լսեր էք որ ըսուեցաւ, ‘Շնութիւն մի ըներ’, բայց Ես ձեզի կ՚ըսեմ. “Ով որ կին մարդու կը նայի անոր ցանկալու համար, ալ անիկա իր սրտին մէջ շնութիւն ըրաւ անոր հետ”»:*

Եւ Ա. Յովհաննու 3.15-ին մէջ ըսուած է. *«Ամէն ով որ իր եղբայրը կ՚ատէ՝ մարդասպան է: Գիտէք թէ ամէն մարդասպան իր մէջ յաւիտենական կեանք չունի»:* Այս համարը մեզ կը մղէ որ մեր սրտէն դուրս հանենք ատելութիւնը:

Արդեօք դուն ի՞նչպէս պէտք է վարուիս քու թշնամիներուդ հանդէպ՝ որոնք կ'ատեն քեզ, համաձայն՝ Աստուծոյ հաճելի կամքին:

Հին Կտակարանի Օրէնքը մեզի կ'ըսէ. «Աչքի տեղ՝ աչք, [եւ] ակռայի տեղ՝ ակռայ»: Այլ խօսքով, Օրէնքը կ'ըսէ. *«Ինչպէս անիկա մարդու մը խեղութիւն պատճառեր է, նոյնպէս պէտք է ըլլայ իրեն»* (Ղեւտացւոց 24.20): Այս Օրէնքը տրուած էր որպէսզի արգիլէ մէկուն՝ ուրիշի մը վիրաւորելէ կամ անոր վնաս պատճառելէ՝ խիստ կանոններով: Պատճառը այն է՝ որովհետեւ Աստուած գիտէ թէ մարդ արարածը, իր չարութեամբ, պիտի փորձէ փոխարինել եւ իր վրէժը լուծել դիմացինէն՝ շատ աւելի մեծ վնաս պատճառելով անոր քան այն ինչ որ անիկա իրեն ըրեր էր:

Դաւիթ թագաւորը գովուած էր որպէս անձ մը՝ որ Աստուծոյ սրտին կը հետեւէր: Երբ Սաւուղ թագաւորը փորձեց սպաննել զինք, Դաւիթ որեւէ չարութեամբ չփոխադարձեց Սաւուղին՝ ընդդէմ այն բազմաթիւ չարութիւններուն՝ որով թագաւորը վարուած էր իրեն հետ, այլ ընդհակառակը, մինչեւ վերջին վայրկեանը, Դաւիթ բարութեամբ վարուեցաւ անոր հետ: Դաւիթ տեսաւ Օրէնքին մէջ պահուած ճշմարիտ իմաստը, եւ միայն Աստուծոյ խօսքով ապրեցաւ:

Վրէժ մի՛ առներ եւ քու ժողովուրդիդ որդիներուն դէմ ոխ մի՛ պահեր, հապա քու ընկերդ քու անձիդ պէս սիրէ՛: Ես եմ Տէրը: (Ղեւտացւոց 19.18)

Երբ քու թշնամիդ իյնայ՝ մի՛ ուրախանար ու երբ ոտքը սահի՝ քու սիրտդ թող չցնծայ (Առակաց 24.17):

Եթէ թշնամիդ անօթի է, անոր հաց կերցուր ու եթէ ծարաւ է, անոր ջուր խմցուր (Առակաց 25.21):

Լսեր էք որ ըսուեցաւ. «Քու ընկերդ սիրես ու թշնամիդ ատես»: Բայց Ես ձեզի կ'ըսեմ. «Սիրեցէք ձեր թշնամիները, օրհնեցէք ձեզ անիծողները, բարիք ըրէք անոնց որ ձեզ կ'ատեն եւ աղօթք ըրէք անոնց համար որ ձեզ կը չարչարեն ու կը հալածեն» (Մատթէոս 5.43-44):

Վերի համարներուն հիման վրայ, եթէ կը թուի թէ դուն կը պահես Օրէնքը, եւ սակայն չես ներէր անձ մը՝ որ քեզի նեղութիւն կը պատճառէ, Աստուած չհաճիր քեզմէ: Պատճառը այն է՝ որովհետեւ Աստուած մեզի ըսած է որ սիրենք մեր թշնամիները: Երբ դուն կը պահես Օրէնքը եւ զայն կը կատարես այնպիսի սրտով՝ զոր Աստուած կ'ուզէ որ ունենաս, այն ատեն կ'ենթադրուի որ դուն լման կը հնազանդիս Աստուծոյ խօսքին:

Օրէնքը՝ Աստուծոյ Սիրոյն Նշանը

Սիրոյ Աստուածը կ՚ուզէ անվերջանալի օրհնութիւններ տալ մեզի, բայց որովհետեւ Ինք արդարութեան Աստուածն է, Անիկա ուրիշ ընտրութիւն չունի՝ բացի մեզ Սատանայի յանձնելէ՝ այնքան ատեն որ մենք մեղքեր կը գործենք։ Այդ է պատճառը թէ ինչու Աստուծոյ մէջ կարգ մը հաւատացեալներ հիւանդութիւններէ կը տառապին եւ արկածներու ու աղէտներու կը հանդիպին՝ երբ անոնք Աստուծոյ խօսքով չեն ապրիր։

Աստուած, Իր սիրովը, բազմաթիւ հրահանգներ տուած է մեզի, որպէսզի մեզ պաշտպանէ այդ փորձութիւններէն եւ ցաւերէն։ Արդեօք ծնողները քանի՞ տեսակ հրահանգներ եւ ցուցմունքներ կու տան իրենց զաւակներուն, որպէսզի պաշտպանեն զանոնք հիւանդութիւններէ եւ արկածներէ։

«Ձեռքերդ լուա՛ երբ տուն վերադառնաս»։
«Ուտելէ ետք ակռաներդ վրձինէ՛»։
«Շուրջդ դիտէ՛ երբ ճամբուն միւս կողմը կ՚անցնիս»։

Նոյն ձեւով ալ, Իր սիրոյն մէջ, Աստուած մեզի ըսած է որ Իր պատուիրանքները եւ կանոնները պահենք՝ մեր բարիքին համար (Բ. Օրինաց 10.13)։ Աստուծոյ խօսքը պահելը եւ զայն գործի դնելը կը նմանի ճրագի մը՝ մեր կեանքի ճանապարհին։ Հոգ չէ թէ որքան խաւար կրնայ ըլլալ ճամբան, մենք կրնանք ապահովութեամբ քալել հասնելու համար որոշեալ վայրը՝ եթէ ճրագով քալենք այդ ճամբան: Նոյն իմաստով, երբ Աստուած մեզի հետ է, որ Ինքնին լոյսն է, այն ատեն մենք կը պաշտպանուինք եւ Աստուծոյ զաւակներ ըլլալու առանձնաշնորհումը եւ օրհնութիւնը կը վայելենք:

Աստուած ո՜րքան կը հաճի երբ Իր բոցավառ աչքերով կը պաշտպանէ Իր զաւակները, որոնք կը հնազանդին Իր խօսքին, եւ կու տայ անոնց ամէն բան, որ անոնք կը խնդրեն Իրմէ: Հետեւաբար, այդ զաւակները կրնան փոխել իրենց սրտերը, զանոնք դարձնելով մաքուր ու բարի սրտերու, եւ կրնան նմանիլ Աստուծոյ՝ այն չափով որ անոնք կը գործադրեն ու կը հնազանդին Աստուծոյ խօսքին, եւ այսպէս, անոնք կը կարողանան զգալ Աստուծոյ սիրոյն խորունկութիւնը ու աւելի եւս սիրել Զինք:

Ուրեմն, Օրէնքը, որ Աստուած մեզի տուած է, կը նմանի սիրոյ դասագիրքի մը, որ կը ծառայէ որպէս ուղեցոյց՝ լաւագոյն օրհնութիւններուն առաջնորդող, մեզի համար, որ կը գտնուինք Աստուծոյ մշակութեան տակ՝ երկրի վրայ: Աստուծոյ Օրէնքը ծանր լուծեր չբեռցնէր մեր վրայ, այլ անիկա մեզ կը պաշտպանէ այս աշխարհի մէջ ամէն տեսակի աղէտներէն, որոնց վրայ կը գերիշխեն թշնամի Բանսարկուն եւ Սատանան, եւ այդ Օրէնքը մեզ կ՚առաջնորդէ դէպի օրհնութեան ճանապարհը:

Յիսուս Օրէնքը Գործադրեց Սիրոյ Հոգիով

Բ. Օրինաց 19.19-21-ի մէջ մենք կը գտնենք որ Հին Կտակարանի ժամանակներուն, երբ մարդիկ իրենց աչքերով մեղք գործէին, պէտք էր անոնց աչքերը փորուէին: Երբ իրենց ձեռքերով կամ ոտքերով մեղանչէին, անոնց ոտքերն ու ձեռքերը կտրել կու տային: Երբ մարդ մեռցնէին եւ շնութիւն գործէին, անոնք քարկոծուելով կը մեռցուէին:

Հոգեւոր աշխարհի օրէնքը մեզի կ'ըսէ թէ մեր մեղքերուն վարձքը մահ է: Այդ պատճառով ալ Աստուած լրջօրէն պատժեց բոլոր անոնք' որոնք աններելի մեղքեր գործեցին, եւ այսպէս Աստուած ուզեց զգուշացնել շատ ուրիշ մարդոց' որպէսզի անոնք ալ նոյն մեղքերը չգործեն:

Սակայն սիրոյ Աստուածը լման չէր հաճեր այն հաւատքով' որով անոնք կը յարէին Օրէնքին, որ կ'ըսէր. «Աչքի տեղ' աչք, [եւ] ակռայի տեղ' ակռայ»: Ընդհակառակը, Հին Կտակարանին մէջ Աստուած դարձեալ ու դարձեալ կը շեշտէր որ անոնք պէտք էր իրենց սրտերը թլփատէին: Աստուած չէր ուզեր որ Իր ժողովուրդը Օրէնքին հետեւանքով ցաւեր զգար, ուստի երբ ժամանակը եկաւ, Աստուած Յիսուսը ղրկեց աշխարհ եւ արտօնեց որ Յիսուս մարդկութեան մեղքերը կրէ եւ Օրէնքը գործադրէ սիրոյ հոգիով:

Եթէ Յիսուս խաչուած չըլլար, մեր ձեռքերն ու ոտքերը պէտք էր կտրուէին' եթէ մենք մեր ձեռքերով ու ոտքերով մեղքեր գործէինք: Սակայն Յիսուս խաչը յանձն առաւ եւ Իր թանկագին արիւնը թափեց՝ արտօնելով որ Իր ձեռքերն ու ոտքերը գամուին, որպէսզի կարենայ լուալ ու մաքրել մեր բոլոր մեղքերը՝ զոր մենք մեր ձեռքերով եւ ոտքերով գործած ենք: Հիմա մեր ձեռքերն ու ոտքերը կտրելու պէտք չունինք այլեւս՝ սիրոյ Աստուծոյն այս մեծ սիրոյն պատճառաւ:

Յիսուս, որ մէկ է սիրոյ Աստուծոյն հետ միասին, իջաւ այս աշխարհը, եւ Օրէնքը գործադրեց սիրոյ հոգիով: Յիսուս օրինակելի կեանք մը ապրեցաւ, Աստուծոյ բոլոր օրէնքները ի գործ դնելով:

Հակառակ որ Յիսուս ամբողջութեամբ գործադրեց Օրէնքը, այսուհանդերձ, Յիսուս բնաւ չէր դատապարտեր այն անհատները որոնք կը ձախողէին Օրէնքը գործադրելու մէջ, ըսելով թէ՝ «Դուն չգործադրեցիր Օրէնքը, եւ ուրեմն դուն մահուան ճամբուն մէջ ես»: Դատապարտելու փոխարէն, Յիսուս գիշեր-ցորեկ ճշմարտութիւնը կը սորվեցնէր ժողովուրդին, որպէսզի գոնէ մէկ հոգի մը եւս կարենար ապաշխարել իր մեղքերէն ու հասնէր փրկութեան: Յիսուս անդադար կը գործէր ու կը բժշկէր եւ ազատ կ՚արձակէր բոլոր անոնք՝ որոնք հիւանդութիւններով, տկարութիւններով, եւ դիւահարութեամբ բռնուած էին:

Յիսուսի սէրը արտակարգ կերպով դրոշմուեցաւ երբ կին մը, շնութեան գործողութեան մէջ բռնուած, հեռացուեցաւ եւ Յիսուսի առջեւ բերուեցաւ դպիրներուն եւ Փարիսեցիներուն կողմէ: Յովհաննու Աւետարանին 8-րդ գլխուն մէջ, դպիրները եւ Փարիսեցիները Յիսուսի առջեւ բերին այդ կինը, եւ հարցուցին Իրեն, ըսելով. *«Մովսէս օրէնքին մէջ մեզի պատուիրեց այսպիսիները քարկոծել: Հիմա Դուն ի՞նչ կ'ըսես ատոր համար»* (5-րդ համար): Յետոյ, Յիսուս պատասխանեց, ըսելով. *«Ձեզմէ անմեղ եղողը' առաջին անգամ անիկա թող ձգէ ատոր վրայ»* (7-րդ համար):

Այդ հարցումը հարցնելով անոնց, Յիսուս կը մտադրէր արթնցնել զիրենք, յայտնաբերելով թէ' ո՛չ միայն այդ կինը, այլ նաեւ իրենք ալ' որ կը դատապարտէին այդ կինը իր շնութեան մեղքին համար, ու կը փորձէին ամբաստանութեան պատճառ մը գտնել Յիսուսի վրայ, բոլորն ալ նոյն մեղաւորներն էին Աստուծոյ առջեւ եւ թէ ո՛չ մէկը կրնայ համարձակիլ դատապարտելու միւսին: Երբ հոն գտնուող ժողովուրդը լսեցին այս խօսքը, անոնք յանդիմանուեցան իրենց խղճմտանքներուն մէջէն, եւ սկսան մէկիկ մէկիկ դուրս ելլել, ծերերէն սկսեալ նոյնիսկ մինչեւ յետինները: Եւ Յիսուս մինակ մնաց ու կինը մէջտեղը կայնած:

Յիսուս վեր նայելով ու կնոջմէն զատ մէկը չտեսնելով' ըսաւ անոր. *«Ո՛վ կի՛ն, ո՞ւր են անոնք, որ քու վրայովդ ամբաստանութիւն կ'ընէին. մէկը քեզ չդատապարտե՞ց»* (10-րդ համար): Կինը ըսաւ. «Ո՛չ մէկը, Տէ՛ր»: Եւ Յիսուս ըսաւ անոր. *«Ես ալ չեմ դատապարտեր քեզ. գնա՛ ու ասկէ յետոյ մեղք մի՛ գործեր»* (11-րդ համար):

Երբ այդ կինը բերուեցաւ եւ իր աններելի մեղքը յայտնաբերուեցաւ, անիկա մեծ վախով բռնուած՝ ճզմուեցաւ: Ուստի, երբ Յիսուս ներեց զինք, կրնա՞ք երեւակայել թէ անիկա ո՜րքան շատ արցունքներ թափեց՝ խորապէս զգացուած եւ շնորհակալութեամբ լեցուն... Մտաբերելով այս թողութիւնը եւ Յիսուսի սէրը, այդ կինը բնաւ պիտի չհամարձակէր նորէն օրինազանց ըլլալ, ոչ ալ կրնար այլեւս մեղք գործել: Ասիկա կարելի դարձաւ որովհետեւ ան հանդիպեցաւ Յիսուսի, որ Օրէնքը գործադրեց սիրոյ հոգիով եւ ողորմութիւնով:

Յիսուս Օրէնքը կատարելագործեց սիրոյ հոգիով եւ ողորմութիւնով ո՛չ միայն այս կնոջ համար, այլ նաեւ բոլոր մարդկութեան համար: Ան բնաւ չխնայեց Իր կեանքը եւ Իր իսկ կեանքը խաչին վրայ զոհեց մեզի՝ մեղաւորներուս համար, այնպիսի սրտով՝ զոր ծնողներ կ'ունենան, որոնք իրենց իսկ կեանքը չեն խնայեր որպէսզի կարենան իրենց խեղդուող զաւակները փրկել:

Յիսուս անպարտ եւ անարատ էր, եւ Աստուծոյ միակ ու միածին Որդին, այսուհանդերձ Անիկա մեր բոլոր անդարմանելի ցաւերը կրեց, Իր մարմնին ամբողջ արիւնը եւ ջուրը թափեց, եւ Իր կեանքը զոհեց խաչին վրայ մեզի՝ մեղաւորներուս համար: Յիսուսի խաչելութիւնը ամենէն զգայացունց վայրկեանն էր, իրագործելու ամենազերազանց սէրը՝ մարդկային բովանդակ պատմութեան մէջ ամբողջութեամբ:

Երբ Յիսուսի սիրոյն այս մեծ ուժը մեր վրայ կը հասնի, մենք զօրութիւն կը ստանանք կատարելապէս հնազանդելու Օրէնքին, եւ կը կարողանանք Օրէնքը գործադրել սիրոյ հոգիով եւ ողորմութիւնով, ճիշդ ինչպէս որ Յիսուս ըրաւ:

Եթէ Յիսուս Օրէնքը սիրով կատարած չըլլար, այլ փոխարէնը՝ եթէ այդ Օրէնքով միայն դատած ու դատապարտած ըլլար որեւէ մէկը, եւ եթէ Իր աչքերը հեռու դարձուցած ըլլար մեղաւորներէն, այն ատեն աշխարհի մէջ արդեօք քանի՞ հոգի կրնային փրկուիլ: Ինչպէս որ Աստուածաշունչին մէջ գրուած է. *«Արդար մը չկայ եւ ո՛չ մէկը»* (Հռովմայեցիս 3.10), այդ պարագային ո՛չ մէկը կրնար փրկուիլ:

Ուրեմն, Աստուծոյ զաւակները, որոնք Աստուծոյ մեծ սիրովը ներում ստացած են իրենց մեղքերուն համար, ոչ միայն պէտք է սիրեն զԱստուած, խոնարհ սրտով Իր պատուիրանքները գործադրելով, այլ նաեւ իրենց անձին պէս պէտք է սիրեն ուրիշները, եւ պէտք է ծառայեն ու ներեն անոնց:

Անոնք Որոնք Օրէնքին միջոցաւ Կը Դատեն ու Կը Դատապարտեն Ուրիշները

Յիսուս Օրէնքը գործադրեց սիրոյ հոգիով ու ողորմութիւնով, եւ դարձաւ բոլոր մարդկութեան Փրկիչը. եւ սակայն Փարիսեցիները, դպիրներն ու օրէնքի ուսուցիչները ի՞նչ ըրին։ Անոնք կը ստիպէին որ մարդիկ Օրէնքը արտաքին գործունէութիւններով կատարէին, փոխանակ իրենց սրտերը մաքրագործելու՝ ինչպէս Աստուած կը պահանջէր։ Այսուհանդերձ, անոնք կը խորհէին որ իրենք կատարելապէս կը գործադրէին Օրէնքը։ Ասկէ զատ, անոնք չէին ներեր բոլոր անոնց՝ որոնք Օրէնքը չէին գործադրեր, այլ կը դատէին ու կը դատապարտէին զիրենք։

Սակայն մեր Աստուածը բնաւ չուզեր որ մենք դատենք եւ դատապարտենք ուրիշները՝ առանց ողորմութեան եւ սիրոյ։ Ոչ ալ կ՚ուզէ որ մենք ցաւ քաշենք եւ չարչարուինք Օրէնքը գործադրելու ուղղութեամբ՝ առանց իրազեկ դառնալու Աստուծոյ սիրոյն։ Եթէ մենք գործադրենք Օրէնքը, բայց եթէ ձախողինք հասկնալու Աստուծոյ սիրտը, եւ եթէ ձախողինք այդ Օրէնքը սիրոյ հոգիով ու ողորմութիւնով գործադրելու մէջ, ասիկա ոչ մէկ օգուտ կ՚ունենայ մեզի համար։

> *Եւ եթէ մարգարէութիւն ունենամ ու հասկնամ ամէն խորհուրդները ու ամէն գիտութիւնը եւ եթէ ունենամ ամէն հաւատքը մինչեւ լեռները տեղափոխելու ու սէր չունենամ, ոչինչ եմ։ Եւ եթէ իմ բոլոր ստացուածքս աղքատներուն կերցնեմ ու իմ մարմինս այրուելու տամ եւ սէր չունենամ, օգուտ մը չեմ ունենար* (Ա. Կորնթացիս 13.2-3)։

Աստուած սէր է, եւ Անիկա կը իրձուի մեզմով ու կ՛օրհնէ մեզ՛ երբ մենք սիրով ու ողորմութիւնով կը գործենք: Յիսուսի ժամանակ Փարիսեցիները ձախողեցան իրենց սրտերուն մէջ սէր ունենալու մէջ, երբ անոնք արտաքին գործունէութիւններով կը պահէին Օրէնքը, եւ ասիկա ոչ մէկ օգուտ ունեցաւ իրենց համար: Անոնք Օրէնքի գիտութեամբ կը դատէին ու կը դատապարտէին ուրիշները, եւ ասիկա պատճառ դարձաւ որ իրենք հեռու մնան Աստուծմէ, եւ այս հետեւանքով ալ անոնք խաչեցին Աստուծոյ Որդին:

Երբ Կը Հասկնաս Աստուծոյ Ճշմարիտ Կամքը՛ որ Պահուած է Օրէնքին մէջ

Նոյնիսկ Հին Կտակարանի ժամանակներուն, կային հաւատքի մեծ նախահայրեր, որոնք հասկցեր էին Աստուծոյ ճշմարիտ կամքը, որ պահուած էր Օրէնքին մէջ: Օրէնքի հայրերը, ներառեալ՛ Աբրահամ, Յովսէփ, Մովսէս, Դաւիթ, եւ Եղիա, ո՛չ միայն Օրէնքը գործադրեցին, այլ նաեւ անոնք փորձեցին իրենց լաւագոյնը ընել դառնալու համար Աստուծոյ ճշմարիտ զաւակները, ժրաջանութեամբ իրենց սրտերը թլփատելով:

Ամէն պարագայի, երբ Յիսուս Աստուծոյ կողմէ դրկուեցաւ որպէս Մեսիան, որպէսզի Հրեաներուն ճանչցնել տայ Աբրահամի, Իսահակի, եւ Յակոբի Աստուծոյն, անոնք չկարողացան անդրադառնալ ու ճանչնալ Զինք: Պատճառը այն էր՛ որովհետեւ անոնք կուրցած էին ծերերու աւանդութիւններու կառոյցներով, եւ Օրէնքը պահելու արտաքին գործերով:

Վկայելու համար որ Ինքը Աստուծոյ Որդին է, Յիսուս հիանալի հրաշքներ գործեց եւ սքանչելի նշաններ ցոյց տուաւ, զոր միայն Աստուծոյ ուժով կարելի էր կատարել: Այսուհանդերձ, անոնք չկրցան ճանչնալ Յիսուսը, ոչ ալ կրցան ընդունիլ Զինք որպէս Մեսիան:

Սակայն տարբեր էր պարագան այն Հրեաներուն՝ որոնք բարի սրտեր ունէին: Երբ լսեցին Յիսուսի պատգամները, անոնք հաւատացին Իրեն եւ երբ տեսան այդ հրաշալի նշանները, զոր Յիսուս կը կատարէր, անոնք հաւատացին որ Աստուած Իրեն հետ էր: Յովհաննու Աւետարանին 3-րդ գլխուն մէջ, Փարիսեցի մը՝ «Նիկոդէմոս» անունով, գիշերով Յիսուսի քով եկաւ եւ հետեւեալը ըսաւ Անոր.

> *Ռա՛բբի, գիտենք թէ Դուն Աստուծմէ վարդապետ եկած ես, վասն զի մէկը չի կրնար ընել այն հրաշքները, որոնք դուն կ՚ընես, եթէ Աստուած իրեն հետ չըլլայ* (Յովհաննու 3.2):

Միրոյ Աստուածը Կը Սպասէ Իսրայէլի Վերադարձը

Ուրեմն ինչո՞ւ համար Հրեաներուն մեծ մասը կը ձախողին ճանչնալու Յիսուսը, որ աշխարհ եկաւ որպէս

Փրկիչը: Անոնք Օրէնքի կառոյցներ շինած էին իրենց անձնական խորհուրդներուն մէջ, հաւատալով որ իրենք կը սիրէին ու կը ծառայէին Աստուծոյ, եւ չէին յօժարեր ընդունելու այն բաները՝ որոնք կը տարբերէին իրենց հիմնական կառոյցներէն:

Մինչեւ Տէր Յիսուսի հանդիպիլը, Պօղոս հաստատ կերպով կը հաւատար թէ, Օրէնքը եւ ծերերուն աւանդութիւնները կատարեալ կերպով գործադրելը կը նշանակէր՝ սիրել զԱստուած եւ ծառայել Անոր: Այդ էր պատճառը թէ ինչու Պօղոս չընդունեց Յիսուսը որպէս Փրկիչ, այլ ընդհակառակը՝ հալածեց Զինք եւ բոլոր Իրեն հաւատացողները: Սակայն երբ Պօղոս Դամասկոսի ճամբուն վրայ հանդիպեցաւ յարուցեալ Տէր Յիսուսին, իր մտքի կառոյցը ամբողջովին կտոր-կտոր ըլլալով փշրուեցաւ, եւ Պօղոս դարձաւ Իր Տէրոջը՝ Յիսուս Քրիստոսի առաքեալներէն մէկը: Այդ վայրկեանէն սկսեալ, Պօղոս պատրաստ էր նոյնիսկ իր կեանքը տալու Տէրոջը համար:

Օրէնքը պահելու այս փափաքը՝ Հրեաներուն ամենէն խորունկ էութիւնն է, եւ Աստուծոյ ընտրեալ՝ Իսրայէլին զօրաւոր կէտը: Ուրեմն, անմիջապէս որ սկսին անդրադառնալ Աստուծոյ ճշմարիտ կամքին՝ որ պահուած է Օրէնքին մէջ, անոնք պիտի կարողանան շատ աւելի սիրել զԱստուած՝ ուրիշ որեւէ ժողովուրդէ կամ ցեղէ աւելի, եւ իրենց ամբողջ կեանքով հաւատարիմ պիտի մնան Աստուծոյ:

Երբ Իսրայէլի ժողովուրդը Եգիպտոսէն դուրս առաջնորդեց, Աստուած Մովսէսի միջոցաւ անոնց տուաւ բոլոր օրէնքները եւ պատուիրանքները, եւ անոնց ըսաւ թէ Ինք իսկապէս ինչ կը պահանջէր իրենցմէ: Աստուած անոնց խոստացաւ որ եթէ սիրեն զԱստուած, եթէ իրենց սրտերը թլփատեն եւ Իր կամքին համաձայն ապրին, այն ատեն Աստուած իրենց հետ պիտի ըլլար եւ սքանչելի օրհնութիւններ պիտի տար իրենց:

Եւ դուն քու Տէր Աստուծոյդ դառնաս եւ բոլոր սրտովդ ու բոլոր հոգիովդ Անոր խօսքին հնազանդիս, թէ՛ դուն, եւ թէ՛ քու որդիներդ, ինչպէս ես այսօր քեզի յայտնեցի, քու Տէր Աստուածդ ալ քեզ գերութենէ դարձնելով պիտի ողորմի քեզի ու նորէն պիտի հաւաքէ քեզ այն բոլոր ազգերէն, որոնց մէջ քու Տէր Աստուածդ քեզ ցրուեր էր: Եթէ մինչեւ երկնքին ծայրը քշուած ալ ըլլաս, քու Տէր Աստուածդ քեզ անկէ պիտի հաւաքէ ու անկէ պիտի առնէ քեզ: Եւ քու Տէր Աստուածդ քու հայրերուդ ժառանգած երկիրը պիտի դարձնէ քեզ ու զանիկա պիտի ժառանգես եւ քեզի յաջողութիւն տալով քու հայրերէդ աւելի պիտի շատցնէ քեզ: Քու Տէր Աստուածդ քու սիրտդ եւ քու որդիներուդ սիրտը պիտի թլփատէ, որպէս զի քու Տէր Աստուածդ բոլոր սրտովդ ու բոլոր հոգիովդ սիրես, որպէս զի ապրիս: Քու Տէր Աստուածդ այն բոլոր անէծքները քու թշնամիներուդ վրայ, քեզ ատողներուն ու հալածողներուն վրայ պիտի դարձնէ: Եթէ դուն դառնաս ու Տէրոջը խօսքին հնազանդիս ու կատարես Անոր բոլոր պատուիրանքները, որոնք ես այսօր քեզի կը յայտնեմ (Բ. Օրինաց 30.2-8):

Ինչպէս որ Իր ընտրած ժողովուրդին՝ Իսրայէլին խոստացաւ այս համարներուն մէջ, այդպէս ալ Աստուած հաւաքեց Իր ժողովուրդը, որոնք տարածուած էին ամբողջ աշխարհի վրայով, եւ թոյլ տուաւ որ անոնք դարձեալ տիրանան իրենց երկրին՝ երկու հազար տարիներ ետքը, եւ զանոնք աշխարհի բոլոր ազգերէն աւելի բարձր դասեց: Այսուհանդերձ, տակաւին Իսրայէլ կը ձախողի ճանչնալու Աստուծոյ մեծ սէրը՝ Յիսուսի խաչելութեան ընդմէջէն, եւ կը ձախողի ճանչնալու Աստուծոյ սքանչելի նախասահմանութիւնը՝ մարդկութիւնը ստեղծելու եւ զանոնք մշակելու մէջ: Փոխարէնը, Իսրայէլ տակաւին կը հետեւի Օրէնքը եւ ծերերուն աւանդութիւնները պահպանելու արտաքին ձեւերուն եւ գործունէութիւններուն:

Սիրոյ Աստուածը մեծ նախանձախնդրութեամբ կը տենչայ եւ կը սպասէ որ անոնք լքեն իրենց անձնական խարդախ համոզումները, որ կարելի եղածին չափ շուտ փոխուին ու դառնան ճշմարիտ զաւակներ: Ամէն բանէ առաջ, անոնք պէտք է իրենց սրտերը բանան եւ ընդունին Յիսուսը, որ Աստուծոյ կողմէ ղրկուած էր որպէս բոլոր մարդկութեան Փրկիչը, եւ ընդունին իրենց մեղքերուն թողութիւնը: Յետոյ, անոնք պէտք է անդրադառնան Աստուծոյ ճշմարիտ կամքին, որ տրուած է Օրէնքին միջոցաւ, եւ պէտք է տիրանան ճշմարիտ հաւատքի՝ ժրաջանօրէն հնազանդելով Աստուծոյ խօսքին՝ իրենց սրտերուն թլփատուելովը, որպէսզի կարենան հասնիլ կատարեալ փրկութեան:

Ես ջերմեռանդութեամբ կ՚աղօթեմ որ Իսրայէլ վերահաստատէ Աստուծոյ կորսուած պատկերը՝ այն հաւատքով՝ որը հաճելի է Աստուծոյ, եւ դառնան Աստուծոյ ճշմարիտ զաւակները, որպէսզի կարենան վայելել բոլոր այն օրհնութիւնները՝ զոր Աստուած խոստացած է, եւ բնակին յաւիտենական երկինքի փառքին մէջ:

Վէմին Գմբէթը [The Dome of the Rock], Իսլամական Մզկիթ մըն է, որ կը գտնուի Երուսաղէմի կորսուած սուրբ քաղաքին մէջ

Գլուխ 4

Դիտէ՛ եւ Լսէ՛...

Դէպի Աշխարհի Վերջին Ժամանակը

Աստուածաշունչը յստակօրէն կը բացատրէ մեզի թէ՛ մարդկային պատմութեան սկզբնաւորութիւնը եւ թէ՛ անոր վերջաւորութիւնը։ Քանի մը հազարաւոր տարիներէ իվեր մինչեւ հիմա, Աստուած մեզի Սուրբ Գիրքին միջոցաւ խօսած է մարդկային մշակումի իր պատմութեան մասին։ Երկրի վրայ պատմութիւնը սկսաւ առաջին մարդուն՝ Ադամով, եւ պիտի աւարտի Տէրոջը Երկրորդ Գալուստով՝ օդին մէջ։

Մարդկային մշակումի պատմութեան Աստուծոյ ժամացոյցին վրայ արդեօք ժամը քանի՞ է հիմա, եւ տակաւին քանի՞ օրեր եւ քանի՞ ժամեր կը մնան մինչեւ որ այդ ժամացոյցը հնչէ մարդկային մշակումի վերջին վայրկեանները։ Հիմա թոյլ տուէք որ խորանանք թէ սիրոյ Աստուածը ի՞նչպէս ծրագրած եւ սահմանած է իր կամքը, որպէսզի Իսրայէլի ժողովուրդը առաջնորդէ դէպի փրկութեան ճամբան։

Աստուածաշունչի Մարգարէութիւններուն Իրականացումը՝ Մարդկային Պատմութեան Ընթացքին

Սուրբ Գիրքին մէջ կան բազմաթիւ մարգարէութիւններ, եւ անոնք բոլորն ալ Ամենակարող Աստուծոյ՝ Ստեղծիչին խօսքերն են։ Ինչպէս որ ըսուած է Եսայեայ 55.11-ի մէջ. *«Իմ բերնէս ելած խօսքն ալ այնպէս պիտի ըլլայ։ Ինծի պարապ պիտի չդառնայ, հապա Իմ կամքս պիտի կատարէ, յաջողութեամբ գործադրէ այն բանը որուն համար զանիկա ղրկեցի»։* Մինչեւ հիմա, Աստուծոյ խօսքերը ճշգրիտ կերպով իրականացած են, եւ Անոր ամէն մէկ խօսքը պիտի իրականանայ։

Իսրայէլի պատմութիւնը յստակօրէն կը հաստատէ թէ Աստուածաշունչին մագարէութիւնները ճշգրտօրէն իրականացուած են, առանց ամենաչնչին սխալի։ Իսրայէլի պատմութիւնը իրագործուած է ճիշդ Սուրբ Գիրքին մէջ արձանագրուած մարգարէութիւններուն համեմատ։ Իսրայէլի պատմութեան հետեւողական իրադարձութիւնները հետեւեալներն են. Իսրայէլի 400 տարուայ գերութիւնը Եգիպտոսի եւ Ելիցի մէջ, անոնց մուտքը՝ կաթ ու մեղր բխող Քանանու երկիրը, անոնց թագաւորութեան երկուքի բաժնուիլը – Իսրայէլ եւ Յուդա, եւ անոնց կործանումը, Բաբելոնեան Գերութիւնը, Իսրայէլի տուն վերադարձը, Մեսիային ծնունդը, Մեսիային խաչելութիւնը, Իսրայէլի կործանումը եւ անոնց տարածուիլը՝ բոլոր ազգերուն մէջ, եւ Իսրայէլի վերահաստատումը որպէս ազգ ու իր անկախութիւնը:

Մարդկային պատմութիւնը կը գտնուի Ամենակարող Աստուծոյ հսկողութեան տակ, եւ ամէն անգամ որ Աստուած կարեւոր բան մը իրագործէ, Անիկա նախապէս կը յայտնէ Իր ծառաներուն՝ թէ ինչ պիտի պատահի (Ամովսայ 3.7): Աստուած նախապէս յայտնեց Նոյին, (մարդ մը՝ որ իր ժամանակին արդար եւ անմեղադրելի մէկն էր), որ Մեծ Ջրհեղեղը տեղի պիտի ունենայ, եւ պիտի կործանէ ամբողջ երկիրը: Աստուած նախապէս յայտնեց Աբրահամին՝ որ Սոդոմ ու Գոմոր քաղաքները պիտի կործանին եւ արտօնեց որ Դանիէլ մարգարէն եւ Յովհաննէս առաքեալը գիտնան թէ ինչ պիտի պատահի աշխարհի վերջին ժամանակին:

Սուրբ Գիրքին մէջ յիշուած մարգարէութիւններուն մեծ մասը ճշգրիտ կերպով իրագործուած են, իսկ այն մարգարէութիւնները որոնք տակաւին պիտի իրագործուին՝ ասոնք են. Տէրոջը Երկրորդ Գալուստը, եւ կարգ մը ուրիշ բաներ՝ որոնք տեղի պիտի ունենան Իր գալուստէն առաջ:

Վերջին Ժամանակի Նշանները

Այսօր, հոգ չէ թէ որքան լրջութեամբ կը բացատրենք թէ հիմա վերջին ժամանակն է, շատ մարդիկ չեն ուզեր հաւատալ անոր: Փոխանակ ընդունելու այդ իրողութիւնը, անոնք կը խորհին որ վերջին ժամանակին մասին խօսողները այլանդակ են, եւ կը փորձեն խուսափիլ անոնց մտիկ ընելէ: Անոնք կը խորհին որ արեւը պիտի ծագի եւ մարը պիտի մտնէ, մարդիկ պիտի ծնին ու մեռնին, եւ քաղաքակրթութիւնը այսպէս պիտի շարունակուի՝ ճիշդ ինչպէս որ միշտ եղած է անցեալին:

Վերջին ժամանակներուն մասին Սուրբ Գիրքը հետեւեալը կ'արձանագրէ. *«Բայց նախ ասիկա գիտցէք, թէ վերջին օրերը ծաղր ընողներ պիտի գան, որոնք իրենց ցանկութիւններուն համեմատ պիտի քալեն եւ պիտի ըսեն. 'Ո՞ւր է Անոր գալուն խոստումը, վասն զի թէեւ մեր հայրերը քնացան, բայց դեռ ամէն բան այնպէս կը մնայ, ինչպէս արարածներուն սկիզբն էր'»* (Բ. Պետրոս 3.3-4):

Երբ մարդ մը կը ծնի, իրեն համար մեռնելու ժամանակ մըն ալ կայ: Նոյն ձեւով, ճիշդ ինչպէս որ մարդկային պատմութիւնը սկիզբ մը ունէր, անիկա նաեւ վերջ մըն ալ ունի: Երբ Աստուծոյ կողմէ սահմանուած ժամանակը գայ, այս աշխարհին մէջ բոլոր բաները պիտի վերջանան:

Այն ժամանակ Միքայէլ մեծ իշխանը պիտի ելլէ, որ քու ժողովուրդիդ որդիներուն վրայ կենայ ու այնպիսի նեղութեան ժամանակ պիտի ըլլայ, որուն նմանը ազգ ըլլալէն մինչեւ այդ ատեն եղած չէ եւ այն ժամանակ քու ժողովուրդդ պիտի ազատի, այսինքն ով որ այս գրքին մէջ գրուած գտնուի: Երկրի հողին մէջ քնացողներուն շատերը պիտի արթննան, ոմանք յաւիտենական կեանքի համար, ոմանք ալ նախատինքի ու յաւիտենական անարգանքի համար: Եւ իմաստունները երկնքի հաստատութեանը լոյսին պէս ու անոնք որ շատերը արդարութեան կ'առաջնորդեն' աստղերու պէս պիտի փայլին յաւիտեանս յաւիտենից: Դո՛ւն, ո՛վ Դանիէլ, այս խօսքերը գոցէ ու գիրքը կնքէ մինչեւ վերջին ժամանակը: Շատերը ուշադրութեամբ պիտի կարդան [հոս հոն պիտի պտըտին] ու գիտութիւնը պիտի շատնայ (Դանիէլ 12.1-4):

Դանիէլ մարգարէին միջոցաւ, Աստուած մարգարէացաւ այն' ինչ որ պիտի պատահի դարերու վերջաւորութեան: Ոմանք կ'ըսեն թէ Դանիէլի միջոցաւ տրուած մարգարէութիւնները արդէն իրականացած են անցեալի պատմութեան մէջ: Սակայն վերը յիշուած մարգարէութիւնը ամբողջութեամբ պիտի իրագործուի մարդկային պատմութեան վերջին վայրկեանին, քանի որ անիկա բոլորովին ներդաշնակ է աշխարհի վերջին օրերու նշաններուն հետ, որոնք գրուած են Նոր Կտակարանին մէջ:

Դանիէլի այս մարգարէութիւնը կապ ունի Տէր Յիսուսի Երկրորդ Գալստեան հետ: Առաջին համարը որ կ'ըսէ. *«այնպիսի նեղութեան ժամանակ պիտի ըլլայ, որուն նմանը ազգ ըլլալէն մինչեւ այդ ատեն եղած չէ եւ այն ժամանակ քու ժողովուրդդ պիտի ազատի, այսինքն ով որ այս գրքին մէջ գրուած գտնուի»,* մեզի կը բացատրէ Եօթը-տարուայ Մեծ Նեղութեան մասին, որ տեղի պիտի ունենայ աշխարհի վերջին ժամանակին. նաեւ, այդ համարը կը բացատրէ հասկաքաղի փրկութեան մասին:

Չորրորդ համարին երկրորդ մասը, որ կ'ըսէ. *«Շատերը ուշադրութեամբ պիտի կարդան [հոս հոն պիտի պտըտին], եւ գիտութիւնը պիտի շատնայ»,* կը բացատրէ մարդոց ապրած առօրեայ կեանքը այսօր: Հետեւաբար, Դանիէլի այս մարգարէութիւնները ոչ թէ Իսրայէլի կործանումը կը յիշատակեն, որ տեղի ունեցաւ Քրիստոսէ ետք 70 թուականին, այլ անոնք կ'ակնարկեն վերջին ժամանակի նշաններուն:

Յիսուս Իր աշակերտներուն մանրամասնութեամբ խօսեցաւ վերջին ժամանակի նշաններուն մասին: Մատթէոս 24-րդ գլխուն 6-7, 11-12 համարներուն մէջ, Յիսուս ըսաւ. *«Պիտի լսէք պատերազմներ ու պատերազմներու լուրեր: Վասն զի ազգ ազգի վրայ պիտի ելլէ ու թագաւորութիւն թագաւորութեան վրայ եւ տեղ տեղ սովեր ու մահտարաժամներ ու երկրաշարժեր պիտի ըլլան: Շատ սուտ մարգարէներ պիտի ելլեն եւ շատերը պիտի մոլորեցնեն: Անօրէնութեան շատնալուն համար շատերուն սէրը պիտի պաղի»:*

Այսօր ի՞նչ բանի կը նմանի աշխարհի վիճակը: Մենք կը լսենք պատերազմներ ու պատերազմներու լուրեր, եւ ահաբեկչութիւնը օրէ օր երթալով կ'աւելնայ: Ազգեր իրարու դէմ կը պատերազմին եւ թագաւորութիւններ իրար դէմ կ՚ելլեն: Սովերն ու երկրաշարժները կը շատնան: Տեղի կ՚ունենան անհամար թիւով այլազան եւ տարբեր տեսակի բնական աղէտներ, նաեւ աղէտներ՝ կլիմայական տարօրինակ ու անսովոր պայմաններու պատճառաւ: Աւելին, անօրէնութիւնը երթալով կը տիրապետէ բոլոր աշխարհի շուրջ ծայրէ ծայր, մեղքերը եւ չարութիւնները վայրագօրէն կը տարածուին աշխարհի վրայ ամբողջութեամբ, եւ մարդոց սէրը երթալով կը պաղի:

Նոյնը գրուած է Տիոթէոսի Երկրորդ Նամակին մէջ:

Գիտցիր թէ վերջին օրերը չար ժամանակներ պիտի գան. վասն զի մարդիկ պիտի ըլլան անձնասէր, արծաթասէր, ամբարտաւան, հպարտ, հայհոյիչ, ծնողներու անհնազանդ, ապերախտ, անսուրբ, անգութ, անհաշտ, բանսարկու, անժուժկալ, դաժանաբարոյ, բարին չսիրող, մատնիչ, յանդուգն, գոռոզ, աւելի հեշտասէր քան թէ աստուածասէր. որոնք աստուածպաշտութեան կերպարանքը ունին, բայց անոր զօրութիւնը ուրացած են եւ դուն անոնցմէ մէկդի՛ կեցիր (Բ. Տիմոթէոս 3.1-5):

Այսօր մարդիկ բարի բաներ չեն սիրեր, այլ կը սիրեն դրամը եւ հաճոյքը: Անոնք իրենց անձնական շահերը կը փնտռեն, եւ առանց վարանումի ու անխղճութեամբ ահռելի մեղքեր ու չարութիւններ կը գործեն, ներառեալ՝ սպանութիւն եւ իրձիգութիւն: Այս բաները չափէն աւելի շատ կը պատահին, նաեւ ասոնց նման շատ ուրիշ բաներ կը շարունակուին տեղի ունենալ մեր շուրջը, այնպէս որ մարդոց սրտերը երթալով աւելի եւս անզգայ կը դառնան այն աստիճան՝ որ մարդոց մեծ մասին այլեւս ոչ մէկ բան կը զարմացնէ: Այս բոլոր բաները տեսնելով, մենք չենք կրնար ուրանալ թէ մարդկային պատմութեան ընթացքը իրապէս կ'ընթանայ դէպի ժամանակի վերջաւորութիւնը:

Նոյնիսկ Իսրայէլի պատմութիւնը մեզի կ'ակնարկէ Տէրոջը Երկրորդ Գալուստի նշաններուն եւ աշխարհի վերջին ժամանակին մասին:

Մատթէոս 24-րդ գլխուն 32-33 համարները կ'ըսեն. *«Թզենիէն առակ մը սորվեցէք. որ երբ անոր ոստերը կակուղնան ու տերեւները ցցուին, կը հասկնաք թէ ամառը մօտ է: Նոյնպէս դուք երբ այս ամէն բաները տեսնէք, գիտցէք թէ մօտ է դռներուն քով»:*

Հոս, «թզենին» կ'ակնարկէ Իսրայէլին: Ծառը ձմեռ ատեն մեռած կը թուի, բայց երբ գարուն գայ, ան դարձեալ ծիլ կու տայ եւ անոր ճիւղերը կը սկսին աճիլ ու կանանչ տերեւներ տալ: Նմանապէս, Իսրայէլի կործանումէն իվեր, որ տեղի ունեցաւ Քրիստոսէ ետք 70 թուականին, մօտ երկու հազար տարի այնպէս կը թուէր թէ Իսրայէլ բոլորովին անհետացած էր, բայց երբ Աստուծոյ ընտրած ժամանակը հասաւ, Իսրայէլ յայտարարեց իր անկախութիւնը եւ Իսրայէլի Պետութիւնը հռչակուեցաւ Մայիս 14, 1948-ին:

Ամենէն կարեւոր բանը այն է թէ՛ Իսրայէլի անկախութիւնը կը նշանակէ որ Յիսուս Քրիստոսի Երկրորդ Գալուստը շատ մօտ է: Ուրեմն, Իսրայէլ պէտք է անդրադառնայ թէ Մեսիան՝ որուն իրենք տակաւին կը սպասեն, արդէն եկաւ այս աշխարհը մօտ 2000 տարիներ առաջ, եւ դարձաւ բոլոր մարդկութեան Փրկիչը, եւ անոնք պէտք է միտքերնին պահեն որ Յիսուս Փրկիչը շուտ կամ կանուխ նորէն պիտի գայ աշխարհ, բայց այս անգամ որպէս Դատաւոր:

Ուրեմն, Աստուածաշունչի մարգարէութիւններուն համաձայն, արդեօք ի՞նչ պիտի պատահի մեզի, որ կ՚ապրինք վերջին օրերուն մէջ,

Տէրոջը Գալուստը Օդին մէջ, եւ Յափշտակութիւնը

Մօտ 2000 տարիներ առաջ, Յիսուս խաչուեցաւ ու երրորդ օրը յարութիւն առաւ՝ կոտրելով մահուան զօրութիւնը, եւ անկէ ետք Յիսուս երկինք համբարձաւ ու շատ ժողովուրդ, որոնք հոն ներկայ էին, ականատես դարձան Յիսուսի երկինք համբառնալուն:

Ո՛վ Գալիլիացի մարդիկ, ինչո՞ւ կայներ դէպի

երկինք կը նայիք. այս Յիսուսը որ ձեզմէ երկինք համբարձաւ, այսպէս պիտի գայ՝ ինչպէս տեսաք անոր երկինք երթալը (Գործք Առաքելոց 1.11)։

Տէր Յիսուս փրկութեան դուռը բացաւ մարդկութեան՝ Իր խաչելութեամբ եւ յարութեամբ, եւ յետոյ երկինք վերցուեցաւ ու նստաւ Աստուծոյ աթոռին աջ կողմը, եւ հիմա երկնային բնակավայրեր կը պատրաստէ անոնց համար՝ որոնք փրկուած են։ Եւ երբ մարդկային պատմութիւնը աւարտի, Յիսուս դարձեալ պիտի գայ որպէսզի մեզի նորէն առնէ։ Յիսուսի Երկրորդ Գալուստին մասին լաւ ձեւով նկարագրուած է Ա. Թեսաղոնիկեցիս 4-րդ գլխուն 16-17 համարներուն մէջ։

Վասն զի Տէրը Ինք ազդարարութեան հրամանով, հրեշտակապետին ձայնովն ու Աստուծոյ փողովը երկնքէն պիտի իջնէ եւ Քրիստոսով մեռածները առաջ յարութիւն պիտի առնեն։ Ետքը մենք ալ, որ ողջ մնացած ենք՝ անոնց հետ պիտի յափշտակուինք ամպերով Տէրոջը առջեւ ելլելու՝ օդին մէջ եւ այնպէս յաւիտեան Տէրոջը հետ պիտի ըլլանք։

Ո՜րքան պանծալի եւ վեհաշուք տեսարան մը պիտի ըլլայ երբ Տէրը փառքի ամպերով վար իջնէ՝ օդին մէջ, անհամար թիւով հրեշտակներու եւ երկնային զօրքի ընկերակցութեամբ։ Անոնք որոնք փրկուած են՝

անեղծանելի հոգեւոր մարմիններ պիտի հագնին ու Տէրոջը պիտի հանդիպին՝ օդին մէջ, եւ յետոյ պիտի տօնեն Եօթը-տարուայ Հարսանեկան Խնճոյքը, մեր յաւիտենական Փեսային՝ Տէր Յիսուսի հետ միասին:

Անոնք որոնք փրկուած են՝ պիտի բարձրացուին վեր՝ օդին մէջ, եւ հոն պիտի հանդիպին Տէրոջը. ասիկա կը կոչուի «Յափշտակութիւնը»: Օդին թագաւորութիւնը կ՚ակնարկէ երկրորդ երկինքի մէկ բաժինին, զոր Աստուած պատրաստած է Եօթը-տարուայ Հարսանեկան Խնճոյքին համար:

Աստուած հոգեւոր աշխարհը բաժնած է քանի մը տարածութիւններու միջեւ, եւ անոնցմէ մէկը՝ երկրորդ երկինքն է: Դարձեալ, երկրորդ երկինքը բաժնուած է երկու մասերու. Եդեմը, որ լոյսի աշխարհն է, եւ խաւարի աշխարհը: Լոյսի աշխարհի բաժնին մէջ կայ յատուկ տեղ մը, որ պատրաստուած է Եօթը-տարուայ Հարսանեկան Խնճոյքին համար:

Այն մարդիկը որոնք ինքզինքնին հաւատքով զարդարած են՝ հասնելու համար փրկութեան՝ այս մեղքերով ու չարութիւններով լեցուն աշխարհին մէջ, օդին մէջ վեր պիտի առնուին՝ որպէս Տէրոջը հարսերը. յետոյ անոնք պիտի հանդիպին Տէրոջը, եւ հոն եօթը տարի շարունակ պիտի վայելեն Հարսանեկան Խնճոյքը:

Խնդա՛նք եւ ուրախանա՛նք ու փա՛ռք տանք
Անոր, քանզի Գառնուկին հարսանիքը հասաւ

ու Անոր կինը ինքզինք պատրաստեց։ Եւ իրեն հագնելու համար տրուեցաւ մաքուր ու լուսափայլ բեհեզ, (քանզի այն բեհեզը սուրբերուն արդարութիւնն է.) Եւ ինծի ըսաւ. «Գրէ՛, երանելի են անոնք, որ Գառնուկին հարսանիքին ընթրիքին կանչուած են» ու ինծի ըսաւ. «Ասոնք են Աստուծոյ ճշմարիտ խօսքերը» (Յայտնութիւն 19.7-9):

Անոնք որոնք օդին մէջ վեր պիտի յափշտակուին, Տէրոջ հետ միասին Հարսանեկան Խնճոյքի ընթացքին պիտի մխիթարուին որ իրենք աշխարհին յաղթեցին հաւատքով, մինչ անոնք որոնք վեր պիտի չբարձրացուին, մեծ նեղութեան մէջ աննկարագրելի տառապանքներով պիտի չարչարուին չար ոգիներուն կողմէ, որոնք երկիր պիտի քշուին Տէրոջը Երկրորդ Գալուստին՝ օդին մէջ։

Մեծ Նեղութեան Եօթը Տարիները

Մինչ փրկուածները կը վայելեն Եօթը-տարուայ Հարսանեկան Խնճոյքը՝ օդին մէջ, եւ կ՚երազեն ուրախ ու յաւիտենական երկինքի մասին, ամենէն սաստիկ նեղութիւնը, որուն նմանը բոլոր մարդկային պատմութեան մէջ բնաւ եղած չէ, պիտի ծածկէ ամբողջ աշխարհը եւ ահռելի բաներ տեղի պիտի ունենան։

Ուրեմն ի՞նչպէս պիտի սկսի Եօթը-տարուայ Մեծ Նեղութեան շրջանը։ Որովհետեւ մեր Տէրը նորէն պիտի գայ օդին մէջ, եւ որովհետեւ ա՜յնքան մեծ թիւով ժողովուրդ յանկարծ բոլորն ալ վեր պիտի առնուին, անոնք որոնք երկրի վրայ կը մնան՝ յանկարծական վախի ու սարսափի պիտի մատնուին, եւ խուճապի մատնուելով ծայրայեղօրէն պիտի ցնցուին՝ իրենց ընտանիքին, ընկերներուն, եւ դրացիներուն յանկարծական անհետացումին պատճառաւ, եւ պիտի սկսին աղին-անդին թափառիլ՝ զանոնք փնտռելու համար:

Սակայն անոնք շուտով պիտի անդրադառնան որ Յափշտակութիւնը, որուն մասին Քրիստոնեաները կը խօսէին, իսկապէս տեղի ունեցած էր: Անոնք պիտի ահաբեկին եւ սոսկումով պիտի լեցուին, խորհելով Եօթը-տարուայ Մեծ Նեղութեան մասին, որ իրենց վրայ պիտի գայ: Անոնք ահազին մեծ մտահոգութեամբ լեցուելով եւ սոսկումի զգացումով պիտի ջախջախուին: Եւ երբ օդանաւներու, նաւերու, հանրակառքերու, ինքնաշարժներու, եւ երթեւեկութեան ուրիշ բեռնաբարձ ու փոխադրիչ մեքենաներու վարորդները վեր առնուին՝ դէպի երկինք, երթեւեկութեան բազում արկածներ տեղի պիտի ունենան եւ կրակներ պիտի բռնկին ու շէնքեր պիտի փլին, եւ յետոյ աշխարհը պիտի լեցուի խառնաշփոթութեամբ ու մեծ անկարգութիւնով:

Այս ժամանակ անձ մը պիտի յայտնուի, եւ խաղաղութիւն ու կարգապահութիւն պիտի բերէ աշխարհին: Այդ անձը Եւրոպական Միութեան կառավարիչն է: Անիկա իրարու քով պիտի բերէ քաղաքականութեան, տնտեսագիտութեան, եւ մարզական հաստատութիւններու բոլոր ուժերը, եւ միացեալ ուժով, աշխարհը կարգապահութեան մէջ պիտի պահէ եւ խաղաղութիւն ու կայունութիւն պիտի հաստատէ ընկերային շրջանակներուն մէջ: Այդ է պատճառը թէ ինչու համար այնքան շատ մարդիկ պիտի ցնծան աշխարհի բեմին վրայ անոր երեւոյթով: Շատ մարդիկ մեծ խանդավառութեամբ լաւ ընդունելութիւն ցոյց պիտի տան անոր, եւ հաւատարմութեամբ զօրավիգ պիտի կանգնին եւ աշխոյժ կերպով ու գործնականապէս պիտի օգնեն անոր:

Ա՛ն է Քրիստոսի թշնամին կամ Նեռը, որուն մասին կ՚ակնարկուի Աստուածաշունչին մէջ, որ պիտի առաջնորդէ Եօթը-տարուայ Մեծ Նեղութիւնը, եւ որ սակայն կարճ ժամանակ մը պիտի երեւնայ որպէս «խաղաղութեան պատգամաւոր մը»: Իրականութեան մէջ, Մեծ Նեղութեան Եօթը-տարուայ սկիզբի հանգրուաններուն մէջ Նեռը խաղաղութիւն եւ կարգապահութիւն պիտի բերէ ժողովուրդին: Գործիքը կամ միջոցը որ ան պիտի գործածէ համաշխարհային խաղաղութիւն ձեռք ձգելու համար՝ գազանին դրոշմն է, այսինքն՝ «666» նշանը, որ յիշուած է Աստուածաշունչին մէջ:

Ան կը ստիպէր որ բոլորը, այսինքն պզտիկներն ու մեծերը, հարուստներն ու աղքատները, ազատներն ու ծառաները, որ իրենց աջ ձեռքին վրայ կամ իրենց ճակատին վրայ դրոշմ ընդունին: Որպէս զի մէ՛կը չկրնայ գնել կամ ծախել, բայց միայն ան՚ որ ունի դրոշմը կամ գազանին անունը կամ անոր անուան թիւը: Հոս է իմաստութիւնը. ով որ միտք ունի, թող հաշուէ գազանին թիւը. քանզի անիկա մարդու մը թիւն է ու անոր թիւը վեց հարիւր վաթսունըվեց է (Յայտնութիւն Յովհաննու 13.16-18):

Ի՞նչ է Գազանին Դրոշմը

Գազանը կ'ակնարկէ համակարգիչի մը: Եւրոպական Միութիւնը (EU) իրենց կազմակերպութիւնները պիտի հաստատեն համակարգիչներ օգտագործելով: Եւրոպական Միութեան համակարգիչներուն միջոցաւ, իւրաքանչիւր անհատի պիտի տրուի ծածկագիր մը՝ անոր աջ ձեռքին կամ ճակտին վրայ: Այդ ծածկագիրը գազանին դրոշմն է: Ամէն տեսակի անձնական տեղեկութիւններ, զոր իւրաքանչիւր անհատ ունի, պիտի դրուին ծածկագիրին մէջ, եւ այդ ծածկագիրը պիտի սերմանուի անհատին մարմնին վրայ: Երբ ծածկագիրը սերմանուի մարմնին վրայ, Եւրոպական Միութեան համակարգիչը պիտի կարենայ մանրամասնութեամբ քննել, դիտել, ստուգել, եւ հսկել իւրաքանչիւր անհատ՝ ուր որ ալ ըլլայ անիկա, եւ ինչ որ ալ ընէ:

Մեր այսօրուայ արդի վարկաքարտերը եւ ինքնութեան թուղթերը պիտի փոխարինուին գազանին դրոշմով, այսինքն «666» նշանով: Յետոյ, մարդիկ կանխիկ դրամի կամ վճարագիրերու պէտք պիտի չունենան այլեւս: Անոնք այլեւս պիտի չմտահոգուին իրենց ստացուածքները կորսնցնելու մասին, եւ կամ իրենց դրամը գողցուելու մասին: Այս զօրաւոր կէտը պիտի մղէ որ գազանին «666» դրոշմը կարճ ժամանակի մէջ տարածուի ամբողջ աշխարհի մէջ, եւ առանց այս դրոշմին՝ ո՛չ մէկը պիտի կրնայ ճանչցուիլ. սակայն նաեւ առանց անոր՝ ո՛չ մէկը պիտի կարողանայ որեւէ բան մը գնել կամ ծախել:

Եօթը-տարուայ Մեծ Նեղութեան սկիզբէն արդէն մարդիկ պիտի ստանան գազանին դրոշմը, բայց սկիզբը անոնք բռնութեամբ պիտի չպարտադրուին զայն ստանալու համար: Անոնք պարզապէս միայն պիտի յանձնարարուին այդ դրոշմը ընդունելու, մինչեւ որ Եւրոպական Միութեան կազմակերպութիւնը զօրաւոր կերպով հաստատուի: Անմիջապէս որ Եօթը-տարուայ Մեծ Նեղութեան առաջին կէսը աւարտի, եւ այդ կազմակերպութիւնը սկսի կայուն դառնալ, այն ատեն Եւրոպական Միութիւնը պիտի ստիպէ որ իւրաքանչիւր անհատ այդ դրոշմը տրուի, եւ պիտի չներէ բոլոր անոնց՝ որոնք կը մերժեն ընդունիլ զայն: Այսպէս, գազանին նշանին միջոցաւ, Եւրոպական Միութիւնը պիտի կաշկանդէ մարդիկը եւ զանոնք պիտի ղեկավարէ այնպէս՝ ինչպէս ինք կ'ուզէ:

Վերջաւորութեան, այդ մարդոց մեծ մասը, որոնք երկրի վրայ պիտի մնան Եօթը-տարուայ Մեծ Նեղութեան շրջանին, պիտի արգելափակուին Նեռին հսկողութեան տակ ու պիտի ենթարկուին գազանին իշխանութեան: Որովհետեւ Նեռը պիտի կառավարուի թշնամի Սատանայէն, Եւրոպական Միութիւնը պիտի մղէ մարդիկը որ անոնք հակառակ կենան Աստուծոյ, եւ զանոնք պիտի առաջնորդէ չարութիւններու, անարդարութեան, մեղքերու, եւ կործանումի շաւիղներուն մէջ:

Ի միջի այլոց, կարգ մը մարդիկ պիտի չենթարկուին Նեռին իշխանութեան: Անոնք այն մարդիկն են՛ որոնք կը հաւատային Յիսուս Քրիստոսի, բայց ձախողած էին Տէր Յիսուսի Երկրորդ Գալստեան ժամանակ վեր՛ երկինք բարձրացուելու, որովհետեւ ճշմարիտ հաւատք չունէին:

Անոնցմէ ոմանք ատեն մը ընդունեցին Տէրը եւ Աստուծոյ շնորհքին մէջ ապրեցան, բայց յետագային կորսնցուցին այդ շնորհքը եւ վերադարձան աշխարհ: Կարգ մը ուրիշներ հրապարակաւ դաւանեցան իրենց հաւատքը՛ Քրիստոսի մէջ եւ եկեղեցի յաճախեցին, սակայն անոնք ապրեցան աշխարհային հաճոյքներու մէջ, որովհետեւ ձախողեցան տիրանալու հոգեւոր հաւատքի: Կան ուրիշներ, որոնք ճիշդ նոր ընդունած են Տէր Յիսուս Քրիստոսը, նաեւ կարգ մը Հրեաներ սթափած են իրենց հոգեւոր քունէն՛ Յափշտակութեան միջոցաւ:

Երբ ականատես դառնան Յափշտակութեան ճշմարտութեան, անոնք պիտի անդադառնան որ թէ՛ Հին Կտակարանին եւ թէ՛ Նոր Կտակարանին մէջ գրուած բոլոր խօսքերը ճշմարիտ էին ու պիտի ողբան՝ գետինը հարուածելով: Անոնք մեծ վախով պիտի բռնուին, պիտի զղջան Աստուծոյ կամքով չապրելնուն համար, եւ պիտի փորձեն ձեւ մը գտնել՝ փրկութիւն ստանալու:

Անոնց ետեւէն երրորդ հրեշտակ մըն ալ եկաւ ու մեծ ձայնով մը ըսաւ. «Ով որ գազանին ու անոր պատկերին երկրպագութիւն ընէ եւ դրոշմը իր ճակատին վրայ կամ իր ձեռքին վրայ ընդունի, անիկա Աստուծոյ սրտմտութեան գինիէն պիտի խմէ, որ անխառն լեցուած է Անոր բարկութեանը գաւաթին մէջ եւ կրակով ու ծծումբով պիտի տանջուի սուրբ հրեշտակներուն առջեւ ու Գառնուկին առջեւ: Անոնց տանջանքին ծուխը պիտի ելլէ յաւիտեանս յաւիտենից եւ ցորեկ ու գիշեր հանգստութիւն պիտի չունենան անոնք՝ որ գազանին ու անոր պատկերին երկրպագութիւն կ'ընեն եւ անոր անուանը դրոշմը կ'ընդունին»: Հոս է սուրբերուն համբերութիւնը, որոնք Աստուծոյ պատուիրանքները ու Յիսուսին հաւատքը կը պահեն (Յայտնութիւն 14.9-12):

Եթէ որեւէ մէկը ընդունի գազանին դրոշմը, անիկա կը պարտադրուի հնազանդելու Նեռին՝ որ Աստուծոյ հակառակ կը կենայ: Այդ է պատճառը թէ ինչու համար Աստուածաշունչը կը շեշտէ թէ՛ ով որ գազանին դրոշմը կը ստանայ՛ անիկա չկրնար փրկութեան հասնիլ: Մեծ Նեղութեան ընթացքին, անոնք որոնք գիտեն այս իրողութիւնը, մեծ ջանք պիտի թափեն որ չստանան գազանին դրոշմը, որպէսզի փաստեն որ իրենք հաւատք ունին:

Այն ատեն Նեռին ինքնութիւնը յստակօրէն պիտի յայտնուի: Անիկա պիտի դասակարգէ որպէս ընկերային շրջանակի անմաքուր տարրերը՛ բոլոր անոնց՛ որոնք դէմ պիտի կենան իր քաղաքականութեան եւ պիտի մերժեն ընդունիլ իր դրոշմը, եւ պիտի զտէ զանոնք ընկերութենէն՛ ընկերային շրջանակի խաղաղութիւնը խորտակելնուն համար: Եւ Նեռը անոնց պիտի ստիպէ որ ուրանան Յիսուս Քրիստոսը եւ գազանին դրոշմը ընդունին: Եթէ անոնք դիմադրեն՛ սոսկալի հալածանքներու պիտի ենթարկուին, որուն պիտի յաջորդէ իրենց նահատակութիւնը:

Նահատակութեամբ Փրկութիւն՛ Գազանին Դրոշմը Չընդունելնուն համար

Եօթը-տարուայ Մեծ Նեղութեան շրջանին գազանին դրոշմը ընդունիլը դիմադրողներուն տանջանքները աներեւակայելի կերպով սաստիկ պիտի ըլլան: Այդ տանջանքները չափազանց ճնշիչ ու ծանր պիտի ըլլան անոնց՛ կարենալ տոկալու համար, ուստի միայն շատ քիչ անձեր պիտի կարենան յաղթահարել այդ տանջանքները ու պիտի ստանան վերջին առիթը՝ իրենց փրկութեան համար: Անոնցմէ ոմանք պիտի ըսեն. «Ես Տէրոջս մէջ իմ հաւատքս չեմ լքեր: Ես տակաւին սրտանց կը հաւատամ Անոր: Տանջանքները այնքան ջախջախիչ են ինծի համար, որ ես պարզապէս միայն իմ բերնովս կ՚ուրանամ Տէրը: Աստուած պիտի հասկնայ ու պիտի փրկէ զիս», եւ այսպէս, յետոյ անոնք կը ստանան գազանին դրոշմը: Սակայն անոնց երբե՛ք փրկութիւն չկրնար տրուիլ:

Քանի մը տարիներ առաջ, մինչ կ՚աղօթէի, տեսիլքի մը մէջ Աստուած ինծի ցոյց տուաւ անոնցմէ ոմանց՝ որոնք հոս պիտի մնան Մեծ Նեղութեան շրջանին, որոնք պիտի դիմադրեն գազանին դրոշմը ընդունիլը եւ տանջանքի պիտի ենթարկուին: Իսկապէս ահռելի տեսարան մըն էր անիկա: Տանջողները անոնց մորթը կը քերթէին, անոնց մարմնին բոլոր յօդերը կտոր-կտոր կ՚ընէին, կը կտրտէին անոնց ձեռքերուն մատները, ոտնամատները, թեւերը, սրունքները, եւ եռացած ջուր կը թափէին անոնց մարիմններուն վրայ:

Երկրորդ Համաշխարհային Պատերազմին ահռելի կոտորած ու տանջանքներ տեղի ունեցան, եւ բժշկական փորձառկութիւններ կատարուեցան ողջ մարմիններու վրայ: Ամէն պարագայի, այդ տանջանքները չեն կրնար բաղդատուիլ Եօթը-տարուայ Մեծ Նեղութեան տանջանքներուն հետ: Յափշտակութենէն ետք, Նեռը, որ թշնամի Սատանային հետ մէկ է, պիտի իշխէ աշխարհի վրայ եւ գութ կամ կարեկցութիւն պիտի չունենայ որեւէ մէկուն վրայ:

Թշնամի Սատանան եւ Նեռին զօրքերը ամէն կերպերով պիտի համոզեն մարդիկը որ անոնք ուրանան Յիսուսը, որպէսզի զանոնք Դժոխք տանին: Անոնք պիտի չարչարեն հաւատացեալները, սակայն անմիջապէս պիտի չմեռցնեն զանոնք, այլ տանջանքի շատ ճարտար մեթոտներով, ամէն տեսակի վայրագ ձեւերով պիտի չարչարեն զանոնք: Ամէն տեսակի տանջանքի մեթոտներով եւ տանջանքի գործիքներու նորագոյն գիւտերով, որոնք կը գործածուին մարդիկը չարչարելու, անոնք հաւատացեալները պիտի մատնեն ծայրագոյն աստիճան ցաւ ու սարսափի: Այսուհանդերձ, այդ ահռելի տանջանքները բնաւ պիտի չդադրին:

Տանջուող մարդիկը պիտի փափաքին որ շուտով մեռնին, բայց անոնք չեն կրնար մահը ընտրել որովհետեւ Նեռը դիւրիւթեամբ պիտի չմեռցնէ զիրենք, եւ իրենք լաւ գիտեն թէ անձնասպանական մահը բնաւ չկրնար փրկութեան առաջնորդել:

Տեսիլքին մէջ, Աստուած ինծի ցոյց տուաւ որ այս մարդոց մեծ մասը չկրցան դիմանալ տանջանքի ցաւին եւ վերջաւորութեան ենթարկուեցան Նեռին: Սկիզբը, որոշ ժամանակ մը, կը թուէր թէ անոնցմէ ոմանք կը դիմանային եւ կամքի զօրութեամբ կը յաղթահարէին այդ տառապանքին, սակայն անոնք տեսան իրենց սիրելի զաւակները եւ ծնողները, որոնք նոյն կերպով կը տանջուէին, ուստի լքեցին դիմադրութիւնը, ենթարկուեցան Նեռին, եւ յետոյ ընդունեցին գազանին դրոշմը:

Այդ տանջուող ժողովուրդին միջեւ, քանի մը մարդիկ, որոնք ուղիղ եւ ճշմարտասէր սրտեր ունին, պիտի յաղթեն Նեռին տուած այդ ահռելի տանջանքներուն ու խորագէտ փորձութիւններուն, եւ նահատակներու մահով պիտի մեռնին: Ուրեմն, անոնք որոնք Մեծ Նեղութեան շրջանին նահատակուելով կը պահեն իրենց հաւատքը՝ կրնան մասնակցիլ փրկութեան թափօրին:

Գալիք Մեծ Նեղութենէն Փրկուելու Միջոցը

Երբ Երկրորդ Համաշխարհային Պատերազմը ծագեցաւ, Հրեաները, որոնք Գերմանիոյ մէջ խաղաղ կեանքեր ապրած էին, բնաւ չէին կասկածած թէ այդպիսի ահռելի կոտորած մը, այսինքն վեց միլիոն ժողովուրդի մը ջարդը կը սպասէր իրենց: Ոչ մէկը գիտէր կամ կրնար նախատեսել թէ Գերմանիան, որ խաղաղութեամբ եւ բաւականաչափ կայունութեամբ մատակարարած էր զիրենք, կրնար յանկարծ փոխուիլ եւ դառնալ չափազանց չար ուժ մը՝ շատ կարճ ժամանակաշրջանի մը մէջ:

Այդ ժամանակ, չգիտնալով թէ ինչ պիտի պատահէր,

Հրեաները անօգնական էին եւ ոչ մէկ բան կրնային ընել այդ մեծ տառապանքէն կարենալ խոյս տալու համար: Աստուած կը փափաքի որ Իր ընտրեալ ժողովուրդը կարողանան փախուստ տալ մօտիկ ապագային գալիք աղէտէն: Այդ է պատճառը որ Սուրբ Գիրքին մէջ Աստուած մանրամասնութեամբ արձանագրած է աշխարհի վերջաւորութեան մասին, եւ արտօնած է որ Աստուծոյ մարդիկը զգուշացնեն Իսրայէլը գալիք մեծ նեղութենէն, եւ արթնցնեն զանոնք իրենց հոգեւոր քունէն:

Իսրայէլի համար գիտնալու ամենակարեւոր բանը այն է՝ թէ կարելի չէ խուսափիլ Մեծ Նեղութեան այս աղէտէն, եւ, փոխանակ խուսափելու, Իսրայէլը պիտի բռնուի Մեծ Նեղութեան կեդրոնը: Ես կը մաղթեմ որ դուն անդրադառնաս թէ այս նեղութիւնը շատ շուտով պիտի պատահի եւ անիկա գողի պէս պիտի գայ քու վրադ՝ եթէ դուն պատրաստ չըլլաս: Դուն պէտք է արթննաս քու հոգեւոր քունէդ՝ եթէ կ'ուզես խուսափիլ այդ ահաւոր դժբախտութենէն:

Ճիշդ հիմա է ժամանակը որ Իսրայէլ արթննայ... Անոնք պէտք է զղջան որ չճանչցան Մեսիան, եւ պէտք է ընդունին Յիսուս Քրիստոսը որպէս բոլոր մարդկութեան Փրկիչը եւ տիրանան ճշմարիտ հաւատքի՝ զոր Աստուած կ'ուզէ որ ունենան, որպէսզի ուրախութեամբ յափշտակուին՝ երբ Տէր Յիսուս վերադառնայ օդին մէջ:

Ես քեզ կը մղեմ որ միտքդ պահես որ Նեռը քեզի պիտի երեւնայ խաղաղութեան պատգամաբերի մը նման, ճիշդ ինչպէս կարճ ժամանակ մը Իսրայէլին երեւցաւ Գերմանիան՝ Երկրորդ Համաշխարհային Պատերազմէն առաջ: Ան խաղաղութիւն եւ հանգստութիւն պիտի խոստանայ, սակայն յետոյ շատ շուտով եւ բոլորովին անակնկալ ձեւով, Նեռը պիտի դառնայ հսկայ ուժ մը, ուժ մը՝ որ այս ժամանակ երթալով կը մեծնայ, եւ անիկա տառապանք ու դժբախտութիւն պիտի բերէ՝ երեւակայութենէ վեր:

Տասը Ոտնամատները

Աստուածաշունչը ունի բազմաթիւ մարգարէական մէջբերումներ, որոնք տեղի պիտի ունենան ապագային: Մասնայատուկ կերպով, եթէ մենք նայինք այն մարգարէութիւններուն որոնք արձանագրուած են Հին Կտակարանի մեծ մարգարէներու գիրքերուն մէջ, կը տեսնենք որ անոնք մեզի ժամանակէն առաջ կը խօսին ոչ միայն Իսրայէլի ապագային մասին, այլ նաեւ աշխարհի ապագային մասին: Ի՞նչ կը խորհիս, որ ասոր պատճառն է: Աստուծոյ ընտրեալ ժողովուրդը եղած է, տակաւին է ու *պիտի մնայ* մարդկային պատմութեան կեդրոնը:

Մեծ Արձանին մասին Յիշատակուած է Դանիէլի Մարգարէութեան մէջ

Դանիէլի Գիրքը կը մարգարէանայ ոչ միայն Իսրայէլի ապագային մասին, այլ նաեւ այն մասին թէ ինչ պիտի պատահի աշխարհին՝ վերջին օրերուն մէջ՝ Իսրայէլի վերջաւորութեան համեմատ: Դանիէլի Գիրքին 2-րդ գլխուն 31-33 համարներուն մէջ, Աստուածային ներշնչումով, Դանիէլ մեկնաբանեց Նաբուգոդոնոսոր թագաւորին երազը, եւ այդ մեկնաբանութիւնը մարգարէութիւն մըն էր՝ թէ ինչ պիտի պատահի աշխարհի վերջին օրերուն:

Դո՛ւն, ո՛վ թագաւոր, կը տեսնէիր մեծ արձան մը: Այս մեծ ու խիստ պայծառ արձանը քու դիմացդ կայներ էր: Անոր երեւոյթը ահաւոր էր: Այս արձանին գլուխը՝ զուտ ոսկիէ, անոր կուրծքն ու թեւերը՝ արծաթէ, մէջքն ու ազդրերը՝ պղնձէ, սրունքները՝ երկաթէ ու ոտքերուն մէկ մասը կաւէ էր (Դանիէլ 2.31-33):

Ուրեմն, այս համարները ի՞նչ կը մարգարէանան աշխարհի վիճակին մասին՝ վերջին օրերուն մէջ:

«Այդ մեծ արձանը», որ Նաբուգոդոնոսր թագաւորը իր երազին մէջ տեսաւ, ուրիշ բան մը չէ եթէ ոչ՝ Եւրոպական Միութիւնը: Այսօր, աշխարհը կը կառաւարուի երկու ուժերու կողմէ. Ամերիկայի Միացեալ Նահանգները եւ Եւրոպական Միութիւնը: Անշուշտ, Ռուսաստանի եւ Չինաստանի ազդեցութիւնները եւս չեն կրնար անտեսուիլ: Սակայն Ամերիկայի Միացեալ Նահանգները եւ Եւրոպական Միութիւնը տակաւին պիտի ըլլան ամենէն ազդեցիկ ուժերը աշխարհի մէջ՝ տնտեսական եւ զինուորական զօրութեան ոլորտներուն մէջ:

Ներկայիս, Եւրոպական Միութիւնը կը թուի քիչ մը

տկար ըլլալ, բայց անիկա երթալով աւելի եւս պիտի ընդարձակի: Այսօր ոչ մէկը կը կասկածի այս մասին: Մինչեւ հիմա Ամերիկայի Միացեալ Նահանգները առանձնականօրէն գերիշխող ազգը եղած է աշխարհի մէջ, սակայն կամաց-կամաց Եւրոպական Միութիւնը աւելի եւս պիտի տիրապետէ քան Միացեալ Նահանգները, համայն աշխարհի վրայ ամբողջութեամբ:

Քանի մը տասնամեակներ առաջ միայն, ոչ մէկը կրնար երեւակայել թէ Եւրոպայի երկիրները կրնային միանալ կառավարական մէկ դրութեան մը մէջ: Անշուշտ, Եւրոպական երկիրները երկար ժամանակէ իվեր քննարկած են Եւրոպական Միութիւն մը ստեղծելու գաղափարը, սակայն ոչ մէկը կրնար վստահ ըլլալ որ անոնք կրնային գերազանցել ազգային ինքնութեան, լեզուի ու դրամի շրջաբերութեան արգելքները, եւ շատ ուրիշ արգելքներ, որպէսզի կարենային կազմել միացեալ մէկ մարմին:

Բայց եւ այնպէս, սկսելով աւելի ուշ 1980-ական թուականներէն, Եւրոպական երկիրներու առաջնորդները սկսան լրջօրէն քննարկել այս հարցը, պարզապէս միայն տնտեսական մտահոգութիւններու պատճառով: Պաղ Պատերազմի ժամանակաշրջանին, աշխարհի մէջ գերիշխանութիւնը պահպանող հիմնական ուժը՝ զինուորական ուժն էր, բայց երբ Պաղ Պատերազմը աւարտեցաւ, աշխարհի մէջ հիմնական ուժը զինուորական ուժէն փոխանցուեցաւ տնտեսական ուժին:

Ասոր պատրաստուելու համար, Եւրոպայի երկիրները մինչեւ հիմա կը փորձէին միանալ, հետեւաբար անոնք դարձան մէկ միասնութիւն՝ տնտեսական մէկ միութեան մը մէջ: Հիմա, միայն մէկ բան կը մնայ ընելիք եւ այդ ալ քաղաքական միացումն է, երկիրները իրարու քով բերելով՝ որպէս կառավարական մէկ դրութիւն. եւ հիմա վիճակը կը խթանէ որ այդ բանը շուտով կատարուի:

«Այս մեծ ու խիստ պայծառ արձանը քու դիմացդ կայներ էր: Անոր երեւոյթը ահաւոր էր», որուն մասին Դանիէլ 2.31-ը կը խօսի, կը մարգարէանայ Եւրոպական Միութեան մեծնալուն եւ անոր գործունէութեան մասին: Այս մարգարէութիւնը մեզի կ՚ըսէ թէ Եւրոպական Միութիւնը ո՛րքան զօրաւոր ու հզօր պիտի ըլլայ:

Եւրոպական Միութիւնը Մեծ Ուժի Պիտի Տիրանայ

Արդեօք Եւրոպական Միութիւնը ի՞նչպէս պիտի տիրանայ այդ մեծ ուժին: Ասոր պատասխանը մեզի կը տրուի Դանիէլ 2.32-էն անդին, բացատրելով թէ ի՞նչ բանէ շինուած են այդ արձանին գլուխը, կուրծքը, թեւերը, մէջքը, ազդրերը, սրունքները, եւ ոտքերը:

Ամէն բանէ առաջ, 32-րդ համարը կ՚ըսէ. *«Այս*

արձանին գլուխը՝ [շինուած էր] զուտ ոսկիէ»: Ասիկա մեզի կը մարգարէանայ թէ Եւրոպական Միութիւնը տնտեսապէս պիտի բարելաւուի եւ տնտեսկան մեծ ուժ պիտի պարտադրէ՝ հարստութիւն դիզելով: Ինչպէս որ այստեղ մարգարէացուած է, Եւրոպական Միութիւնը տնտեսական միութեան միջոցաւ պիտի օգտուի, եւ մեծ շահեր պիտի ապահովէ:

Յետոյ, միեւնոյն համարը կ՛ըսէ. «անոր կուրծքն ու թեւերը՝ [շինուած էին] արծաթէ»: Ասիկա կը խորհրդանշէ թէ Եւրոպական Միութիւնը՝ ընկերային, մշակութային եւ քաղաքական տեսակէտով միացած պիտի երեւնայ: Երբ միայն մէկ նախագահ մը ընտրուի Եւրոպական Միութիւնը ներկայացնելու համար, անիկա դուրսէ դուրս պիտի յաջողի քաղաքական միութիւն իրագործելու մէջ, եւ կատարելապէս մէկ պիտի ըլլայ՝ ընկերային եւ մշակութային տեսակէտով: Այսուհանդերձ, անկատար միութեան մը շրջապատին մէջ, իւրաքանչիւր անդամ իր անձնական տնտեսական շահերը պիտի փնտռէ:

Յետոյ, համարը կ՛ըսէ. «մէջքն ու ազդրերը՝ [շինուած էին] պղնձէ»: Այս կը խորհրդանշէ թէ Եւրոպական Միութիւնը զինուորական միութիւն պիտի իրագործէ: Եւրոպական Միութեան մէջ իւրաքանչիւր երկիր պիտի ուզէ տնտեսական ուժի տիրանալ: Զինուորական այս միութիւնը պիտի կազմուի հիմնականօրէն տնտեսկան շահ ապահովելու նպատակով, որը գերագոյն նպատակն է այդ միութեան: Որպէսզի կարելի ըլլայ մասնակցիլ տնտեսական զօրութեամբ աշխարհը կառավարելու ուժին, ուրիշ ընտրանք պիտի չըլլայ բացի միանալէ՝ ընկերային, մշակութային, քաղաքական, եւ զինուորական մարզերուն մէջ:

Վերջապէս, համարը կ՚ըսէ. «սրունքները՝ երկաթէ [շինուած էր]»: Ասիկա կ՚ակնարկէ ուրիշ հաստատ հիմի մը՝ Եւրոպական Միութիւնը զօրացնելու եւ անոր նեցուկ կանգնելու, այդ ալ կրօնական միութիւնն է: Առաջին հանգրուանին, Եւրոպական Միութիւնը Կաթողիկէութիւնը պիտի հռչակէ որպէս իր պետական կրօնքը: Կաթողիկէութիւնը զօրութիւն պիտի շահի եւ փոխադարձաբար պիտի յարմարեցնի դառնալու համար պաշտպանութեան միջոց մը՝ ամրապնդելու եւ պահպանելու Եւրոպական Միութիւնը:

Տասը Ոտնամատներուն Հոգեւոր Իմաստները

Երբ Եւրոպական Միութիւնը կը յաջողի իր տնտեսական, քաղաքական, ընկերային, մշակութային, զինուորական, եւ կրօնական ոլորտներու ազդեցութեան տակ բազմաթիւ երկիրներ միացնել, անիկա սկիզբը հպարտութեամբ պիտի ցուցադրէ իր միութիւնը եւ իր զօրութիւնը, սակայն յետոյ, այդ միացեալ երկիրները կամաց-կամաց պիտի սկսին անհամաձայնութեան եւ քայքայումի նշաններ ցոյց տալ:

Եւրոպական Միութեան առաջին հանգրուաններուն, Եւրոպական Միութեան երկիրները միասնական պիտի ըլլան որովհետեւ անոնք մենաշնորհ պիտի տան իրարու՛ փոխադարձ տնտեսական շահերու համար: Սակայն ժամանակի անցումով՛ ընկերային, մշակութային, քաղաքական, եւ գաղափարախօսական տարբերութիւններ պիտի ծագին եւ գժտութիւններ պիտի յայտնուին անոնց միջեւ: Յետոյ, բաժանումի զանազան նշաններ պիտի երեւնան: Վերջապէս, կրօնական վէճեր պիտի յայտնաբերուին. վէճեր՛ Կաթողիկէութեան եւ Բողոքականութեան միջեւ:

Դանիէլ 2.33 կ՛ըսէ. «սրունքները՛ երկաթէ ու ոտքերուն մէկ մասը կաւէ էր»: Այդ կը նշանակէ թէ տասը ոտնամատներուն մէկ մասը երկաթէ՛ իսկ միւս մասը կաւէ շինուած էր: Այդ տասը ոտնամատները չեն ակնարկեր «Եւրոպական Միութեան 10 երկիրներուն»: Անոնք կ՛ակնարկեն «Հինգ ներկայացուցիչ երկիրներուն, որոնք կը հաւատան Կաթողիկէութեան, եւ միւս հինգ ներկայացուցիչ երկիրներուն, որոնք կը հաւատան Բողոքականութեան»:

Ճիշդ ինչպէս որ երկաթը եւ կաւը չեն կրնար իրար հետ խառնուիլ եւ միանալ, նոյնպէս այն երկիրները, ուր Կաթողիկէութիւնը կը տիրապետէ եւ միւս երկիրները, ուր Բողոքականութիւնը կը տիրապետէ, չեն կրնար ամբողջութեամբ միանալ իրար հետ. այսինքն, անոնք որոնք կը տիրապետեն եւ անոնք որոնք տիրապետուած են՝ չեն կրնար խառնուիլ իրարու հետ։

Մինչ անհամաձայնութեան նշանները կը շատնան Եւրոպական Միութեան մէջ, անոնք երթալով աւելի եւս մեծ անհրաժեշտութիւն պիտի զգան երկիրները միացնելու մէկ կրօնքի մէջ, եւ Կաթողիկէութիւնը աւելի ուժ ստանալով կը զօրանայ ու կը տարածուի աւելի շատ վայրերու մէջ։

Այսպէս, տնտեսական շահերու համար՝ վերջին օրերուն մէջ պիտի կազմուի Եւրոպական Միութիւնը, եւ յետոյ անիկա հսկայական ուժով պիտի բարձրանայ։ Յետոյ, Եւրոպական Միութիւնը պիտի միացնէ իր կրօնքը՝ որպէս Կաթողիկէութիւն, եւ այն ատեն Եւրոպական Միութեան միացումը աւելի եւս զօրաւոր պիտի դառնայ, եւ վերջապէս Եւրոպական Միութիւնը յառաջ պիտի գայ որպէս կուռք մը։

Կուռքերը պաշտուելու առարկաներ են եւ անոնք պատիւ կը ստանան մարդոցմէ։ Այս իմաստով, Եւրոպական Միութիւնը մեծ ուժով պիտի առաջնորդէ համաշխարհային հոսանքը, եւ աշխարհի վրայ պիտի իշխէ հզօր կուռքի մը նման։

Երրորդ Համաշխարհային Պատերազմը եւ Եւրոպական Միութիւնը

Ինչպէս վերը յիշուեցաւ, երբ աշխարհի ժամանակի

վերջաւորութեան մեր Տէրը վերադառնայ՝ օդին մէջ, անհամար թիւով հաւատացեալներ միաժամանակ միասնաբար վեր պիտի բարձրացուին՝ օդին մէջ եւ զարհուրելի խառնաշփոթութիւն տեղի պիտի ունենայ երկրի վրայ: Մինչ այդ, Եւրոպական Միութիւնը զօրութիւն պիտի առնէ եւ կարճ ժամանակի մէջ պիտի տիրապետէ աշխարհի վրայ՝ խաղաղութիւն եւ կարգապահութիւն պահելու անունով. սակայն յետոյ, Եւրոպական Միութիւնը պիտի դիմադրէ Տէրոջը եւ առաջնորդի դեր պիտի առնէ Եօթը-տարուայ Մեծ Նեղութեան շրջանին:

Յետոյ, Եւրոպական Միութեան անդամները պիտի բաժնուին, որովհետեւ անոնք յաջորդական կերպով իրենց անձնական շահերը պիտի փնտռեն: Ասիկա պիտի պատահի Եօթը-տարուայ Մեծ Նեղութեան կէսին: Եօթը-տարուայ Մեծ Նեղութեան սկիզբը, ինչպէս որ մարգարէացուած է Դանիէլի Գիրքին 12-րդ գլխուն մէջ, պիտի պատահի Իսրայէլի պատմութեան եւ աշխարհի պատմութեան հոսանքին հետ համընթաց:

Եօթը-տարուայ Մեծ Նեղութիւնը սկսելէն ճիշդ յետոյ, Եւրոպական Միութիւնը երթալով աւելի եւս ահագին մեծ ուժ եւ զօրութիւն պիտի ստանայ: Անոնք մէկ նախագահ մը պիտի ընտրեն Միութեան: Ասիկա տեղի կ'ունենայ ճիշդ Տէրոջը Երկրորդ Գալուստի ժամանակ՝ օդին մէջ, երբ Յիսուս Քրիստոսը որպէս իրենց Փրկիչը ըլլալը հաւատացողները եւ Աստուծոյ զաւակներ դառնալու իրաւունքը ստացողները երկվայրկեանի մը մէջ կը կերպարանափոխուին ու երկինք կը բարձրացուին:

Հրեաներուն մեծ մասը՝ որոնք չեն ընդունիր Յիսուսը որպէս Փրկիչ, պիտի մնան երկրի վրայ եւ Եօթը-տարուայ Մեծ Նեղութեան մէջ պիտի տանջուին: Մեծ Նեղութեան թշուառութիւնը, վիշտը եւ սոսկումը աննկարագրելի ձեւով զարհուրելի պիտի ըլլայ: Երկիրը պիտի լեցուի ամենէն սրտաճմլիկ բաներով, ներառեալ՝ պատերազմներ, ոճիրներ, սպաննութիւններ, սովեր, հիւանդութիւններ, եւ աղէտներ, շատ աւելի ծայրայեղ՝ քան ուրիշ որեւէ բան որ պատահած է մարդկային պատմութեան մէջ:

Եօթը-տարուայ Մեծ Նեղութեան սկզբնաւորութիւնը պիտի նշանակուի Իսրայէլի մէջ՝ պատերազմով մը, որ յանկարծ պիտի պայթի Իսրայէլի եւ Միջին Արեւելքի միջեւ: Երկար ատենէ իվեր յարատեւ ծայրայեղօրէն մեծ պրկուածութիւններ գոյութիւն ունեցած են Իսրայէլի եւ Միջին Արեւելքի մնացեալ միւս ազգերուն միջեւ, եւ սահմանային վէճերը բնաւ չեն դադրած: Ապագային, այս պայքարը աւելի գէշ պիտի ըլլայ: Յանկարծ, սաստիկ պատերազմ մը պիտի բռնկի, որովհետեւ համաշխարհային ուժերը միջամուխ պիտի ըլլան քարիւղի հետ կապ ունեցող զբաղմունքներու մէջ: Անոնք իրար հետ պիտի վիճաբանին որպէսզի աւելի բարձր տիտղոս եւ առաւել եւս օգուտ ստանան միջազգային գործառնութիւններու մէջ:

Միացեալ Նահանգները, որ շատ երկար ժամանակէ իվեր աւանդական դաշնակից եղած է Իսրայէլին, նեցուկ պիտի կանգնի անոր: Եւրոպական Միութիւնը, Չինաստանը, եւ Ռուսիան, որոնք դէմ են Միացեալ Նահանգներուն, պիտի դաշնակցին Միջին Արեւելքի հետ, եւ յետոյ Երրորդ Համաշխարհային Պատերազմը պիտի ծագի երկու կողմերուն միջեւ:

Երրորդ Համաշխարհային Պատերազմը իր կշիռով բոլորովին տարբեր պիտի ըլլայ Երկրորդ Համաշխարհային Պատերազմէն: Երկրորդ Համաշխարհային Պատերազմին 50 միլիոն ժողովուրդ սպաննուեցան եւ կամ մեռան՝ պատերազմին հետեւանքով: Հիմա, արդի զէնքերու ուժը, ներառեալ կորիզային ռումբերը, քիմիական եւ բնագիտական զէնքերը, եւ շատ ուրիշ զէնքեր, չեն կրնար բաղդատուիլ Երկրորդ Համաշխարհային Պատերազմի զէնքերուն հետ, եւ անոնց գործածութեան արդիւնքները աներեւակայելի ձեւով սահմռկեցուցիչ պիտի ըլլան:

Ամէն տեսակի զէնքեր, ներառեալ՝ կորիզային ռումբեր եւ զանազան արդի զէնքեր որոնք ներկայիս հնարուած են, անխղճօրէն պիտի գործածուին, եւ աննկարագրելի կործանումներ եւ սպանդներ պիտի հետեւին անոնց: Այն երկիրները՝ որոնք պատերազմ մղած պիտի ըլլան, բոլորովին պիտի կործանին եւ պիտի աղքատանան: Այդքանով պիտի չվերջանայ պատերազմը: Կորիզային պայթումին պիտի հետեւի շողարձակումը եւ շողագործոն ապականութիւնը ու կլիմայական լուրջ փոփոխութիւն եւ աղէտներ պիտի ծածկեն ամբողջ աշխարհը: Այս հետեւանքով, բոլոր երկրագունդը, պատերազմ մղող այդ երկիրներուն հետ միասին, երկրի վրայ դժոխքի մէջ պիտի ըլլան:

Պատերազմի կէսին, անոնք պիտի դադրեցնեն կորիզային զէնքերու յարձակումները, որովհետեւ եթէ աւելի գործածուին՝ այդ կորիզային զէնքերը բոլոր մարդկութեան գոյութիւնը պիտի վտանգեն: Սակայն մնացեալ բոլոր միւս զէնքերը եւ բանակներու մեծ բազմութիւնները պիտի արագացնեն պատերազմը: Միացեալ Նահանգները, Չինաստանը, եւ Ռուսաստանը պիտի չկարենան վերականգնիլ:

Աշխարհի երկիրներուն մեծ մասը գրեթէ պիտի տապալին, բայց Եւրոպական Միութիւնը պիտի խուսափի ամենէն աւելի կործանիչ վնասէն: Անիկա պիտի խոստանայ նեցուկ կանգնիլ Չինաստանին եւ Ռուսաստանին, սակայն պատերազմի ընթացքին, Եւրոպական Միութիւնը գործօն կերպով պիտի չմասնակցի կռիւին մէջ, այնպէս որ անիկա ուրիշներու նման հսկայական կորուստ պիտի չտառապի:

Երբ բազմաթիւ համաշխարհային ուժեր, ներառեալ Միացեալ Նահանգները, ահագին մեծ քանակութեամբ կորուստ կ՚ունենան եւ կը կորսնցնեն իրենց ուժը՝ աննախընթաց պատերազմի պտուտահովին մէջ, Եւրոպական Միութիւնը պիտի դառնայ ամենահզօր միակ ազգային զինակցութիւնը, եւ պիտի իշխէ ամբողջ աշխարհի վրայ: Սկիզբը, Եւրոպական Միութիւնը պարզապէս պիտի դիտէ պատերազմի յառաջընթացը եւ երբ միւս բոլոր երկերները ամբողջութեամբ կը քանդուին՝ տնտեսապէս եւ զինուորական տեսակէտով, այն ատեն Եւրոպական Միութիւնը յառաջ պիտի գայ եւ պիտի սկսի պատերազմը լուծել: Մնացեալ երկիրները ուրիշ ընտրանք պիտի չունենան՝ բացի հետեւելէ Եւրոպական Միութեան որոշումին, որովհետեւ այդ ժամանակ անոնք իրենց բոլոր ուժը կորսնցուցած պիտի ըլլան:

Այս կէտէն սկսեալ՝ Եօթը-տարուայ Մեծ Նեղութեան երկրորդ կէսը պիտի սկսի, եւ գալիք երեք ու կէս տարիներուն համար Նեռը, որ Եւրոպական Միութեան կառավարիչն է, պիտի տիրէ բոլոր աշխարհին եւ ինքզինքը պիտի սրբացնէ: Եւ Նեռը պիտի տանջէ ու պիտի հալածէ բոլոր անոնք՝ որոնք հակառակ կը կենան իրեն:

Նեռին Իսկական Բնոյթը՝ Յայտնուած

Երրորդ Համաշխարհային Պատերազմի նախնական հանգրուաններուն, բազմաթիւ երկիրներ ահագին մեծ վնասներ կրած պիտի ըլլան պատերազմէն եւ Եւրոպական Միութիւնը պիտի խոստանայ տնտեսապէս զօրաւիգ կանգնիլ այդ երկիրներուն՝ Չինաստանի եւ Ռուսաստանի միջոցաւ: Իսրայէլ զոհուած պիտի ըլլայ՝ որպէս պատերազմին կեդրոնական ուշադրութեան առարկան, եւ այս անգամ Եւրոպական Միութիւնը պիտի խոստանայ Աստուծոյ սուրբ տաճարը շինել, զոր Իսրայէլ երկար ատենէ իվեր կը ցանկար: Եւրոպական Միութեան կողմէ այս հանդարտեցումով, Իսրայէլ պիտի երազէ այն փառքին մասին՝ զոր իրենք, շատ երկար ժամանակ առաջ, կը վայելէին Աստուծոյ օրհնութեան մէջ, խորհելով որ այդ փառքը դարձեալ պիտի կենդանանար: Այս հետեւանքով, իրենք ալ պիտի զինակցին Եւրոպական Միութեան հետ:

Իսրայէլի նեցուկ կանգնելուն համար, Եւրոպական Միութեան Նախագահը պիտի նկատուի ըլլալ Հրէաներուն փրկիչը: Միջին Արեւելքի մէջ այդ յապաղած ու տաղտկալի պատերազմը պիտի թուի թէ աւարտած է, եւ անոնք դարձեալ պիտի վերանորոգեն Սուրբ Հողը եւ հոն Աստուծոյ սուրբ տաճարը պիտի շինեն: Անոնք պիտի հաւատան որ Մեսիան եւ իրենց Թագաւորը, որուն սպասած են այդքան երկար ժամանակ, վերջապէս եկած է, եւ ամբողջութեամբ վերանորոգած է Իսրայէլը եւ փառաւորած է զիրենք:

Սակայն շուտով իրենց ակնկալութիւնը եւ ուրախութիւնը գետին պիտի իյնայ: Երբ Աստուծոյ սուրբ տաճարը վերաշինուի Երուսաղէմի մէջ, անակնկալ բան մը պիտի պատահի: Ասիկա մարգարէացուած է Դանիէլի Գիրքին միջոցաւ:

Ու եօթնեակ մը շատերուն հետ ուխտը պիտի

հաստատէ եւ եօթնեակին մէջտեղը զոհն ու պատարագը պիտի դադրեցնէ: Ու աւերողը պղծութեան տաճարին վրայ պիտի ըլլայ, մինչեւ որ աւերուածին վրայ նախասահմանեալ կորուստը թափուի (Դանիէլ 9.27):

Իր բանակներէն ոմանք պիտի երեւին եւ պղծեն տաճարը եւ բերդը ու պիտի վերցնեն մշտնջենապէս այրուող զոհը: Անոր տեղ աւեյորդ պղծութիւնը պիտի դնեն (Դանիէլ 11.31):

Ու մշտնջենապէս այրուող զոհին վերցուելուն եւ աւեյորդ պղծութեանը դրուելուն ժամանակէն՝ հազար երկու հարիւր իննսուն օր պիտի ըլլայ (Դանիէլ 12.11):

Այս երեք համարները բոլորն ալ կ՚ակնարկեն միայն մէկ դէպքի մը, որ իրար հետ հասարակաց է: Ասիկա ճիշդ այն դէպքն է որ պիտի պատահի աշխարհի վերջին ժամանակին, եւ Յիսուս ալ նոյնպէս խօսեցաւ վերջին ժամանակին մասին, հետեւեալ համարով:

Յիսուս Մատթէոս 24.15-16-ի մէջ ըսաւ. *«Ուստի երբ տեսնէք աւերմունքին պղծութիւնը՝ որ Դանիէլ մարգարէին միջոցով ըսուած է, թէ սուրբ տեղը կը կենայ (ով որ կարդայ, թող հասկնայ). այն ատեն Հրէաստանի մէջ եղողները լեռները թող փախչին»:*

Սկիզբը Հրեաները պիտի հաւատան որ Եւրոպական Միութիւնը վերանորոգած է Աստուծոյ սուրբ տաճարը Երուսաղէմի մէջ, զոր իրենք սուրբ կը համարեն, բայց երբ գարշելի պղծութիւնը սուրբ վայրին մէջ կենայ, անոնք պիտի ցնցուին եւ պիտի անդրադառնան որ իրենց հաւատքը երկար ատենէ ի վեր սխալ է եղեր: Անոնք պիտի նկատեն որ իրենց աչքերը հեռու դարձուցեր էին Յիսուս Քրիստոսէն, եւ թէ ճշմարտապէս Յիսուսն է իրենց Մեսիան ու մարդկութեան Փրկիչը:

Ճիշդ այս է պատճառը որ Իսրայէլ հիմա պէտք է արթննայ իր քունէն: Եթէ Իսրայէլ ճիշդ հիմա չարթննայ, անոնք պիտի չկարողանան յարմար ժամանակին ճանչնալու ճշմարտութիւնը ու այն ատեն շատ ուշ պիտի ըլլայ, եւ ուրեմն՝ անդառնալի:

Ուստի ես մեծ ջերմեռանդութեամբ կը մաղթեմ քեզի՝ Իսրայէլ, որ արթննաս քու հոգեւոր քունէդ, որպէսզի Նեռին փորձութիւններուն մէջ չիյնաս եւ գազանին դրոշմը չստանաս: Եթէ դուն խաբուիս Նեռին սահուն եւ շողոքորթիչ խօսքերէն, որ խաղաղութիւն եւ բարգաւաճութիւն կը խոստանայ քեզի, եւ եթէ ստանաս գազանին դրոշմը, այսինքն «666» նշանը, այն ատեն դուն պիտի ստիպուիս իյնալ անդառնալի ու յաւիտենական մահուան մէջ:

Ինչ որ աւելի եւս խղճալի է, այն իրողութիւնն է՝ թէ միայն երբ գազանին ինքնութիւնը յայտնուի, ինչպէս մարգարէացուած է Դանիէլի կողմէ, այն ատեն է որ բազմաթիւ Հրեաներ պիտի անդրադառնան որ իրենց հաւատքին կեդրոնացումը մինչեւ հիմա սխալ եղած էր: Այս գիրքին միջոցաւ, ես կը մաղթեմ որ դուն հիմա ընդունիս Մեսիան՝ որ արդէն ղրկուած էր Աստուծմէ, եւ խուսափիս Եօթը-տարուայ Մեծ Նեղութեան մէջ իյնալէ:

Ուրեմն, ինչպէս որ ես վերը քեզի ըսի, դուն պէտք է ընդունիս Յիսուս Քրիստոսը եւ պէտք է տիրանաս այն հաւատքին՝ որը հաճելի է Աստուծոյ աչքին: Անիկա միակ միջոցն է քեզի համար, որպէսզի կարողանաս խուսափիլ Եօթը-տարուած Մեծ Նեղութենէն:

Ի՜նչ խղճալի պիտի ըլլայ՝ եթէ Տէրոջը Երկրորդ Գալուստին դուն չյաջողիս երկինք վերցուիլ ու ետեւ մնաս՝ երկրի վրայ: Ամէն պարագայի, բարեբախտաբար, դուն վերջին առիթ մը եւս պիտի գտնես քու փրկութեանդ համար:

Ես մեծ նախանձախնդրութեամբ կ՚աղաչեմ քեզի որ դուն անմիջապէս ընդունիս Յիսուս Քրիստոսը, որ դուն ապրիս Քրիստոսով եղբայրներու եւ քոյրերու հետ: Սակայն նոյնիսկ հիմա տակաւին շատ ուշ չէ քեզի համար՝ Աստուածաշունչին եւ այս գիրքին միջոցաւ սորվելու թէ դուն ինչպէս պիտի կրնաս քու հաւատքդ պահել գալիք Մեծ Նեղութեան մէջ, եւ գտնես այն ուղին՝ որ Աստուած պատրաստած է քու փրկութեանդ վերջին առիթին համար, եւ ճիշդ այդ ճամբուն մէջ առաջնորդուիս:

Աստուծոյ Ստոյգ Սէրը

Աստուած ամբողջացուցած է մարդկութեան փրկութեան Իր նախասահմանութիւնը՝ Յիսուս Քրիստոսի միջոցաւ, եւ հոգ չէ թէ մէկը որ ցեղին կամ որ ազգին կը պատկանի, եթէ ան կ'ընդունի Յիսուսը որպէս իր Փրկիչը եւ Աստուծոյ կամքը կը կատարէ, այն ատեն Աստուած Իր զաւակը կը դարձնէ զայն եւ կ'արտօնէ որ անիկա յաւիտենական կեանք վայելէ:

Սակայն ի՞նչ պատահեցաւ Իսրայէլի եւ իր ժողովուրդին: Անոնցմէ շատերը չեն ընդունած Յիսուս Քրիստոսը եւ անոնք փրկութեան ճամբէն հեռու կը մնան: Ո՜րքան խղճալի է որ անոնք պիտի չյաջողին անդրադառնալու Յիսուս Քրիստոսի միջոցաւ եղած փրկութեան, նոյնիսկ մինչեւ Տէրոջը վերադառնալը օդին մէջ, երբ Աստուծոյ փրկուած զաւակները երկրէն վեր պիտի առնուին՝ օդին մէջ:

Ուրեմն այն ատեն ի՞նչ պիտի պատահի Աստուծոյ ընտրեալ՝ Իսրայէլին: Արդեօ՞ք անոնք դուրս պիտի ձգուին Աստուծոյ փրկուած զաւակներուն թափօրէն: Սիրոյ Աստուածը Իսրայէլի համար Իր սքանչելի ծրագիրը պատրաստած է՝ մարդկային պատմութեան վերջին վայրկեանին:

Աստուած մարդ չէ, որ սուտ խօսի, ո՛չ ալ մարդու որդի, որ զղջայ. Ինք ըսաւ ու պիտի չընէ՞, կամ Ինք խօսեցաւ ու պիտի չգործադրէ՞ (Թուոց 23.19)։

Ի՞նչ է այդ վերջին նախասահմանութիւնը որ Աստուած ծրագրած է Իսրայէլի համար՝ դարերու վերջաւորութեան ատեն։ Աստուած «հասկաքաղի փրկութեան» ճամբան պատրաստած է Իր ընտրեալ Իսրայէլին համար, որպէսզի անոնք կարենան հասնիլ փրկութեան, ամբողջութեամբ զղջալով իրենց մեղքերէն՝ Աստուծոյ առջեւ, անդրադառնալով որ այն Յիսուսը, որ իրենք խաչեցին, ճիշդ միեւնոյն Մեսիան է՝ որուն իրենք մեծ ակնկալութեամբ սպասած էին՝ այդքան երկար ժամանակ։

Հասկաքաղի Փրկութիւն

Եօթը-տարուայ Մեծ Նեղութեան շրջանին, որովհետեւ անոնք ականատես դարձած պիտի ըլլան բազմաթիւ մարդոց վեր՝ երկինք յափշտակուելուն, եւ պիտի սկսին ճանչնալ ճշմարտութիւնը, ուստի անոնցմէ ոմանք, որոնք ետեւ պիտի մնան՝ երկրի վրայ, պիտի հաւատան եւ իրենց սրտերուն մէջ պիտի ընդունին որ երկինքն ու դժոխքը իսկապէս գոյութիւն ունին, թէ Աստուած կենդանի է, եւ թէ Յիսուս Քրիստոս մեր միակ Փրկիչն է։ Աւելին, անոնք պիտի փորձեն չընդունիլ գազանին դրոշմը։ Յափշտակութենէն ետք, անոնք իրենք-իրենց մէջ պիտի կերպարանափոխուին, պիտի կարդան Աստուծոյ խօսքը որ արձանագրուած է Սուրբ Գիրքին մէջ, իրարու քով գալով միասին պաշտամունքի արարողութիւններ պիտի ունենան, եւ պիտի փորձեն Աստուծոյ խօսքով ապրիլ:

Մեծ Նեղութեան սկիզբի հանգրուաններուն, շատ մարդիկ պիտի կարողանան հոգեւոր կեանքեր ապրիլ եւ նոյնիսկ պիտի աւետարանեն ուրիշներու, որովհետեւ որեւէ սկիզբը օրինաւոր հալածանք պիտի չըլլայ տակաւին: Անոնք գազանին դրոշմը պիտի չընդունին որովհետեւ արդէն գիտէին թէ իրենք չեն կրնար փրկութիւն ստանալ այդ նշանով, եւ իրենց լաւագոյնը պիտի փորձեն ապրելու այնպիսի կեանքեր, որով արժանի պիտի ըլլան փրկութիւն ստանալու՝ Մեծ Նեղութեան ընթացքին: Սակայն իսկապէս անոնց համար շատ դժուար պիտի ըլլայ իրենց հաւատքը պահելը, որովհետեւ այդ ժամանակ Սուրբ Հոգին ձգած պիտի ըլլայ աշխարհը:

Անոնցմէ շատեր մեծ քանակութեամբ արցունքներ պիտի թափեն, որովհետեւ անոնք պաշտամունքի արարողութիւնները առաջնորդող ոչ մէկը պիտի ունենան՝ որպէսզի օգնէ որ կարենան աւելցնել իրենց հաւատքը: Անոնք պէտք է իրենց հաւատքը պահեն՝ առանց Աստուծոյ պաշտպանութեան ու զօրութեան: Անոնք պիտի սգան ու ողբան, որովհետեւ պիտի զղջան որ չեն հետեւած Աստուծոյ խօսքի ուսուցմունքին, հակառակ որ իրենց խորհուրդ տրուած էր որ ընդունէին Յիսուս Քրիստոսը եւ հաւատարիմ ու հաւատացեալ կեանքեր ապրէին: Անոնք ստիպուած պիտի ըլլան իրենց հաւատքը պահելու՝ ամէն տեսակի փորձութիւններու եւ հալածանքներու տակ, այս աշխարհին մէջ՝ ուր իրենք դժուարութիւն պիտի ունենան գտնելու Աստուծոյ ճշմարիտ խօսքը:

Ոմանք խորապէս պիտի ծածկուին եւ պիտի պահուըտին հեռաւոր լեռներու մէջ, որպէսզի գազանին դրոշմը՝ «666» նշանը չընդունին: Ուտելիք գտնելու համար, անոնք ստիպուած պիտի ըլլան բոյսերու եւ ծառերու արմատներ փնտռելու եւ կենդանիներ սպաննելու, որովհետեւ չեն կրնար առանց գազանին դրոշմին որեւէ բան գնել կամ ծախել՝ ուտելիքի համար: Սակայն Մեծ Նեղութեան երկրորդ կիսուն, երեք ու կէս տարի շարունակ, Նեռին բանակը խստօրէն եւ ուշադրութեամբ պիտի հալածէ հաւատացեալները: Կարեւոր չէ թէ որ մէկ հեռաւոր լեռը պահած ըլլան ինքզինքնին, անոնք պիտի յայտնաբերուին եւ բանակին կողմէ պիտի տարուին:

Գազանին կառավարութիւնը պիտի բռնէ բոլոր անոնք՝ որոնք ընդունած չեն գազանին դրոշմը, եւ սաստիկ տանջանքներու միջոցաւ, պիտի ստիպէ զանոնք որ Տէրը ուրանան եւ դրոշմը ընդունին: Ի վերջոյ, անոնցմէ շատերը պիտի յանձնուին եւ դրոշմը ընդունելէ զատ ուրիշ ընտրանք պիտի չունենան, իրենց պատիժին մէջ սահմանուած ծայրագոյն աստիճան սաստիկ ցաւին եւ տոսկումին պատճառով:

Բանակին անդամները պատին վրայ պիտի կախեն զիրենք՝ մերկ վիճակի մէջ, եւ դզիրով պիտի ծակեն իրենց մարմինները: Անոնք բոլոր մարմին մորթը պիտի կեղուեն՝ գլուխէն մինչեւ ոտնամատը: Անոնք պիտի չարչարեն իրենց զաւակները՝ իրենց աչքին առջեւ: Այդ բանակին իրենց վրայ սահմանած տանջանքները ծայրայեղօրէն վայրի եւ անգութ են, այն աստիճան՝ որ իսկապէս իրենց համար չափէն աւելի դժուար պիտի ըլլայ նահատակի մահուամբ մեռնիլը:

Այդ է պատճառը թէ ինչու համար Մեծ Նեղութեան շրջանին միայն շատ քիչեր կրնան նահատակի մահուամբ մեռնելով փրկութիւն ստանալ եւ երկինք հասնիլ, յաղթահարելով այդ բոլոր տանջանքները կամքի այնպիսի հզօր ուժով մը, որ կը գերազանցէ մարդկային ուժի սահմանները: Ուրեմն, կարգ մը մարդիկ իրենց հաւատքը պահելով պիտի փրկուին՝ առանց Տէրը ուրանալու, եւ նահատակութեամբ իրենց կեանքերը պիտի զոհեն Մեծ Նեղութեան շրջանին՝ Նեռին իշխանութեան տակ: Ասիկա կը կոչուի «Հասկաքաղի Փրկութիւն»:

Աստուած պահած է գաղտնիքներ, զոր պատրաստած է Իր ընտրեալ՝ Իսրայէլին հասկաքաղի փրկութեան համար: Այս գաղտնիքները հետեւեալներն են. Երկու Վկաները եւ Բեղրա կոչուած վայրը:

Երկու Վկաներուն Յայտնուիլը եւ անոնց Առաքելութիւնը

Յայտնութիւն 11.3-ը կ՚ըսէ. *«Ես իմ երկու վկաներուս զօրութիւն պիտի տամ եւ անոնք քուրձ հագած հազար երկու հարիւր վաթսուն օր մարգարէութիւն պիտի ընեն»:* Երկու Վկաները ճիշդ այն մարդիկն են զոր Աստուած Իր ծրագիրին մէջ սահմանած է աշխարհի ժամանակաշրջանէն առաջ, որպէսզի փրկէ Իր ընտրեալ՝ Իսրայէլը: Անոնք Իսրայէլի մէջ պիտի վկայեն Հրեաներուն թէ Յիսուս Քրիստոս այն մէկ հատիկ եւ միակ Մեսիան է՝ որուն մասին մարգարէացուած էր Հին Կտակարանին մէջ:

Աստուած ինծի խօսած է այդ Երկու Վկաներուն մասին: Աստուած բացատրեց ինծի թէ անոնք այնքան ալ ծեր չեն, թէ անոնք արդարութեամբ կը քալեն եւ ուղիղ սրտեր ունին: Աստուած ինծի արտօնեց որ գիտնամ թէ անոնցմէ մէկը ինչ տեսակի խոստովանութիւն կը կատարէ Աստուծոյ առջեւ: Իր խոստովանութիւնը կ՚ըսէ թէ ինք կը հաւատար Մովսիսականութեան, սակայն լսեց որ շատ մարդիկ կը հաւատան Յիսուս Քրիստոսի՝ որպէս Փրկիչը, եւ Յիսուսի մասին կը խօսին: Ուստի, անիկա կ՚աղօթէ Աստուծոյ որ օգնէ իրեն որպէսզի կարենայ զանազանել թէ ո՞ր մէկը ճիշդ է եւ շիտակ, ըսելով.

«Ո՜հ, Աստուած իմ...

Ի՞նչ է այս նեղութիւնը իմ սրտիս մէջ.
ես կը հաւատամ այն բոլոր բաները՝
որոնք մանկութենէս իվեր լսած եմ իմ ծնողներէս
եւ որոնց մասին միշտ խօսուած են,
սակայն ի՞նչ են այս նեղութիւնները
եւ հարցումները իմ սրտիս մէջ:

Շատ մարդիկ կը խօսին ու կը պատմեն
Մեսիային մասին:

Բայց եթէ միայն մէկը կարենայ ինծի ցոյց տալ
տրամաբանական եւ յստակ ապացոյցով՝
թէ արդե՞օք ճիշդ է որ հաւատամ անոնց
եւ կամ հաւատամ միայն այն՝ ինչ որ
իմ մանկութենէս իվեր լսած եմ,
ես պիտի ցնծամ եւ շատ շնորհակալ պիտի ըլլամ:

Բայց ես չեմ կրնար բան մը տեսնել,
եւ հետեւիլ ինչ որ այդ մարդիկը կը խօսին,
Ես բոլոր բաները անիմաստ եւ յիմար պէտք է նկատեմ
զոր իմ մանկութենէս իվեր պահած եմ:
Ճշմարտապէս ի՞նչն է շիտակը Քու առջեւդ:

Ով Հայր Աստուած...
Եթէ Դուն կը կամիս,
ինծի ցոյց տուր անձ մը

որ կրնայ ամէն բան հաստատել
եւ ամէն բան հասկնալ:
Թող որ անիկա իմ առջեւս գայ եւ սորվեցնէ ինծի
այն՝ ինչ որ իրապէս ճշգրիտ է
եւ ինչ որ իրական ճշմարտութիւնն է:

Երբ կը նայիմ վեր՝ երկնակամարը,
ես այս նեղութիւնը ունիմ իմ սրտիս մէջ,
եւ եթէ որեւէ մէկը կրնայ լուծել այս հարցը,
հաճիս ինծի ցոյց տուր այդ անձը:

Ես չեմ կրնար իմ սրտիս մէջէն դաւաճանել
այն բոլոր բաները՝ որոնց հաւատացած եմ,
եւ մինչ այս բաներուն վրայ կը խորհրդածեմ,
եթէ կայ որեւէ մէկը որ կրնայ այս բաները
ինծի սորվեցնել եւ բացատրել զանոնք,
միայն եթէ անիկա կարենայ
ցոյց տալ ինծի թէ ճիշդ է այդ,
ես պիտի չդաւաճանեմ այն բոլոր բաները
զոր սորված եւ տեսած եմ:

Ով Հայր Աստուած...
Հաճիս ինծի ցոյց տուր զանիկա:

Հասկացողութիւն տուր ինծի այս բոլոր բաներուն
շուրջ:

Ես անհանգիստ եմ շատ բաներու մասին:
Ես կը հաւատամ որ մինչեւ հիմա բոլոր լսածներս ճշմարիտ են:

Սակայն երբ կրկին անգամներ դարձեալ
կը խորհրդածեմ անոնց մասին,
Ես շատ հարցումներ ունիմ, եւ իմ ծարաւս յագեցած չէ.
Արդեօք ինչո՞ւ այդպէս կ'ըլլայ:

Ուրեմն, եթէ միայն կարենամ տեսնել այս բոլոր բաները եւ կարենամ վստահ ըլլալ անոնց մասին.
եթէ միայն կարենամ վստահ ըլլալ
որ անիկա դաւաճանութիւն չէ
այն ճամբուն դէմ որ ես մինչեւ հիմա քալած եմ.
եթէ միայն կարենամ տեսնել այն՝
ինչ որ իրապէս ճմշարտութիւնն է.
եթէ միայն կարենամ գիտնալ բոլոր բաները
որոնց մասին երկար ատենէ իվեր կը մտածեմ,
այն ատեն ես պիտի կարենամ
խաղաղութիւն գտնել իմ սրտիս մէջ»:

Այս երկու վկաները, որոնք Հրեաներ են, խորունկ ձեւով կը փնտռեն զուտ ճշմարտութիւնը. ուստի Աստուած պիտի պատասխանէ անոնց եւ Աստուծոյ մարդ մը պիտի ղրկէ իրենց: Աստուծոյ մարդուն միջոցաւ, անոնք պիտի ճանչնան Աստուծոյ նախասահմանութիւնը՝

մարդկային մշակումին նկատմամբ, եւ պիտի ընդունին Յիսուս Քրիստոսը։ Անոնք երկրի վրայ պիտի մնան Եօթը-տարուայ Մեծ Նեղութեան ընթացքին եւ Իսրայէլի ապաշխարութեան ու փրկութեան առաքելութիւնը պիտի կատարեն։ Անոնք Աստուծոյ յատուկ զօրութիւնը պիտի ստանան եւ Յիսուս Քրիստոսի մասին պիտի վկայեն ու Յիսուսը պիտի դաւանին Իսրայէլի։

Անոնք Աստուծոյ առջեւ կատարելապէս սրբագործուած պիտի ըլլան, եւ իրենց առաքելութիւնը պիտի տեւէ 42 ամիս, ինչպէս որ գրուած է Յայտնութիւն 11.2-ի մէջ։ Պատճառը, որ այս երկու վկաները Իսրայէլէն կու գան, այն է՝ որովհետեւ աւետարանին սկիզբը եւ վերջը Իսրայէլն է։ Աւետարանը աշխարհին տարածուեցաւ Պօղոս առաքեալի միջոցաւ, եւ հիմա եթէ աւետարանը նորէն Իսրայէլ հասնի, որ իր սկզբնական կէտն է, այն ատեն աւետարանին գործերը պիտի ամբողջանան։

Գործք Առաքելոց 1.8-ի մէջ Յիսուս ըսաւ. *«Բայց Սուրբ Հոգին ձեր վրայ եկած ատենը զօրութիւն պիտի առնէք ու Ինծի համար վկաներ պիտի ըլլաք Երուսաղէմի մէջ եւ բոլոր Հրէաստանի ու Սամարիայի մէջ ու մինչեւ երկրին ծայրերը»:* Հոս, «մինչեւ երկրին ծայրերը» ըսելով կ՚ակնարկէ Իսրայէլի՝ որ Աւետարանին վերջին հանգրուանն է։

Երկու Վկաները խաչին պատգամը պիտի քարոզեն Հրեաներուն եւ Աստուծոյ կրակէ զօրութիւնովը անոնց պիտի բացատրեն փրկութեան ճամբուն մասին։ Եւ անոնք սքանչելի հրաշքներ ու հրաշալի նշաններ պիտի ընեն՝ հաստատելով իրենց պատգամը: Անոնք զօրութիւնը ունին երկնակամարը գոցելու, այնպէս որ անձրեւ պիտի չտեղայ այն օրերուն որ իրենք մարգարէութիւն կ՚ընեն. եւ անոնք զօրութիւն ունին ջուրերուն վրայ՝ զանոնք արիւնի դարձնելու, եւ երկիրը ամէն տեսակ աղէտներով զարնելու, քանի անգամ որ ուզեն:

Այս ձեւով շատ Հրեաներ պիտի վերադառնան Տէրոջը, բայց միեւնոյն ժամանակ կարգ մը ուրիշներ պիտի գոցեն իրենց խղճերը եւ պիտի փորձեն մեռցնել այս Երկու Վկաները: Ոչ միայն այդ Հրեաները, այլ նաեւ շատ ուրիշ գէշ մարդիկ՝ ուրիշ երկիրներէ, որոնք Նեռին իշխանութեան տակ կը գտնուին, սոսկալի կերպով պիտի ատեն այս Երկու Վկաները եւ պիտի փորձեն սպաննել զիրենք:

Երկու Վկաներուն Նահատակութիւնը եւ Յարութիւնը

Երկու Վկաներուն ունեցած զօրութիւնը այնքան մեծ է, որ ոչ մէկը պիտի համարձակի վնասել իրենց: Վերջապէս, Իսրայէլի ազգին իշխանութիւնները պիտի մասնակցին զանոնք սպաննելու մէջ: Սակայն այս երկու վկաները ոչ թէ ազգին իշխանութիւններուն համար է որ մահուան պիտի դատապարտուին, այլ որովհետեւ Աստուծոյ կամքն է որ անոնք նախասահմանուած ժամանակին նահատակուին: Այն վայրը, ուր անոնք պիտի նահատակուին, ուրիշ տեղ մը չէ եթէ ոչ՝ Յիսուսի խաչելութեան վայրը, եւ ա՛յս է որ ենթադրել կու տայ իրենց յարութիւնը:

Երբ Յիսուս խաչուեցաւ, Հռովմայեցի զինուորները պահակ կեցան եւ հսկեցին Յիսուսի գերեզմանը, որպէսզի ոչ մէկը կարողանայ առնել Իր մարմինը: Սակայն Յիսուսի մարմինը յետոյ տեսնուեցաւ, որովհետեւ Յիսուս յարութիւն առաւ: Այն մարդիկը, որոնք այս Երկու Վկաները մահուան պիտի դատապարտեն, պիտի յիշեն ասիկա եւ պիտի մտահոգուին որ մէկը կրնայ առնել անոնց մարմինները: Ուստի անոնք թոյլ պիտի չտան որ անոնց մարմինները գերեզմանի մը մէջ թաղուին, այլ անոնց մարմինները փողոցը պիտի դնեն որպէսզի աշխարհի բոլոր ժողովուրդները կարենան տեսնել անոնց մեռած մարմինները: Այս տեսարանին վրայ, այդ գէշ մարդիկը, որոնք կտրուած են իրենց խղճմտանքներէն՝ Երկու Վկաներուն քարոզած աւետարանին պատճառով, մեծապէս պիտի ցնծան անոնց մահուամբը:

Ամբողջ աշխարհը պիտի ցնծայ ու պիտի տօնախմբէ, եւ բոլոր հաղորդամիջոցներու զանգուածները երեք ու կէս օր շարունակ արբանեակներու միջոցաւ անոնց մահուան լուրը պիտի տարածեն աշխարհին: Երեք ու կէս օր ետք, Երկու Վկաներուն յարութիւնը տեղի պիտի ունենայ: Անոնք դարձեալ պիտի կենդանանան, պիտի բարձրացուին եւ փառքի ամպով երկինք պիտի համբառնան՝ ճիշդ ինչպէս որ Եղիա երկինք առնուեցաւ հովամրրիկով մը: Այս ապշեցուցիչ տեսարանը պիտի հեռասփռուի ամբողջ աշխարհի վրայ, եւ անհամար թիւով մարդիկ պիտի դիտեն զայն:

Եւ այդ ժամուն մեծ երկրաշարժ մը պիտի ըլլայ ու քաղաքին մէկ տասներորդ մասը պիտի իյնայ, եւ եօթը հազար մարդիկ պիտի սպաննուին երկրաշարժին մէջ: Յայտնութիւն Յովհաննու 11.3-13 մանրամասնութեամբ կը նկարագրէ ասիկա, հետեւեալ ձեւով.

Ես իմ երկու վկաներուս զօրութիւն պիտի տամ եւ անոնք քուրձ հագած հազար երկու հարիւր վաթսուն օր մարգարէութիւն պիտի ընեն: Ասոնք այն երկու ձիթենիներն ու երկու աշտանակներն են, որոնք երկրին Տէրոջը առջեւ կը կենան: Եւ եթէ մէկը ուզէ անոնց վնասել, անոնց բերաններէն կրակ պիտի ելլէ ու իրենց թշնամիները ուտէ: Եթէ մէկը ուզէ անոնց փասել, պիտի սպաննուի: Ասոնք իշխանութիւն ունին երկինքը գոցելու, որպէս զի իրենց մարգարէութեան օրերը անձրեւ չգայ ու ջուրերուն վրայ իշխանութիւն ունին՝ զանոնք արիւն դարձնելու եւ ամէն կերպ պատուհասներով երկիրը զարնելու՝ քանի՛ անգամ որ ուզեն: Երբ իրենց վկայութիւնը կատարեն, այն ատեն անդունդէն ելլող գազանը անոնց հետ պատերազմ պիտի ընէ, անոնց պիտի յաղթէ ու պիտի սպաննէ զանոնք: Անոնց դիակները ինկած պիտի մնան այն մեծ քաղաքին հրապարակին մէջ, որ հոգեւորապէս կը կոչուի Սոդոմ ու Եգիպտոս, ուր մեր Տէրն ալ խաչուեցաւ:

Եւ ժողովուրդներն ու ցեղերը եւ լեզուներն ու ազգերը պիտի տեսնեն անոնց դիակները երեք ու կէս օր ու պիտի չթողուն որ անոնց դիակները գերեզմաններու մէջ թաղեն: Անոնք որ երկրի վրայ կը բնակին, պիտի ուրախանան ու խնդան անոնց վրայ, մինչեւ անգամ իրարու ընծաներ պիտի ղրկեն. վասն զի այս երկու մարգարէները երկրի բնակիչները չարչարած էին: Երեք ու կէս օր ետքը Աստուծմէ կենդանութեան հոգի մտաւ անոնց մէջ ու իրենց ոտքերուն վրայ կայնեցան եւ զանոնք տեսնողներուն վրայ մեծ վախ ինկաւ: Երկնքէն մեծ ձայն մը լսեցին, որ կ'ըսէր. «Վե՛ր ելէք, հո՛ս եկէք»: Եւ անոնք ամպով երկինք բարձրացան: Անոնց թշնամիներն ալ զանոնք տեսան: Նոյն ժամուն մեծ երկրաշարժ մը եղաւ ու քաղաքին տասներորդ մասը կործանեցաւ, եօթը հազար մարդիկ մեռան ու մնացածները վախով լեցուեցան ու փառք տուին երկնքի Աստուծոյն (Յայտնութիւն 11.3-13):

Հոգ չէ թէ որքան յամառ ըլլան մարդիկ, եթէ նուազագոյն բարութիւնը ունենան իրենց սրտերուն մէջ, անոնք պիտի անդրադառնան որ այդ մեծ երկրաշարժը եւ այդ Երկու Վկաներուն յարութիւն առնելն ու անոնց երկինք համբառնալը Աստուծոյ գործերն են, եւ փառք պիտի տան Աստուծոյ: Եւ անոնք պիտի ստիպուին ընդունիլ այն իրողութիւնը՝ որ Յիսուս Աստուծոյ ուժով յարութիւն առած էր մօտ 2000 տարիներ առաջ:

Հակառակ այս բոլոր պատահարներուն, կարգ մը գէշ մարդիկ փառք պիտի չտան Աստուծոյ:

Ես ձեր բոլորին կը մղեմ որ դուք ընդունիք Աստուծոյ սէրը: Մինչեւ վերջին վայրկեանը Աստուած կ'ուզէ որ դուք փրկուիք, եւ կը փափաքի որ դուք լսէք Երկու Վկաներուն խօսքերը: Այդ Երկու Վկաները Աստուածային մեծ զօրութեամբ պիտի դաւանին թէ իրենք Աստուծոյ կողմէ եկած են: Անոնք շատ մարդիկ պիտի արթնցնեն Աստուծոյ' իրենց վրայ ունեցած սիրոյն եւ կամքին մասին: Եւ անոնք պիտի առաջնորդեն ձեզի, որպէսզի դուք փրութեան այդ վերջին առիթը կարենաք ըմբռնել:

Ես մեծ ջերմեռանդութեամբ կը խնդրեմ ձեզմէ որ դուք չկենաք թշնամիներուն քով, որոնք կը պատկանին Սատանային, որ ձեզ պիտի առաջնորդէ կործանումի ճամբուն մէջ, հապա կը խնդրեմ որ դուք լսէք Երկու Վկաներուն խօսքերը, եւ հասնիք փրկութեան:

Բեղրա, Ապաստանարան մը' Հրեաներուն համար

Միւս զաղտնիքը որ Աստուած սահմանած է Իր ընտրեալ Իսրայէլին համար' Բեղրան է, ապաստանարան մը' Եօթը-տարուայ Մեծ Նեղութեան ընթացքին: Եսայեայ 16.1-4 կը բացատրէ այս Բեղրա կոչուած վայրին մասին:

Ղրկեցէ՛ք գառը երկրին տիրողին, Վէմէն անապատին ճամբով Սիոնին աղջկան լեռը: Մովաբին աղջիկները Առնոնին անցքերուն քով՝ բոյնէն վռնտուած թափառական թռչունի պէս պիտի ըլլան: «Խորհո՛ւրդ տուր, դատաստա՛ն ըրէ: Քու հովանիդ կէսօրուան ատեն գիշերի պէս դի՛ր, աքսորուածները պահէ՛ ու փախստականները մի՛ յանձներ: Աքսորուածները թող քու քովդ պանդուխտի պէս բնակին, ո՛վ Մովաբ. դուն զանոնք ծածկէ հալածողէն: Քանզի բռնաւոր չմնաց, աւերողը պակսեցաւ եւ կոխկռտողները երկրին վրայէն վերցուեցան»:

Մովաբի երկիրը կը նշանակէ Յորդանանի երկիրը, որ կը գտնուի Իսրայէլի արեւելեան կողմը: Բեդրան հնագիտական վայր մըն է Յորդանանի հարաւ-արեւմտեան կողմը, Հոր Լերան զառիվայրին վրայ գտնուող հովիտի մը մէջ՝ լեռներու միջեւ, որոնք կը կազմեն Արապայի (Ուատի Արապա) արեւելեան կողը, այն հսկայ ձորը, որ կը վազէ Մեռեալ Ծովէն մինչեւ Աքապայի Ծոցը: Բեդրան Սուրբ Գրային վերագրութիւններով ընդհանրապէս կը ճանչցուի որպէս՝ Սէլա, որ նոյնպէս կը նշանակէ ժայռ, Դ. Թագաւորաց 14.7-ի եւ Եսայեայ 16.1-ի մէջ:

Երբ Տէր Յիսուս վերադառնայ օդին մէջ, Ան պիտի ընդունի փրկուած մարդիկը ու բոլորը միասին պիտի վայելեն Եօթը-տարուայ Հարսանեկան խնճոյքը, եւ յետոյ երկիր պիտի իջնէ անոնց հետ միասին, եւ Հազարամեակի շրջանին միասին պիտի թագաւորեն աշխարհի վրայ։ Եօթը-տարուայ շրջանին, Յափշտակութեան համար Տէրոջը՝ օդին մէջ Երկրորդ Գալուստէն մինչեւ իր երկիր իջնելը, Մեծ Նեղութիւնը պիտի ծածկէ երկիրը, եւ երեք ու կէս տարի շարունակ, Մեծ Նեղութեան երկրորդ կէսի շրջանին, այսինքն 1260 օր, Իսրայէլի ժողովուրդը ինքզինքնին պիտի ծածկեն վայրի մը մէջ՝ որը պատրաստուած է Աստուծոյ ծրագիրին համեմատ։ Այդ վայրը ուր անոնք պիտի պահուին՝ Բեդրան է (Յայտնութիւն 12.6-14)։

Ուրեմն ինչո՞ւ համար Հրեաները պէտք պիտի ունենան թաքստոցի այդ վայրը։

Աստուած Իսրայէլի ժողովուրդը ընտրելէն ետքը, Իսրայէլ շարունակ յարձակում կրած ու հալածուած է բազմաթիւ Հեթանոս ցեղերու կողմէ։ Պատճառը այն է, որովհետեւ Սատանան, որ միշտ հակառակ կը կենայ Աստուծոյ, փորձած է արգիլել Իսրայէլին՝ Աստուծմէ օրհնութիւն ստանալէ։ Նոյնը պիտի պատահի աշխարհի վերջին օրերու ժամանակ։

Երբ Հրեաները Եօթը-տարուայ Մեծ Նեղութեան միջոցաւ անդրադառնան որ իրենց Մեսիան ու Փրկիչը Յիսուսն է, որ երկիր եկաւ 2000 տարիներ առաջ, եւ երբ անոնք փորձեն ապաշխարել, Սատանան մինչեւ վերջ պիտի հալածէ զանոնք, որպէսզի Հրեաներուն արգիլէ իրենց հաւատքը պահելէ:

Աստուած, որ ամէն բան գիտէ, Իր ընտրեալ՝ Իսրայէլին համար պատրաստած է պահուելու վայր մը, որուն միջոցաւ Աստուած Իր սէրը պիտի ապացուցանէ Իսրայէլի հանդէպ, եւ պիտի չխնայէ Իր փափկանկատ սէրը անոնց հանդէպ: Աստուծոյ այս սիրոյն եւ ծրագրին համեմատ, Իսրայէլ պիտի մտնէ Բեդրա, որպէսզի փախուստ տայ կործանիչներէն:

Ճիշդ ինչպէս որ Յիսուս ըսաւ Մատթէոս 24.16-ի մէջ. *«Այն ատեն Հրէաստանի մէջ եղողները լեռները թող փախչին»,* լեռներուն մէջ պահուած այդ թաքստոցին մէջ, Հրեաները պիտի կարողանան խուսափիլ Եօթը-տարուայ Մեծ Նեղութենէն, եւ իրենց հաւատքը պահելով, անոնք հոն պիտի հասնին փրկութեան:

Երբ մահուան հրեշտակը կործանեց Եգիպտոսի բոլոր առջինեկները, Եբրայեցիները շուտով գաղտնաբար կապի մէջ մտան իրարու հետ եւ փրկուեցան այդ նոյն աղէտէն, գառնուկին արիւնը իրենց տուներուն երկու դրանդիքներուն եւ ճակատաքարին վրայ դնելով:

Նոյնպէս, Հրեաները շատ արագ ձեւով կապ պիտի հաստատեն իրար հետ՝ թէ ուր պէտք է երթան, եւ պիտի փոխադրուին պահուելու այդ թաքստոցին վայրը, նախքան որ Նեռին կառավարութիւնը սկսի ձերբակալել զիրենք: Անոնք տեղեակ պիտի ըլլան Բեդրայի մասին, որովհետեւ բազմաթիւ աւետարանիչներ շարունակ վկայած էին իրենց այդ թաքստոցին մասին, եւ նոյնիսկ անոնք որոնք չէին հաւատացած, պիտի փոխեն իրենց միտքը եւ պիտի փնտռեն այդ վայրը, պահուելու համար այդ թաքստոցին մէջ:

Այս թաքստոցը բաւարար պիտի չըլլայ այդքան մեծ թիւով ժողովուրդ տեղաւորելու: Իրողութեան մէջ, շատ մարդիկ, որոնք Երկու Վկաներուն միջոցաւ դարձի եկած ու ապաշխարած են, պիտի չյաջողին պահուելու Բեղրայի մէջ եւ պիտի չկրնան պահել իրենց հաւատքը՝ Մեծ Նեղութեան ընթացքին, եւ յետոյ կը մեռնին որպէս նահատակներ:

Աստուծոյ Սէրը՝ Երկու Վկաներուն եւ Բեղրայի միջոցաւ

Սիրելի եղբայրներ եւ քոյրեր, արդէ՞օք դուք կորսնցուցած էք փրկուելու առիթը՝ Յափշտակութեան միջոցաւ: Այն ատեն բնաւ մի՛ վարանիք երթալու Բեղրա, որ ձեր փրկութեան վերջին առիթն է՝ Աստուծոյ շնորհքով տրուած: Շուտով ահռելի դժբախտութիւններ եւ աղէտներ պիտի գան Նեռին կողմէ: Դուք պէտք է ինքզինքնիդ պահէք Բեղրայի մէջ՝ նախքան որ շնորհքի վերջին դուռը գոցուի Նեռին ընդմիջումի հարուածով:

Լաւ, իսկ եթէ դուք չյաջողեցաք ու փախցուցիք Բեղրա մտնելու առիթը, այն ատեն փրկութեան հասնելու եւ երկինք մտնելու միակ միջոցը այն է՝ որ դուք չուրանաք Տէրը եւ չստանաք գազանին «666» դրոշմը: Դուք պէտք է յաղթահարէք ամէն տեսակի սահմռկեցուցիչ տանջանքներ եւ նախատակութեամբ մեռնիք։ Ասիկա ընելը բնաւ դիւրին չէ, ամենայնդէպս, դուք պէտք է այսպէս ընէք որպէսզի խուսափիք յաւիտենական տանջանքներէն՝ կրակի լիճին մէջ։

Ես մեծ նախանձախնդրութեամբ կը մաղթեմ որ դուք փրկութեան ճամբէն ետ չդառնաք, շարունակ յիշելով Աստուծոյ ստոյգ սէրը, եւ կը մաղթեմ որ ամէն բան համարձակութեամբ յաղթահարէք։ Մինչ դուք կը պայքարիք եւ կը պատերազմիք ամէն տեսակի փորձութիւններու եւ հալածանքներու դէմ, զոր Նեռը ձեր վրայ պիտի բերէ, մենք, հաւատքի եղբայրներ եւ քոյրեր, մեծ ջերմեռանդութեամբ պիտի աղօթենք ձեր յաղթանակին համար։

Սակայն մեր իսկական փափաքը ձեզի համար այն է՝ որ դուք ընդունիք Յիսուս Քրիստոսը՝ նախքան որ այս բոլոր բաները պատահին, որպէսզի դուք մեզի հետ միասին վեր յափշտակուիք՝ դէպի երկինք, եւ մասնակցիք Հարսանեկան Խնճոյքին՝ երբ մեր Տէրը վերադառնայ։ Մենք անդադար սիրոյ արցունքներով կ՚աղօթենք ձեզի համար որ Աստուած յիշէ ձեր մեծ նախահայրերուն հաւատքի գործերը եւ այն բոլոր ուխտերը զոր անոնց հետ կատարեց, եւ անգամ մը եւս փրկութեան շնորհքը պարգեւէ ձեզի։

Իր մեծ սիրոյն մէջ, Աստուած Երկու Վկաներ պատրաստած է, ինչպէս նաեւ Բեղրան, որպէսզի դուք կարենաք ընդունիլ Յիսուս Քրիստոսը՝ որպէս Մեսիան ու Փրկիչը, եւ հասնիք փրկութեան: Մարդկային պատմութեան մինչեւ վերջին վայրկեանը ես ձեզ կը մղեմ որ դուք յիշէք Աստուծոյ այս անվրէպ եւ ստոյգ սէրը, որ բնաւ պիտի չհրաժարի ձեզմէ:

Նախքան ձեզի Երկու Վկաներ ղրկելը, գալիք Մեծ Նեղութեան պատրաստուելու համար, սիրոյ Աստուածը ձեզի ղրկած է Աստուծոյ մարդ մը, եւ արտօնած է որ անիկա ձեզի ըսէ թէ ինչ պիտի պատահի աշխարհի վերջին օրերու ժամանակ, եւ ձեզ առաջնորդէ փրկութեան շաւիղին մէջ: Աստուած չուզեր որ ձեր մէջէն նոյնիսկ մէկ անհատ մը մնայ Եօթը-տարուայ Մեծ Նեղութեան մէջ: Նոյնիսկ եթէ դուն Յափշտակութենէն ետք երկրի վրայ մնաս, Աստուած կ'ուզէ որ դուն պինդ կերպով բռնես փրկութեան այդ վերջին թելը: Անաւասիկ ա՛յս է Աստուծոյ մեծ սէրը:

Եօթը-տարուայ Մեծ Նեղութիւնը պիտի չուշանայ եւ շուտով պիտի սկսի: Մարդկային բովանդակ պատմութեան մէջ ծայրէ ծայր, ասիկա մեծագոյն աննախընթաց նեղութիւնն է որ պիտի պատահի, որուն միջոցաւ մեր Աստուածը պիտի կատարելագործէ Իր սիրալիր ծրագիրը քեզի համար, Իսրայէ՛լ: Մարդկային մշակումի պատմութիւնը պիտի ամբողջանայ Իսրայէլի պատմութեան ամբողջացումով:

Ենթադրենք որ Հրեաները անմիջապէս պիտի

հասկնային Աստուծոյ ճշմարիտ կամքը եւ պիտի ընդունէին Յիսուսը որպէս իրենց Փրկիչը: Այն ատեն, նոյնիսկ եթէ պէտք ըլլար որ Աստուածաշունչին մէջ արձանագրուած Իսրայէլի պատմութիւնը սրբագրուէր եւ դարձեալ գրուէր, Աստուած յօժարութեամբ պիտի ընէր այդ: Պատճառը այն է՝ որովհետեւ Իսրայէլի հանդէպ Աստուծոյ սէրը երեւակայութենէ շատ բարձր է:

Բայց եւ այնպէս, բազմաթիւ Հրեաներ գացած են, կ'երթան, եւ տակաւին պիտի երթան իրենց անձնական ճամբաներուն մէջ, մինչեւ որ որ անոնք հանդիպին ճգնաժամային ու վտանգաւոր վայրկեանին: Ամենակարող Աստուածը, որ ամէն բան գիտէ՝ ինչ որ պիտի պատահի ապագային, վերջին առիթ մը եւս սահմանած է քու փրկութեանդ համար, եւ քեզ կ'ուղղէ ու կ'առաջնորդէ Իր անվրէպ եւ ստոյգ սիրովը:

Ահա Ես Եղիա մարգարէն ձեզի պիտի ղրկեմ դեռ Տէրոջը մեծ ու ահեղ օրը չեկած: Անիկա հայրերուն սիրտը՝ որդիներուն ու որդիներուն սիրտը հայրերուն պիտի դարձնէ, որ չըլլայ թէ Ես գամ ու երկիրը անէծքով զարնեմ» (Մաղաքեայ 4.5-6):

Ես շնորհակալութիւն կը յայտնեմ եւ փառք կու տամ Աստուծոյ, որ Իր անսահման սիրովը փրկութեան շաւիղին կ'առաջնորդէ ո՛չ միայն Իր ընտրեալ Իսրայէլը, այլ նաեւ աշխարհի ազգերուն բոլոր ժողովուրդները:

Հեղինակը:

Դոկտ. Ճէյրոք Լիի

Դոկտ. Ճէյրոք Լիի ծնած է Մուանի մէջ, Ճէօննամ Նահանգ, Քորէայի Հանրապետութիւն, 1943-ին: Իր քսանական տարիքներուն, Դոկտ. Լիի եօթը տարի շարունակ տառապած է զանազան տեսակի անբուժելի հիւանդութիւններէ, սպասելով մահուան՝ առանց ապաքինման որեւէ յոյս ունենալու: Սակայն օր մը, 1974-ի գարնան, իր քրոջ կողմէ կ'առաջնորդուի եկեղեցի մը, եւ երբ ծունկի կու գայ աղօթելու համար, Կենդանի Աստուած անմիջապէս կը բժշկէ զինք իր բոլոր հիւանդութիւններէն:

Այն վայրկեանէն որ Դոկտ. Լիի այդ սքանչելի փորձառութեամբ հանդիպեցաւ Կենդանի Աստուծոյ, ան իր ամբողջ սրտով եւ անկեղծութեամբ սիրեց զԱստուած, եւ 1978-ին կանչուեցաւ ըլլալու Աստուծոյ ծառայ մը: Դոկտ. Լիի ջերմեռանդութեամբ աղօթեց որպէսզի կարենար յստակօրէն հասկնալ Աստուծոյ կամքը, ամբողջութեամբ իրագործէր զայն, եւ հնազանդէր Աստուծոյ բոլոր Խօսքերուն: 1982-ին, Դոկտ. Լի հիմնեց Մէնմին Կեդրոնական Եկեղեցին՝ Սէուլի մէջ, Քորէա, եւ անհամար թիւով Աստուածային գործեր, ներառեալ հրաշագործ բժշկութիւններ եւ սքանչելիքներ, տեղի կ'ունենան իր եկեղեցիին մէջ:

1986-ին, Դոկտ. Լիի օծուեցաւ որպէս հովիւ՝ Քորէայի Սանկքյուլ Եկեղեցւոյ Յիսուսի Տարեկան Հաւաքոյթին ընթացքին, եւ չորս տարիներ ետք, 1990-ին, իր պատգամները սկսան հեռասփռուիլ դէպի Աւստրալիա, Ռուսիա, Ֆիլիփփին, եւ շատ ուրիշ երկիրներ՝ Ծայրագոյն Արեւելքի Հեռուստակայանի Ընկերութեան, Ասիոյ Հեռուստակայանի, եւ Ուաշինկթընի Քրիստոնէական Ձայնասփիւռի Համակարգի միջոցներով:

Երեք տարիներ ետք, 1993-ին, Մէնմին Կեդրոնական Եկեղեցին ընտրուեցաւ որպէս «Աշխարհի 50 Լաւագոյն Եկեղեցիներէն մէկը» *Քրիստոնեայ Աշխարհ* կոչուած պարբերաթերթին կողմէ (ԱՄՆ), եւ Արժ. Ճէյրոք Լիի ստացաւ Աստուածաբանութեան Պատուոյ Դոկտորի տիտղոս՝ Քրիստոնէական Հաւատքի Գոլէճէն, Ֆլորիտա, ԱՄՆ, իսկ 1996-ին ան ստացաւ Դոկտորի տիտղոս՝ Հոգեւոր Ծառայութեան մէջ, Քինկսուէյ Աստուածաբանական Դպրեվանքէն, Այօուա, Ամերիկեան Միացեալ Նահանգներ:

1993-էն սկսեալ, Դոկտ. Լիի առաջնորդ դեր կատարած է աշխարհի առաքելութեան մէջ, արտնին բազմաթիւ հոգեւոր արշաւներու ընդմէջէն՝ Թանզանիայի, Արժանթինի, Լոս Անճելըսի, Պալթիմուր Քաղաքի, Հաւայայի, եւ Նիւ Եորքի (ԱՄՆ), Ուկանտայի, Ճաբոնի, Փաքիստանի, Քէնիայի, Ֆիլիփփինի, Հօնտուրասի, Հնդկաստանի, Ռուսիոյ, Գերմանիոյ, Բերուի, Գոնկոյի Դեմոկրատական Հանրապետութեան, եւ Իսրայէլի մէջ: 2002 թուականին Դոկտ. Ճէյրոք Լի կոչուեցաւ «համաշխարհային հովիւ»՝ Քորէայի մէջ գտնուող Քրիստոնէական հռչակաւոր օրաթերթերու կողմէ, արտասահմանեան զանազան Հնկայական Միացեալ Արշաւներու մէջ իր կատարած գործին համար:

Մայիս 2014-էն իվեր, Մէնմին Կեդրոնական Եկեղեցին ունի թիւով 100.000-է աւելի անդամներ կամ հաւատացեալներու խումբ, 9.000 տեղական եւ արտնին մասնաճիւղ եկեղեցիներ՝ ամբողջ աշխարհի վրայով, եւ մինչեւ այսօրս աւելի քան 122 միսիոնարներ յանձնառարուած են 23 երկիրներու մէջ, ներառեալ՝ Միացեալ Նահանգներ, Ռուսիա, Գերմանիա, Գանատա, Ճաբոն, Չինաստան, Ֆրանսա, Հնդկաստան, Քէնիա, եւ շատ ուրիշ երկիրներ:

Այս գրքին հրատարակութեան թուականէն իվեր, Դոկտ. Լիի գրած է 88 գիրքեր, ներառեալ իր շատ ծախուած գիրքերէն՝ *Համտեսել Յաւիտենական Կեանքը Մահուընէ Առաջ, Իմ Կեանքս Իմ Հաւատքս Ա. եւ Բ., Խաչին Պատգամը, Հաւատքի Չափը, Երկինք Ա.* եւ *Բ., Դժոխք,* եւ *Աստուծոյ Զօրութիւնը:* Իր գործերը թարգմանուած են աւելի քան 76 լեզուներու:

Իր Քրիստոնէական սիւնակները կ'երեւնան *Հէնքուք Իլպօյի, ՃունկԱնկ Տէյլիի, Սօնկ-Ա Իլպօյի, Մունհուա Իլպօյի, Սէուլ Շինմանի, Քեունկհեանկ Շինմանի, Հէնքեօրէհ Շինմանի, Տը Քորէա Էքոնոմիք Տէյլիի (The Korea Economic Daily), Տը Քորէա Հէրըլտի (The Korea Herald), Տը Շիսա Նիյուզի (The Sisa News),* եւ *Տը Քրիսչըն Փրէս (The Christian Press)* օրաթերթերուն մէջ:

Արժ. Դոկտ. Լիի ներկայիս կ'առաջնորդէ բազմաթիւ միսիոնարական հաստատութիւններ եւ ընկերակցութիւններ. ներառեալ Ատենապետ՝ Յիսուս Քրիստոսի Միացեալ Սրբութիւն Եկեղեցւոյ, Նախագահ՝ Մէնմին Համաշխարհային Առաքելութեան, Տեւական Նախագահ՝ Քրիստոնէական Արթնութեան Համաշխարհային Առաքելութիւն Ընկերակցութեան, Հիմնադիր եւ Յանձնախումբի Ատենապետ՝ Քրիստոնէական Համաշխարհային Համացանցին (GCN), Հիմնադիր եւ Յանձնախումբի Ատենապետ՝ Քրիստոնեայ Բժիշկներու Համաշխարհային Համացանցին (WCDN), ինչպէս նաեւ Հիմնադիր եւ Յանձնախումբի Ատենապետ՝ Մէնմին Միջազգային Դպրեվանքին (MIS):

Երկինք Ա. եւ Բ.

Մանրամասն ուրուագիծ մը կեանքի հոյակապ միջավայրին մէջ՝ ուր երկնային քաղաքացիները կը վայելեն, եւ գեղեցիկ նկարագրութիւն մը՝ երկնային թագաւորութիւններու տարբեր մակարդակներու մասին:

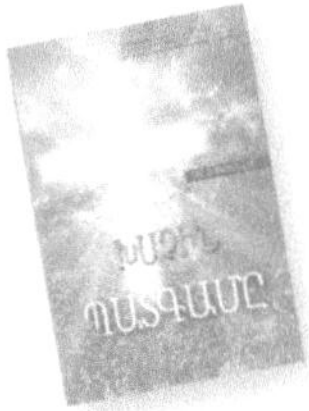

Խաչին Պատգամը

Արթնութեան հզօր եւ ազդեցիկ պատգամ մը՝ այն բոլոր մարդոց համար որոնք հոգեւորապէս քնացած են: Այս գիրքին մէջ դուն պիտի գտնես պատճառը՝ թէ ինչո՛ւ համար Յիսուս մեր միակ Փրկիչն է, ինչպէս նաեւ դուն պիտի ճանչնաս Աստուծոյ ճշմարիտ սէրը:

Դժոխք

Ջերմեռանդ պատգամ մը բոլոր մարդկութեան՝ ուղղուած Աստուծոյ կողմէ, որ կը փափաքի որ նոյնիսկ մէկ հոգի չիյնայ Դժոխքի խորերը... Դուն երեւան պիտի հանես նախապէս բնաւ չյայտնաբերուած հաշուեցոյցը՝ Աւելի Յած Գերեզմանին եւ Դժոխքին անգութ իրականութեան մասին:

Իմ Կեանքս Իմ Հաւատքս Ա. եւ Բ.

Ամենէն անուշահոտ բոյրը՝ քաղուած կեանքէ մը՝ որ ծաղկեցաւ Աստուծոյ հանդէպ ունեցած իր սիրոյ անմրցելի հոգիէն, անցնելով մութ ալիքներու ընդմէջէն, ցուրտ լուծէն, եւ ամենախորունկ յուսահատութենէն:

Հաւատքի Չափը

Ի՞նչ տեսակի բնակավայր մը, թափնեպսակ եւ վարձատրութիւններ պատրաստուած են քեզի համար երկինքի մէջ: Այս գիրքը իմաստութիւն եւ առաջնորդութիւն կու տայ քեզի, որպէսզի կարենաս քու հաւատքդ չափել եւ մշակել լաւագոյն ու ամենէն հասուն հաւատքը:

www.urimbooks.com

www.ingramcontent.com/pod-product-compliance
Lightning Source LLC
LaVergne TN
LVHW041759060526
838201LV00046B/1054